LE MONUMENT

DU VÉNÉRABLE

JEAN-BAPTISTE DE LA SALLE

A ROUEN

(FÊTE DU 2 JUIN 1875)

PAR

J. CHANTREL

PARIS

IMPRIMERIE VICTOR GOUPY

RUE GARANCIÈRE, 5

—

1875

LE MONUMENT

DU VÉNÉRABLE

JEAN-BAPTISTE DE LA SALLE

A ROUEN

PARIS. — IMP. VICTOR GOUPY, RUE GARANCIÈRE, 5.

Falguière, Statuaire.   ...é sous la direc. art. de M. E. Mathieu.

Statue du Vénérable J. B. de La Salle.

Paris-Auteuil, imprimerie des apprentis catholiques-Roussel.

LE MONUMENT

DU VÉNÉRABLE

JEAN-BAPTISTE DE LA SALLE

A ROUEN

(FÊTE DU 2 JUIN 1875)

PAR

J. CHANTREL

PARIS

IMPRIMERIE VICTOR GOUPY

RUE GARANCIÈRE, 5

1875

PRÉFACE

Heureux témoin de la fête du 2 juin, célébrée à Rouen pour l'inauguration de la statue du Vénérable de la Salle, nous avons pensé tout d'abord à en conserver le souvenir dans un livre qui en reproduirait les principaux détails et qui en ferait ressortir la signification.

C'est ce livre qui paraît aujourd'hui.

Nous y avons mis peu du nôtre. La partie la plus considérable et la plus importante de ce livre, ce sont les documents qui s'y trouvent rassemblés, comme les rapports lus au Conseil municipal de Rouen, la Conférence de M. de Germiny sur l'Institut des Frères des Écoles chrétiennes, le panégyrique du Vénérable par M. le chanoine Besson, les discours de M. Letendre de Tourville, président du comité de l'Œuvre, de M. le maire de Rouen, de M. le préfet de la Seine-Inférieure, de M. Deltour, représentant du ministre de l'instruction publique; de Son Éminence le cardinal de Bonnechose, de M. le général Lebrun, de M. le général Robert, de M. l'adjoint Decorde, etc., et les hommages rendus au Vénérable, l'appréciation de la fête par la presse de Rouen et de Paris.

Nos souvenirs personnels, les entretiens que nous avons eus avec un grand nombre des témoins de cette magnifique manifestation, les récits des journaux de la localité, le *Journal de Rouen*, le *Nouvelliste de Rouen*, la *Gazette de Normandie*, la *Semaine religieuse de Rouen*, les documents inédits qu'une bienveillante intervention nous a permis de parcourir et de reproduire en partie, nous ont permis de présenter un ensemble complet des faits qui ont précédé l'inauguration et des détails les plus intéressants de la journée du 2 juin.

Nous remercions ici et les personnes qui ont bien voulu nous autoriser à enrichir notre livre de leurs propres travaux, et celles qui ont ajouté des renseignements à ceux que nous possédions déjà, ou qui nous ont mis à même de nous en procurer d'autres encore.

Nous voudrions que cet hommage rendu au Vénérable de la Salle et aux Frères des Écoles chrétiennes fût moins indigne de l'illustre fondateur et de ses disciples ; nous avons voulu nous presser, parce que, dans ces circonstances, il importe de ne pas arriver trop tard et de s'adresser au public avant que les souvenirs et les émotions de la fête soient trop éloignés. Nous avons fait nos efforts pour répondre le plus vite possible aux instances impatientes qui nous étaient faites, et le moins mal possible à l'attente d'honorables et pressantes sollicitations.

Nous aurons atteint notre but, si notre livre contribue

à perpétuer le souvenir de la fête du 2 juin 1875, à faire mieux connaître le Vénérable de la Salle et mieux apprécier le mérite des chers Frères dont il a fondé l'Institut ; et nous serons amplement récompensé si, du haut du ciel où l'ont appelé ses vertus, il daigne abaisser un regard de bienveillante protection sur l'auteur et sur sa famille.

Paris, 16 juillet 1875, en la fête de Notre-Dame du Mont-Carmel.

LE MONUMENT

DU VÉNÉRABLE

JEAN-BAPTISTE DE LA SALLE

A ROUEN

Habebitis hunc diem in monumentum
(Exod., XII, 14.)

I

LA FÊTE DU 2 JUIN 1875.

Le 2 juin 1875 restera un jour mémorable dans l'histoire de l'Institut des Frères des Ecoles chrétiennes, nous pouvons dire dans l'histoire de l'enseignement populaire. Ce qui s'est passé à Rouen, ce jour-là, n'est pas un simple événement destiné à exciter pendant quelques jours la curiosité des populations; c'est une manifestation magnifique, un hommage solennel rendu à l'un des plus grands bienfaiteurs de l'enfance, à l'Institut qu'il a fondé, à la religion qui a été l'inspiratrice de ses œuvres, manifestation provoquée par la reconnaissance, partagée par toute une grande cité, par la France tout entière, par les pays même les plus éloignés, et accomplie dans le plus grand ordre, malgré le concours immense de ceux qui y participaient.

La ville de Rouen s'est honorée ce jour-là; le peuple, qui doit tant aux chers Frères des Ecoles chrétiennes, a montré qu'il n'est point ingrat, et les autorités les plus élevées du pays, en prenant part à cette fête populaire de la reconnaissance, ont prouvé qu'elles comprenaient l'importance de l'éducation religieuse.

On aime à voir, dans ces honneurs rendus à l'humble fondateur des Ecoles chrétiennes, le présage et comme la préparation d'honneurs plus grands encore. A ces hommages publics succédera bientôt, nous l'espérons, un culte public, et le Vénérable de la Salle, inscrit sur le catalogue des saints, ces véritables grands hommes, ces bienfaiteurs de l'humanité, sera pour l'Institut qu'il a fondé, pour tous ceux qui se livrent à l'éducation et à l'instruction de l'enfance, un protecteur et un intercesseur puissant auprès de Dieu, un *patron*, c'est-à-dire un père et un maître, comme l'indique ce beau mot de la langue chrétienne.

Est-il nécessaire de rappeler ici les titres du Vénérable de la Salle aux honneurs qui viennent de lui être rendus, et ceux de ses modestes disciples à l'estime et à l'affection dont on les entoure ? Deux historiens, après les autres, ont tout récemment écrit la *Vie* du Vénérable : l'un, le cher frère Lucard, l'a fait avec l'abondance de documents et avec la vénération qui conviennent à un fils de Jean-Baptiste de la Salle ; l'autre, un écrivain mêlé à toutes les luttes de la politique contemporaine, mais aussi un chrétien dévoué à toutes ces œuvres religieuses qui pourront seules relever notre malheureuse patrie, a étudié avec une respectueuse admiration le grand homme et le saint, et l'a présenté aux hommes du monde qui ne le connaissaient pas encore. Et les événements ont parlé plus haut que les livres : en montrant ce que sont les Frères, quel est leur dévouement à l'enfance et leur dévouement à la patrie, en montrant que sous cette humble robe de bure battent des cœurs intrépides, des cœurs de héros, ils ont fait éclater des vertus dont la gloire rejaillit sur le fondateur même de l'Institut, inspirateur de ces vertus par son exemple et par la règle qu'il a tracée.

Tout le monde sait maintenant ce que sont les Frères des Ecoles chrétiennes, et il n'est plus permis d'ignorer ce qu'a

été le Vénérable de la Salle. Cet homme, ce prêtre, ce docteur en théologie, qui aurait pu, par sa naissance et par ses
talents, occuper une position élevée dans l'Eglise, a tourné
ses regards vers l'enfance. Il a vu ce que l'Eglise faisait déjà
pour elle ; mais, animé de son esprit, enflammé par cette
parole du divin Maître qui a suscité tant de dévouements :
Laissez venir à moi ces petits, il s'est rapetissé lui-même, il
s'est courbé, il a tendu la main à ces petits, à ces enfants du
peuple ; et il a pensé qu'au pain matériel il fallait joindre
pour eux le pain intellectuel de l'instruction, le pain moral
de l'éducation. Cela se faisait avant lui, sans doute : depuis
la prédication de l'Evangile, jamais l'enfance n'avait été
négligée ; les milliers d'écoles fondées par l'Eglise le dé-
montrent. Mais le Vénérable de la Salle comprit que les temps
devenaient plus mauvais, les besoins plus pressants, et
qu'au mal grandissant il fallait opposer une digue plus
puissante.

« Avant lui, comme le dit son historien, M. Ravelet, il y
avait des écoles, il y en a encore à présent d'autres que celles
qu'il a fondées. Il n'en est pas moins le point lumineux de
l'enseignement populaire. Il est l'architecte choisi de Dieu
pour bâtir cette partie de son Eglise. Avant lui, on ne trouve
que des ouvriers zélés, mais qui travaillent sans unité, et
arrachent des âmes isolées à l'ignorance, sans y arracher les
masses. Ceux qui viennent après lui ont emprunté ses idées
et ont suivi ses plans. Toutes les écoles populaires qui cou-
vrent aujourd'hui l'Europe sont copiées sur le type qu'il a
créé, et ce qu'il y a de bon dans nos lois n'est qu'une imitation imparfaite de ses règlements. Le premier, il réunit
autour de lui des maîtres d'école. Il les jeta dans un moule
dont la perfection évangélique a fourni tous les linéaments.
Il exige d'eux qu'ils renoncent à leur nom, à leur famille, à
leur fortune, à leur volonté même, pour se donner plus
complétement à l'enfance. Avant de présenter ce précepte,
il le met lui-même en pratique.

« Le premier, continue l'historien, il fonda la science de l'enseignement pédagogique élémentaire. Il en a découvert les pratiques et formulé les règles. Il s'est fait le législateur de ce peuple mutin qui a toutes les passions de l'homme et moins de raison. Il a mêlé dans de justes proportions la piété et la science, la sagesse et la force, les récompenses et les punitions, et il a dressé une constitution si parfaite, qu'elle dure depuis bientôt deux cents ans, presque sans avoir été modifiée. Le premier, il a écrit pour les enfants qui ne savent rien. Ce docteur, ce savant théologien, contemporain de Bossuet et de Fénelon, n'a pas dédaigné de rédiger et de corriger des alphabets, des catéchismes, des manuels de civilité chrétienne, les plus petits et les plus humbles classiques des enfants du pauvre, en réalité les livres qui comptent leurs éditions par centaines, leurs lecteurs par millions, et qui exercent l'influence la plus considérable sur la civilisation tout entière (1).

« Si un tel homme avait paru dans l'antiquité, dans le monde grec ou romain, et qu'il eût fondé une école, comme on disait alors, formant des maîtres dévoués comme lui et attirant pendant des siècles une multitude d'enfants pauvres, élevés et instruits par eux, l'on n'aurait pas assez d'éloges pour lui, on le signalerait comme une merveille, et l'on présenterait le fondateur et ses disciples comme des héros dont les noms méritent de passer à la postérité la plus reculée. Mais le paganisme ne pouvait former de tels hommes, qui se multiplient comme un fruit naturel du christianisme, et qu'on remarque à peine parce qu'on s'est accoutumé au dévouement et à la charité qu'inspire l'Evangile. Au moins devraient-ils être l'objet du respect universel. Pourquoi faut-il qu'il se trouve, dans les sociétés chrétiennes, des hommes qui ne cherchent qu'à jeter sur eux le mépris, qu'à les accabler sous la calomnie et qu'à enlever au peuple

(1) Armand Ravelet, *Histoire du Vénérable de la Salle*, pages 5 et 6.

ces amis, ces frères dont toute la vie lui est consacrée?

« Il y a là un mystère qui ne s'explique pas naturellement. La haine contre le christianisme et contre les vertus dont il est la source n'est pas une haine naturelle; c'est la haine de Satan, qui s'attaque au Christ lui-même, qui veut la perte de l'homme, et qui cherche à l'arracher au Christ dès ses premières années que l'innocence et la vertu rendent si belles et si attrayantes. Les haines qui poursuivent les Frères des Ecoles chrétiennes, les calomnies dont ils sont l'objet, les injures qu'on leur jette à la face, sont une partie de leur gloire : ils partagent la haine qu'on porte à l'Eglise, au prêtre, à Jésus-Christ, c'est le signe de leur force et des bienfaits qu'ils répandent autour d'eux.

« D'ailleurs, les souffrances ne sont point sans compensation. Les populations qu'on égare finissent par reconnaître la vérité ; et si les hommes qui semblent n'éprouver de plaisir qu'en pervertissant les masses réussissent quelquefois et pendant quelque temps, les tristes conséquences des doctrines qu'ils enseignent, des persécutions qu'ils suscitent, ne tardent pas à se faire sentir, et ceux qu'ils ont trompés ouvrent les yeux, ils reconnaissent où sont leurs vrais amis, où se trouve le vrai bonheur ; il se fait alors de ces retours d'opinion qui sont la seule vengeance à laquelle aspire la vertu. Nous voyons, de nos jours, ces heureux retours; la journée du 2 juin en a été l'un des signes les plus éclatants.

« Le Vénérable de la Salle a donc été, sinon le créateur, au moins l'organisateur et l'un des plus ardents, des plus puissants promoteurs de l'enseignement primaire. La plupart des lois qui régissent aujourd'hui cet enseignement, ont été empruntées à ses conceptions et à ses règlements. « Le premier, dit encore son historien (1), il a fondé non-seulement des écoles, mais un corps enseignant de maîtres chrétiens, des noviciats pour les former, une autorité pour les conduire,

_____

(1) *Histoire du Vénérable de la Salle*, page 7.

des asiles pour les recevoir quand leurs forces épuisées ne peuvent plus leur permettre aucun travail. A ces institutions principales, il a joint des pensionnats pour les enfants que leurs familles ne peuvent garder, des maisons de correction pour les enfants coupables, des écoles du dimanche pour les enfants des ateliers; puis des séminaires de maîtres d'écoles laïques, types de nos futures écoles normales; bref, de ses mains est sortie une véritable université primaire complète, qui a précédé de cent ans celle qui existe aujourd'hui. »

La France, qui a eu la gloire de produire un tel homme et qui a la première profité de son œuvre, n'est plus, depuis longtemps, la seule à posséder des enfants du Vénérable de la Salle; c'est dans le monde entier que se sont propagées les Ecoles chrétiennes, c'est dans le monde entier qu'elles font sentir leur bienfaisante action, et c'est ainsi que Jean-Baptiste de la Salle a assuré à sa patrie cette gloire, que toutes les nations chrétiennes viennent apprendre d'elle les moyens d'élever les enfants du peuple et lui demander pour cela des livres, des méthodes et des maîtres. Admirable suprématie de la France, qu'elle conserve au milieu de ses désastres et de ses humiliations, suprématie qui étend son influence dans toutes les parties du monde, qui la fait aimer de millions d'enfants qui bientôt seront des hommes, et qui la montre toujours l'instrument de Dieu pour la civilisation chrétienne et pour l'extension du règne de Jésus-Christ: *Gesta Dei per Francos!*

Cette mission de la France, qui est la cause de sa grandeur et qui lui assure sa résurrection après les plus effroyables catastrophes, pourquoi faut-il que tant de Français la méconnaissent et que le patriotisme ne les ramène pas à une plus juste appréciation des choses? Un simple regard ne suffit-il point pour montrer où est la source de notre force, où sont les causes de nos désastres? Croit-on, par exemple, que l'érection d'une statue de Voltaire puisse nous valoir

autant de sympathies que l'érection de la statue du Vénérable
de la Salle? L'étranger n'est pas aussi ignorant des faits
qu'on le suppose. Il sait bien que les doctrines impies de
Voltaire et de ceux qui le vantent ont enfanté cette révolution qui a fait verser tant de torrents de sang, produit tant
de ruines et qui est la cause permanente des inquiétudes et
des angoisses de l'heure présente. Aussi n'aime-t-il point la
France de Voltaire, cette France dont il s'est retiré au moment de nos malheurs et qu'il continue d'avoir en horreur,
comme étant une menace perpétuelle pour la paix de
l'Europe et du monde.

Mais il y a une autre France vers laquelle se tournent des
regards sympathiques : il y a la France de ces missionnaires
qui portent la civilisation chrétienne jusqu'aux extrémités
de la terre, la France de ces Sœurs de charité qui excitent
l'admiration même des ennemis de notre foi, des musulmans,
des païens et des sauvages, la France des Petites-Sœurs des
pauvres, qui paraissent au milieu des plus populeuses cités
comme les anges de la charité et de la consolation, la France
de ces Frères des Écoles chrétiennes, qu'on a vus aussi intrépides sur les champs de bataille que patients et doux au
milieu de leurs turbulents écoliers, et qu'on voit partout,
en Angleterre, en Belgique, en Allemagne, en Italie, au Canada, aux États-Unis, dans les républiques espagnoles, instruisant les enfants, formant des générations solidement
chrétiennes et se montrant les plus capables, les plus
éclairés comme les plus humbles, les plus modestes et les
plus courageux instituteurs de l'enfance. Cette France-là, on
l'aime, on l'admire, on désire sa grandeur, qui n'offusque
personne, et on bénit son influence, qui ne se fait sentir
que pour le bien des nations.

Voilà ce que devrait comprendre, chez nous, le patriotisme
de ceux-là mêmes qui ne partagent pas nos croyances. Nous
avons la conviction qu'ils reviendraient à de meilleurs sentiments s'ils réfléchissaient un moment. S'il s'en trouvait

quelques-uns à l'inauguration de la statue du Vénérable de la Salle, il nous paraît impossible que ceux-là n'aient pas reconnu dans l'acte accompli par la ville de Rouen un fait bien plus honorable pour la France, bien plus avantageux à ses intérêts, bien plus profondément démocratique et populaire, que l'acte impie qui a fait ériger à Paris la statue de Voltaire, cet homme qui s'est moqué de tout, qui s'est montré le dernier de tous par le cœur, et qui, méprisant souverainement le peuple, a prononcé cette parole odieuse, que le peuple est bon pour « manger du foin. »

Ce serait anticiper sur l'éloquent et admirable panégyrique prononcé le 2 juin, à Rouen, par M. l'abbé Besson, que de nous arrêter à l'histoire du Vénérable de la Salle, de son Institut, et des derniers événements qui ont attiré aux Frères tant de sympathies bien méritées. Malgré des obstacles de tout genre, malgré la tourmente révolutionnaire, les écoles chrétiennes n'ont cessé de se multiplier et de se développer. En France seulement, les Frères comptent plus de treize cents écoles qui sont fréquentées par plus de trois cent mille élèves, et dans lesquelles enseignent environ huit mille maîtres. Les écoles qu'ils dirigent à l'étranger comptent environ deux mille maîtres et plus de cent mille élèves. Ainsi dix mille hommes dévoués travaillent continuellement, sous la règle du Vénérable de la Salle, à former de vaillants chrétiens, de bons citoyens, des hommes instruits ; plus de quatre cent mille enfants profitent de ce zèle admirable et reçoivent ces excellentes leçons. C'est assez dire quel vide se ferait dans l'enseignement populaire, si ces maîtres de l'enfance venaient tout à coup à manquer ; c'est aussi dire quelle influence bienfaisante exerce la France dans les contrées les plus éloignées, par ces maîtres dont la plupart sont ses enfants, dont tous sont ses amis reconnaissants et dévoués.

A Rouen, nous avons vu flotter autour du monument élevé en l'honneur du vénérable fondateur, les bannières de

presque tous les pays du monde : c'était l'hommage universel rendu au Vénérable, aux Frères des Écoles chrétiennnes,
à la France catholique : évènement immense, répétons-le,
qui console de bien des humiliations, et qui permet bien
des espérances. Car, comme l'a si bien dit M. Lizot, préfet
de la Seine-Inférieure, le jour de l'inauguration du monument : « Les nations qui, comme la France, savent garder
ainsi la mémoire de leurs bienfaiteurs et le culte de leurs
gloires, ne sont pas de celles qui sont condamnées à l'abaissement et à la déchéance. »

LA SOUSCRIPTION

A une époque où chaque ville, où les moindres localités s'empressent d'ériger des statues en l'honneur des hommes plus ou moins célèbres à qui elles ont donné naissance ou qui les ont illustrées à divers titres, on pouvait s'étonner qu'aucune statue n'eût encore été érigée, soit à Reims, où il est né, soit à Rouen où il a fondé son institut et où il est mort, au vénérable fondateur des Écoles chrétiennes, au grand bienfaiteur des enfants du peuple.

Sa statue, disait Droz en 1832, *devrait être érigée par la France reconnaissante.* Tout le monde pensait comme Droz, mais le monument de la reconnaissance nationale ne s'élevait pas. Les Frères, pleins de vénération pour leur fondateur et leur modèle, s'occupaient surtout du procès de béatification, commencé en 1834, et officiellement introduit, en 1840, par un décret du pape Grégoire XVI. Le très-honoré Frère Philippe, dont le mérite et les vertus ont jeté un si vif éclat sur son Institut, ne put qu'assister aux progrès de ce procès, qui aboutit, le 30 novembre 1873, à un décret de la Sacrée congrégation des Rites, déclarant que le Vénérable avait pratiqué dans un degré héroïque les vertus cardinales de prudence, de justice, de force et de tempérance, et les vertus théologales de foi, d'espérance et de charité. Pendant que l'Église se préparait ainsi à entourer de l'auréole de la sainteté le fondateur des Écoles chrétiennes, il convenait que les hommes rendissent au bienfaiteur de l'enfance les honneurs qui témoignent de la reconnaissance publique. Le moment arriva enfin ; nous allons mettre sous les yeux du lecteur l'histoire, peu connue encore, de la souscription qui vient d'aboutir à la belle fête du 2 juin.

Ce fut le 8 décembre 1868 que se fit jour la première pensée d'élever une statue en l'honneur du Vénérable de la Salle. On célébrait la fête patronale de l'école normale de Rouen, située dans la rue Saint-Lô, et dirigée par les Frères, qui ont le bonheur de posséder, dans la chapelle de l'établissement, le corps du Vénérable déposé dans un caveau derrière l'autel. A la messe, assistaient M. Etienne de Susanne, qui avait été guéri, le 29 janvier de la même année, par l'intercession du Vénérable de la Salle, et M. Doudiet d'Austrive, ancien professeur de dessin à Paris, qui avait été chargé par le gouvernement de faire connaître dans les écoles normales de la Normandie la méthode de dessin de Mme Cavé. La messe fut chantée par les Élèves-Maîtres et par les enfants de l'école annexe. Le chant, la gravité des cérémonies, la parfaite tenue des élèves, le grand nombre des communiants, tout contribuait à donner un caractère touchant à cette solennité.

Vivement ému, M. Doudiet d'Austrive, en sortant de la messe, parla aussitôt de la nécessité d'élever un monument public au Vénérable de la Salle. Les Frères lui firent alors remarquer que Droz avait exprimé la même pensée ; mais, selon eux, le projet n'était guère praticable. Le frère Lucard, directeur de l'école, montra plus de confiance, mais en ajoutant que le temps ne lui paraissait pas opportun, que les nuages s'assombrissaient à l'horizon, et que ce n'était pas le moment de détourner ses regards des périls qui menaçaient la France. Cependant il pria M. Doudiet d'Austrive de lui donner ses idées par écrit.

Le temps se passa donc à mûrir le projet. La guerre survint avec les périls qu'avaient prévus tous ceux à qui l'his-

toire a appris que les coups portés à l'Église et au Saint-
Siége retombent toujours en calamités sur les peuples,
l'on put croire que le projet était abandonné.

Mais, le 14 juin 1872, M. Doudiet d'Austrive et le Frère
Lucard, se retrouvant ensemble, s'entretinrent de nouveau
de l'idée qui les avait préoccupés en 1868. Les temps étaient
plus favorables. Les humiliations et les désastres de la
guerre avaient éclairé bien des esprits et touché bien des
cœurs. On sentait le besoin de relever et d'honorer tout ce
qui avait fait la gloire et la force de la France ; et, parmi
ces gloires, on ne pouvait oublier l'homme dont les disciples venaient d'exciter l'admiration de tout le pays pendant
la guerre et pendant les tristes jours de la Commune,
l'homme dont le nom était en bénédiction en Italie, aux
Etats-Unis, au Canada, à l'Équateur, en Angleterre, en Belgique, partout où il y a des écoles chrétiennes, c'est-à-dire
à peu près dans toutes les contrées de la terre.

Son Éminence le cardinal de Bonnechose, juste appréciateur des vertus du Vénérable, du mérite des Frères, et de la
gloire qui rejaillirait sur sa ville épiscopale des honneurs
rendus à l'abbé de la Salle, avait déjà fait savoir combien la
pensée d'un monument lui était agréable; on ne pouvait
douter du puissant concours qu'il donnerait à la réalisation d'un si beau projet.

Dès le lendemain, 15 juin, le Frère Lucard se rendit à
Paris, pour communiquer au très honoré Frère Philippe,
supérieur général de l'Institut, le projet qui paraissait, cette
fois, réalisable. A cette nouvelle, la figure du vénérable Supérieur, ordinairement si sérieuse, s'illumina; le Frère Philippe se montra heureux de cette pensée et approuva le projet. Comme postulateur de la cause de béatification du
Vénérable de la Salle, il crut que la prudence lui faisait
un devoir de ne point faire partie du Comité qui le priait
de provoquer des souscriptions et de s'occuper de l'érection
du monument; mais il laissa au Frère Lucard toute la liberté

dont il pouvait avoir personnellement besoin pour mener l'œuvre à bonne fin.

Il importait, pour réussir, de suivre une voie régulière.

Une pétition fut donc adressée à M. Lizot, préfet de la Seine-Inférieure. Les promoteurs de l'œuvre tenaient à prouver, dès le commencement, que leur projet était appelé à réunir, dans tous les pays, les sympathies de tous ceux qui s'intéressent au bonheur des familles populaires et à l'éducation chrétienne des enfants.

L'un des premiers signataires de la pétition, il est bon de le faire remarquer, fut M. Pouchet, de Rouen, l'illustre membre de l'Institut, que sa religion et ses doctrines philosophiques semblaient devoir rendre contraire au projet : « Quoique protestant, dit-il à ceux qui venaient lui présen-« ter la pétition, je la signerai de mes deux mains; car si « l'on élève des statues à des soldats qui font tuer les hom-« mes, à plus forte raison faut-il rendre le même honneur « aux bienfaiteurs qui apprennent à les conserver. Je ne me « bornerai pas à vous donner ma signature, ajouta-t-il, je « veux fournir ma pierre au monument. »

Espérons que le Souverain Juge aura tenu compte au savant de ces belles paroles et de ces beaux sentiments !

Voici le texte de la pétition adressée au préfet de la Seine-Inférieure :

« Monsieur le Préfet,

« Joseph Droz, membre de l'Académie française, écrivait en 1833, dans le *Journal des connaissances utiles* : « Une foule de « personnes ignorent que les Frères des Ecoles chrétiennes « sont les disciples de l'un des hommes les plus remarqua-« bles que l'Europe ait vus naître. L'abbé de la Salle est « à mes yeux le type du grand homme modeste : l'utilité de « son but, l'enchaînement de ses idées, la persévérance de « son dévouement, tout concourt à le rendre un des plus « dignes modèles à présenter à l'humanité... Tel fut, ajoute-

« t-il plus loin, cet ami de l'humanité, *dont la statue devrait*
« *être érigée par la France reconnaissante.* »

« Nous croyons, monsieur le Préfet, que le moment de
donner à cet homme de bien un public témoignage de notre
reconnaissance et de notre admiration est enfin arrivé.
Jamais, en effet, les questions relatives à l'éducation du
peuple n'ont éveillé autant de vives et ardentes sympathies
que de nos jours. Toutes les nations où l'on s'occupe sérieusement de propager et de vulgariser l'instruction applaudi-
ront à l'érection d'un monument en l'honneur de l'homme
éminent qui a le premier ouvert à l'instruction primaire,
en France, une voie spéciale et féconde. Nul n'a mieux que
lui fourni aux instituteurs les moyens de combattre efficacement l'ignorance et les vices de l'enfance.

« Né à Reims, c'est à Rouen qu'il a établi le centre de
son institut et qu'il a fait la plus large application de sa méthode pédagogique. La ville sut apprécier ses bienfaits. Lorsqu'en 1734, nous dit une relation de l'époque, l'on trans-
porta ses restes de l'église de Saint-Sever à Saint-Yon, l'autorité mit sur pied tous les gens de la cinquantaine et les
arquebusiers pour le maintien de l'ordre; plus de trois
cents ecclésiastiques faisaient partie du cortége; plus de
trente mille personnes voulurent y assister. Le premier
président du parlement et plusieurs autres magistrats des
plus notables s'y trouvèrent avec les membres de leurs familles.

« Il y a quelques années, Montpellier a élevé un monument à l'un des enfants de Rouen qui a rendu d'importants
services à son industrie.

« Les services rendus par le Vénérable de la Salle ne sont
pas renfermés dans les étroites limites d'une localité; sa
gloire s'étend chaque jour de plus en plus sur tous les pays
où les familles cherchent dans la religion le fondement de
l'éducation morale de leurs enfants. Son nom n'est pas seulement respecté en France, en Italie, en Belgique, en Angle-

terre ; aux Etats-Unis, il est souvent cité comme celui du plus grand bienfaiteur de l'enfance.

« Par leur héroïque conduite sur les champs de bataille et dans les ambulances, ses disciples ont prouvé que leur fondateur ne leur a pas seulement inspiré son dévouement d'instituteur, mais encore les vertus qui font les grands citoyens.

« C'est pour ces motifs, monsieur le Préfet, que nous avons pensé qu'il y a lieu de réaliser à Rouen la pensée de Droz en faisant élever un monument au Vénérable de la Salle par les familles reconnaissantes. Ce monument pourrait être placé devant l'église Saint-Sever ou sur toute autre place que désignerait la municipalité.

« Nous vous prions, monsieur le Préfet, d'avoir la bonté de nous obtenir l'autorisation nécessaire pour ouvrir à cet égard une souscription générale. Les anciens élèves des Frères et les nombreux amis de l'éducation chrétienne du peuple suffiront pour nous permettre de doter la ville d'un monument qui sera pour elle un ornement honorable, et pour tous un témoignage éclatant de la reconnaissance des familles envers l'un des plus grands bienfaiteurs de l'enfance.

« Votre zèle, monsieur le Préfet, pour le développement de l'instruction primaire dans le département, et la sollicitude éclairée de messieurs les membres du Conseil municipal pour tout ce qui tient à l'honneur de la ville, nous font espérer que vous aurez la bonté d'appuyer notre demande auprès du gouvernement.

« C'est dans cet espoir que nous avons l'honneur d'être,
« Monsieur le Préfet,
«Vos très-humbles et très-respectueux serviteurs. »

Ont signé : L. MALFILATRE, propriétaire.
D' POUCHET, membre de l'Institut.
RONDON, commandant en retraite.

C. TAILLET, avocat.

H. VERMONT, avocat.

F. LEMONNIER, procureur de la République.

DUCÔTÉ père, conseiller de préfecture.

Ch. DE BEAUREPAIRE, archiviste, membre de l'Institut.

J. DEMARE, négociant, président du Cercle catholique.

H. DE SUSANNE, conservateur des eaux et forêts.

RAPP, membre du conseil général.

Casimir BELLEST, négociant.

Ch. LEGAY, vice-président du tribunal.

N. GALLET, président du conseil des prud'hommes.

HURAULT DE LIGNY, directeur de l'octroi.

Paul ALLARD, avocat.

Dr P. LEVASSEUR, médecin en chef de l'Hôtel-Dieu.

DOUDIET D'AUSTRIVE, négociant, ancien professeur de dessin.

F. LUCARD, directeur de l'Ecole normale.

Un bien plus grand nombre de personnes notables auraient signé avec empressement la pétition ; les promoteurs se bornèrent à la présenter à la signature de quelques personnes prises dans les diverses positions sociales et sans aucune distinction de partis.

Approuvée par M. Lizot, préfet de la Seine-Inférieure, la pétition fut soumise au conseil municipal de Rouen, qui nomma une commission chargée de faire un rapport à ce sujet. Le rapporteur de la commission fut M. Vaucquier du Traversain. A la séance du 28 août 1872, où fut lu le rapport, étaient présents MM. Nétien, maire de Rouen, président ; Lefort, Nion, Delamare, Barrabé, Masselin et Decorde, adjoints; MM. Vaucquier du Traversain, Legras, Duchemin, Deschamps, Lemasson, Cordier, Fauquet, Legentil, Morin, Denoyers, Rapp, Barthélemy, Vallery, Dieusy, Durand, Pinel, Nepveur et Lafond, membres du conseil.

On nous saura gré de reproduire le rapport, qui fait honneur au conseil municipal de Rouen, et qui rend un juste hommage au Vénérable de la Salle et à son Institut.

« Messieurs,

« Un certain nombre de personnes des plus honorables, parmi lesquelles nous comptons plusieurs de nos collègues, ont adressé à M. le préfet du département une demande sollicitant l'autorisation d'ouvrir une souscription dans le but d'élever à Rouen un monument à l'abbé de la Salle, fondateur de l'institution des Écoles chrétiennes. M. le préfet a pensé que le conseil municipal devait être tout d'abord appelé à donner son avis ; et vous vous souvenez que, dans une précédente séance, le projet aurait sans doute reçu de votre délibération une consécration immédiate si, par respect pour les traditions, et pour donner plus d'autorité à votre décision, vous n'aviez jugé utile de la renvoyer à l'étude d'une commission dont je suis en ce moment l'interprète.

« Vous avez, Messieurs, à vous prononcer, d'après la dépêche administrative qui vous saisit, sur l'opportunité de l'œuvre projetée et sur la suite dont elle vous paraîtra susceptible. Nous avons pensé qu'il était avant tout utile de vous faire bien connaître le fondateur de l'institut des Frères, qui, le premier, conçut et fraya la route où, depuis, l'instruction primaire est définitivement entrée, du prêtre modeste dont l'initiative et la persévérance créèrent une révolution complète dans l'enseignement des petites écoles, et qui puisa à Rouen l'inspiration qui donna naissance à son institut.

« L'abbé de la Salle est né à Reims, le 30 avril 1651. Ses aspirations le conduisirent fort jeune vers l'état ecclésias-

tique; et nous le voyons entrer, en 1670, au séminaire
Saint-Sulpice pour y terminer ses études. Il rencontra dans
cet établissement un condisciple qui devait être à la fois un
écrivain exquis, un homme de bien, l'une des gloires de
l'épiscopat français, j'ai nommé Fénelon. Ce rapprochement
de deux natures d'élite n'est pas sans intérêt; car toutes
deux, comprenant que de l'éducation de la jeunesse dépend
le sort des nations, firent tendre vers le même but leurs
efforts. Pendant que l'abbé de la Salle fondait, avec humilité, son institut, en faisant vœu, comme deux de ses disciples, Wiard et Gabriel Drolin, de mendier la charité publique
plutôt que d'abandonner l'éducation des enfants, le futur
archevêque de Cambrai publiait son traité sur l'éducation
des filles. La société polie et religieuse du XVIIᵉ siècle sa-
luait avec enthousiasme ce chef-d'œuvre d'observation et de
délicatesse de celui qui, quelques années plus tard, devait
se dévouer tout entier à l'éducation du jeune duc de Bourgogne.

« C'est à Reims que l'abbé de la Salle commença les
épreuves de ses héroïques sacrifices; c'est là qu'après avoir
distribué son patrimoine aux pauvres, il s'associa définitivement de modestes instituteurs dont il avait apprécié le
zèle et la bonne volonté. Sa première préoccupation fut de
recruter pour son enseignement des hommes sérieux; c'est
dans ce but qu'il fonda un noviciat préparatoire ou École
normale des Frères. Les premières écoles chrétiennes furent
créées à Reims en 1679; les Frères ne s'introduisirent, il est
vrai, à Rouen, qu'en 1705; mais Rouen, cependant, ainsi
que le constate notre savant archiviste, M. de Beaurepaire,
peut être considéré comme leur berceau. C'est là que Jean-
Baptiste de la Salle fonda leur première maison, qu'il fut
chef de son ordre, qu'il élabora ses constitutions.

« L'étude sérieuse de l'histoire, Messieurs, ferait souvent
évanouir des reproches téméraires adressés au passé. A la
fin du XVIIᵉ siècle, les meilleurs esprits se réunirent pour

vulgariser l'éducation de l'enfance. A la tête de cette croisade contre l'ignorance se trouvèrent, à Rouen, deux hommes auxquels leurs hautes fonctions donnaient de puissants moyens d'action : c'étaient l'archevêque, Mgr Colbert, et le premier président du Parlement, M. Camus de Pontcarré. Mgr Colbert, très-désireux de voir l'instruction se répandre dans son diocèse, avait fait sortir d'une simple école de village une communauté destinée à prendre un vaste développement, la communauté des Sœurs d'Evremont. Il sut apprécier les avantages que présentait l'Institut de Jean-Baptiste de la Salle ; et il résolut, de concert avec M. de Pontcarré, de la mettre en possession des écoles de charité. Une délibération des administrateurs du Bureau nous révèle l'introduction, d'abord très-modeste, des Frères de l'instruction locale.

« *Dernier mars* 1705. — Comme le Bureau est informé que
« les Ecoles publiques, qui sont fondées dans les quatre
« quartiers de la ville pour l'instruction des enfants des
« pauvres d'icelle, ne sont pas dirigées ni conduites avec
« tout le soin possible par les maîtres que ledit hôpital
« y a préposés, il a été arrêté qu'on fera incessamment ve-
« nir deux Frères des écoles de charité de Paris, qui sont
« personnes consommées dans l'instruction de la jeunesse,
« pour être mis à deux desdites écoles ; qui auront leur
« nourriture et logement dans ledit hôpital, à chacun
« 36 livres par an pour leur entretien, sauf à replacer les
« deux qui sortiront desdites écoles à quelque autre emploi
« dans ledit hôpital, ou les y laisser vivre conjointement
« avec les autres maîtres par reconnaissance de leurs ser-
« vices, ainsi que de raison, sauf aussi à y appeler dans ice-
« lui hôpital deux filles de la maison de la Providence pour
« l'instruction des enfants du sexe féminin. »

« Cet appel devait bientôt être généralisé. Le 2 août 1707, dans une assemblée à laquelle le premier Président assistait, les Frères étaient mis en possession de toutes les écoles charitables de la ville. En même temps, Jean-Baptiste de la Salle s'occupait de fonder un pensionnat pour des élèves et un noviciat pour son ordre. Il fit choix, dans ce but, d'une propriété située à Saint-Sever, qu'on désignait sous le nom de Saint-Yon, en souvenir d'un de ses anciens possesseurs, Eustache de Saint-Yon, maître ordinaire en la chambre des comptes de Normandie. Ce pensionnat, établi dès 1706, fut protégé par M. Camus de Pontcarré; et c'est au milieu des Frères qui s'étaient groupés autour de lui, au lieu où il avait fondé sa congrégation, que Jean-Baptiste de la Salle mourut, le 7 avril 1719, à l'âge de soixante-huit ans. Il avait eu à surmonter de nombreux obstacles, comme tous les novateurs, mais il les avait vaincus en s'armant de cette maxime de saint Paul avec laquelle il s'était identifié : « Je puis tout en celui qui me fortifie. »

« Jean-Baptiste de la Salle fonda et dirigea des écoles de charité correspondant à nos établissements primaires, des écoles dominicales pour l'enseignement des sciences et des arts, des écoles normales, des pensionnats libres, des pensionnats de force ou de correction. La vaste étendue de la propriété de Saint-Yon lui permit de fournir à de nombreux élèves les moyens de se préparer par des études sérieuses à toutes les carrières pour lesquelles la connaissance du latin n'était pas exigée. Saint-Yon posséda un jardin botanique important et une riche bibliothèque à l'usage des élèves.

« On enseigne à Saint-Yon, est-il dit dans le *Tableau de « Rouen*, tout ce qui concerne le commerce, la finance, le « militaire, l'architecture et les mathématiques, en un mot « tout ce qu'un jeune homme peut apprendre à l'exception « du latin. »

« A l'époque où l'abbé de la Salle créa son institut, il n'y avait, à proprement parler, aucune école exclusivement primaire. Avant d'être mis à la lecture française, il fallait que tous les élèves sussent lire le latin. Cette méthode jusqu'alors critiquée, mais sans résultat, continuait à être pra-

tiquée, quoiqu'un de ses adversaires eût dit : « Étudier le
« latin avant la langue maternelle, c'est vouloir faire monter
« un enfant à cheval avant qu'il sache marcher. » Jean-
Baptiste de la Salle exigea que les élèves des Frères sussent
d'abord lire en français; il bannit même de ses écoles l'étude
de la langue latine. C'est également lui qui substitua au
mode individuel le mode d'enseignement simultané mutuel
que les Frères suivent encore aujourd'hui.

« Un auteur contemporain, Blain, a parfaitement défini
le but de l'abbé de la Salle : « Rendre ses écoles popu-
« laires, faire toujours régner ensemble l'instruction et
« l'éducation, la science et la piété, tels furent les deux
« points fixes qui arrêtèrent constamment les regards du
« fondateur des Frères et dirigèrent ses démarches. » A
l'époque de sa mort, son institut dirigeait vingt sept écoles,
dans lesquelles on comptait 9,748 enfants.

« Jean-Baptiste de la Salle a laissé dans divers écrits,
surtout dans la *Conduite des Ecoles chrétiennes*, des règles
précises sur la manière d'appliquer avec fruit les principes
généraux de son système d'enseignement. Connaissant les
inconvénients de la manière de professer adoptée jusqu'alors
dans les écoles primaires, il recommanda aux Frères d'éveil-
ler l'attention et de piquer la curiosité des élèves par des
appels fréquents faits à leur intelligence.

« Les Frères, leur dit-il, auront égard de beaucoup interro-
« ger. » Il voulait éviter ce reproche formulé par Montaigne :
« Nous empruntons les opinions et le savoir d'autrui, et puis
« c'est tout; il les faut faire nôtres. Nous ressemblons pro-
« prement à celui qui, ayant besoin de feu, en irait cherche
« chez un voisin, et y en ayant trouvé un beau et grand, s'ar-
« rêterait à se chauffer sans plus se souvenir d'en rapporter
« chez soi. » Le fondateur a pris le soin de préciser les conditions des demandes; il recommande la brièveté, un sens
parfait, une relation claire et directe à une vérité certaine,
une juste proportion avec l'intelligence des écoliers médio-

cres. C'est le sage conseil que donnait Fénelon : « Mener
« doucement les hommes à la vérité, en leur faisant trouver
« comme d'eux-mêmes, par de simples interrogations, ce
« qu'on ne peut leur enseigner par des leçons directes,
« sèches, longues et fatigantes. » Quels principes plus sages
pourrait-on trouver pour exercer une influence salutaire
sur l'esprit de la jeunesse? « Il faut, dit-il, se comporter
« d'une manière douce et ferme à la fois ; mais la fermeté
« ne doit point dégénérer en dureté, ni la douceur en fai-
« blesse. L'heureuse alliance de la fermeté et de la douceur
« consiste à être ferme dans le but que l'on poursuit et
« doux dans la manière d'y parvenir, à joindre une grande
« charité à un zèle soutenu. »

« Tel est l'homme, Messieurs, dont un célèbre philosophe,
M. de Bonald, a dit : « Son Institut est un chef-d'œuvre de
« sagesse et de connaissance des hommes. » Lamennais compare sa vie, sous plusieurs rapports, à celle de saint Vincent
de Paul.

« Jean-Baptiste de la Salle est une des gloires que la ville
de Rouen a le droit de revendiquer. En 1734, son corps fut
transporté de l'église Saint-Sever, où il avait été inhumé,
au milieu du chœur de l'église Saint-Yon, là où fut pendant
plusieurs années la résidence du supérieur général et de ses
assistants, là où fut le premier et le plus fameux établissement de l'Institut. Depuis, à une époque toute voisine de
nous, il a été déposé dans la chapelle Saint-Lô (1).

« Vers 1787, Saint-Yon était occupé par quatre-vingts
Frères. On y admettait les enfants depuis l'âge de sept ans jusqu'à dix-sept exclusivement. Les Frères vivaient des restes de
leurs pensionnaires, n'avaient aucun domestique, et ne sou-
tenaient leur communauté que par la plus stricte économie.
Leurs revenus s'élevaient à 6,643 livres et leurs charges à

_____

(1) La chapelle de l'Ecole normale de Rouen, rue Saint-Lô, qui est
sur l'emplacement de l'ancienne église de Saint-Lô.

6,712 livres. Ils ne devaient qu'à eux seuls, à leur industrie, aux économies réalisées sur le nécessaire le peu de biens dont ils jouissaient et qui étaient moindres que ceux du plus modeste couvent. L'institut trouva même dans quelques villes de France, pendant la période la plus agitée de la tourmente révolutionnaire, une égide dans l'affection et la reconnaissance du peuple. Quelques années plus tard, son rétablissement complet était provoqué par le gouvernement. Le ministre de l'Instruction publique adressait, par les ordres du premier Consul, une circulaire à tous les préfets sur ces religieux dévoués : « Les Frères des Ecoles « chrétiennes, disait-il, ont trop mérité du premier ensei- « gnement pour que, dans un moment où tout ce qui a été « utile doit être rendu à sa destination, leur institution « puisse être oubliée. »

Enfin, Messieurs, comme le disent les auteurs de la pétition, par leur héroïque conduite sur les champs de bataille et dans les ambulances, les disciples de Jean-Baptiste de la Salle ont prouvé que leur fondateur ne leur a pas seulement inspiré son dévouement d'instituteur, mais encore les vertus qui font les grands citoyens. L'Académie française honorait, il y a quelques jours, solennellement leur courage.

« Pardonnez-moi, Messieurs, de m'être peut-être un peu trop facilement laissé entraîner dans des développements que votre opinion sur la question rendait inutiles. Mais il y a tant de charme à étudier la vie d'un véritable bienfaiteur du peuple, que je n'ai pu résister au désir de vous en faire connaître les particularités les plus frappantes. Votre commission a été unanime pour penser que l'œuvre proposée par les pétitionnaires devait être accueillie par la ville comme un juste hommage d'admiration et de reconnaissance. La ville de Rouen devra s'enorgueillir de voir s'élever sur l'une de ses places publiques un monument à cet homme dont la vie pleine de foi et de dévouement fut une œuvre de patience, de renoncement et d'abnégation, à celui

pour lequel un académicien, Joseph Droz, réclamait, en
1832, une statue érigée par la France reconnaissante.

« Une question pouvait seule arrêter votre commission:
c'était la désignation de l'emplacement où ce monument
serait érigé. Nous avons pensé qu'il serait prématuré de la
trancher et qu'elle devait être, au contraire, sagement réservée. Sa solution dépend, en effet, de la nature et du caractère du monument que le résultat de la souscription permettra d'élever. Il faut que l'emplacement soit approprié à
l'œuvre artistique qui sera destinée à perpétuer la mémoire
de Jean-Baptiste de la Salle; une administration municipale ne saurait, à ce point de vue, prendre sans témérité un
engagement. Rien, il est vrai, n'est plus désirable que l'é-
rection de ce monument à Saint-Sever, sur la place de l'é-
glise, là où, pour ainsi dire, l'abbé de la Salle a fondé son
Institut, là aussi où les enfants d'une population laborieuse
reçoivent chaque jour les bienfaits de l'œuvre à laquelle il
s'était consacré. Mais, quant à présent, cette pensée doit
rester à l'état de vœu que l'avenir seul permettra de ratifier. »

En conséquence de ce remarquable rapport, le Conseil
municipal de Rouen émit l'avis « que le projet qui lui était
« soumis devait être accueilli comme un juste hommage
« rendu à un bienfaiteur de l'humanité, dont la ville serait
« heureuse de voir le souvenir perpétué par l'érection d'un
« monument public. »

La délibération du Conseil municipal fut transmise au
préfet, qui transmit à son tour la pétition à M. Thiers, alors
Président de la République. La réponse du gouvernement
fut aussi favorable qu'on pouvait l'espérer, comme le témoigne le décret suivant:

« Le Président de la République française,

« Sur la proposition du ministre secrétaire d'Etat au département de l'intérieur,

« Vu l'ordonnance du 10 juillet 1816;

« Vu la demande formée par plusieurs habitants de Rouen (Seine-Inférieure), à l'effet d'obtenir l'autorisation d'élever dans cette ville un monument par voie de souscription publique à la mémoire de l'abbé de la Salle, fondateur de l'institution des Frères de la Doctrine chrétienne (1);

« Vu l'avis favorable du Conseil municipal de Rouen et du préfet de la Seine-Inférieure;

« Décrète:

« Article 1er. — Est autorisée l'érection à Rouen, par voie de souscription publique, d'un monument à la mémoire de l'abbé de la Salle.

« Article 2. — Le ministre de l'intérieur est chargé de l'exécution du présent décret.

« Fait à Versailles le 14 novembre 1872.

« Signé : A. THIERS.

« Par le Président de la République,

« *Le ministre de l'intérieur,*

« Signé : VICTOR LEFRANC. »

Avant que ce décret eût été rendu, son éminence Mgr le cardinal de Bonnechose avait témoigné tout l'intérêt qu'il prenait à la souscription. Il se trouvait à Paris lorsqu'on lui donna connaissance du vote du conseil municipal de Rouen. Il écrivit aussitôt au Frère Lucard, pour lui exprimer la vive satisfaction qu'il éprouvait de ce vote, et lui fit savoir quelque temps après qu'il voulait figurer en tête de la liste de souscription pour une somme de cinq cents francs.

(1) Nous ferons remarquer ici que, quoiqu'on dise tantôt Frères de la Doctrine chrétienne et tantôt Frères des Écoles chrétiennes, c'est cette dernière dénomination qui est la plus exacte et qu'il convient d'adopter.

De retour à Rouen, le cardinal, sans l'approbation duquel rien d'important ne s'est fait en ce qui concerne l'œuvre du monument élevé en l'honneur du Vénérable de la Salle, organisa le comité qui devait s'occuper de mener cette œuvre à bonne fin.

Le comité de souscription fut ainsi composé :

Son Éminence le cardinal de Bonnechose, archevêque de Rouen, président d'honneur.

M. LETENDRE DE TOURVILLE, président de chambre à la Cour d'appel, président.

M. DECORDE, adjoint au maire de Rouen, vice-président.

M. l'abbé de BEAUVOIR, curé de Saint-Godard, secrétaire.

M. J. Le PICARD, banquier, trésorier.

M. l'abbé ROBERT, chanoine.

M. Ch. de BEAUREPAIRE, archiviste du département et membre correspondant de l'Institut.

M. VAUCQUIER DU TRAVERSAIN, avocat, membre du Conseil municipal.

Frère LUCARD, directeur de l'École normale de Rouen.

Auxquels son Éminence le cardinal adjoignit dans la suite :

M. H. de SUSANNE, conservateur des eaux et forêts.

M. P. ALLARD, avocat.

M. DOUDIET D'AUSTRIVE, négociant.

Le comité se mit immédiatement à l'œuvre pour provoquer de toutes parts des souscriptions ; et, grâce au zèle et à l'activité déployés par tous, et particulièrement par le secrétaire, M. l'abbé Beauvoir, le mouvement se généralisa d'une façon merveilleuse. Nos Seigneurs les Évêques, les journaux religieux de la France et de l'étranger, les Semaines religieuses, les comités secondaires formés dans plusieurs villes, firent connaître partout la souscription ; l'empressement avec lequel on répondit à leur appel montra en quelle vénération était l'abbé de la Salle, en quelle estime étaient les Frères des Écoles chrétiennes.

Il nous serait impossible de tout citer ici ; quelques détails donneront l'idée de ce mouvement, qui était un premier hommage rendu de toutes parts au Vénérable de la Salle.

Les éminents cardinaux de Besançon et de Chambéry, les archevêques de Paris, d'Alger, d'Aix, d'Auch, d'Alexandrie, du Caire ; les évêques de Bayonne, de Montpellier, de Metz, de Nancy, de Marseille, de Rodez, d'Annecy, du Puy, de Langres, de Meaux, de Nantes, de Nîmes, de Viviers, d'Oran, de Constantine, de Luçon, d'Amiens, applaudirent des premiers au projet des souscripteurs.

Toute la presse religieuse et conservatrice de Paris et de la province, la presse des États-Unis, de l'Angleterre, de l'Italie, de la Belgique, offrirent spontanément et accordèrent l'appui de leur publicité.

La lettre adressée à ce sujet aux curés de son diocèse par Mgr l'évêque de Marseille donne la raison de ce concours universel de tous les partis honnêtes autour du monument du Vénérable de la Salle.

« Il s'agit, dit Mgr Place, de donner un gage public de notre profonde gratitude et de notre vénération à l'un des plus grands bienfaiteurs du peuple ; et en même temps de témoigner, dans sa personne, notre estime, notre affection et notre reconnaissance pour ses dignes fils, nos bons Frères des Ecoles Chrétiennes.

« Le Vénérable abbé de la Salle a accompli, pendant sa vie, des œuvres admirables de zèle et de dévouement. Marseille, qui l'a vu dans ses murs et lui a dû plusieurs fondations importantes, ne l'a jamais oublié. Mais le Vénérable de la Salle, comme les vrais serviteurs de Dieu marqués du sceau de la sainteté, a opéré le bien avec encore plus de fécondité après sa mort que pendant sa vie ; et ses pieux enfants, animés de son esprit et de son infatigable charité pour le jeune âge, sont aujourd'hui, jusque dans les contrées les plus éloignées, les dignes continuateurs de cet enseignement, aussi solide que religieux, qui fait à la fois les bons chrétiens et les bons citoyens, et dont leur fondateur a légué les immortelles inspirations.

« Viennent les calamités publiques, nos Frères des Ecoles chrétiennes prouveront encore comment ils ont conservé ces traditions d'abnégation et de courage qui sont comme leur glorieux et inaltérable héritage. Ne mouraient-ils pas hier, humbles infirmiers, sur nos champs de bataille et dans nos ambulances, comme déjà ils avaient su le faire, à peine arrivés au milieu de nous, dans la peste de 1720!

« Vous serez frappé, Monsieur le Curé, du caractère vraiment providentiel attaché à l'œuvre dont la ville de Rouen, berceau des saintes entreprises du Vénérable de la Salle, a pris l'initiative, avec son conseil municipal et son illustre archevêque.

« C'est au moment où, pour mieux propager l'instruction antichrétienne, on répand la calomnie et l'outrage contre nos écoles congréganistes, qu'un monument en l'honneur du fondateur des Frères devait s'élever comme une protestation de la France catholique contre l'enseignement irréligieux.

« C'est au moment où on cherche à éloigner les classes populaires de l'Eglise catholique qu'il fallait attester comment elle glorifie les véritables amis du peuple.

« Je serai donc heureux, Monsieur le Curé, de vous voir, en dehors de la chaire et de votre ministère pastoral, donner votre appui à la souscription ouverte, parmi nous, pour le monument de Rouen. Ce monument est, avant tout, un témoignage de reconnaissance: il ne saurait, par conséquent, blesser aucun parti honnête: car, grâce à Dieu, l'injustice et l'ingratitude ne seront jamais populaires parmi nous. »

Mgr l'évêque d'Annecy, en envoyant sa souscription et

celle du chapitre de sa cathédrale, écrivait au Frère directeur de l'école d'Annecy cette lettre qui est un précieux hommage rendu au Vénérable de la Salle et à l'Institut :

« L'Institut des Frères, écrit-il à la date du 24 décembre 1872, a fait ses preuves dans la carrière de l'enseignement primaire. Il s'y consacre avec son incomparable dévouement, formant à la fois les âmes et les intelligences, et donnant à la jeunesse la direction morale et religieuse que réclament sa nature et ses besoins. Il sait, dans nos temps de trouble et de confusion, la rattacher constamment à l'ordre divin, aux principes et aux doctrines sur lesquels tout repose, et l'associer en même temps à tous les progrès de l'enseignement.

« Les progrès de l'Institut dans cette voie sont attestés par les témoignages mêmes de l'Université dans ses statistiques officielles; ils le sont sur le théâtre où il est appelé à soutenir la plus redoutable concurrence. La ville de Paris a créé des bourses qu'elle met tous les ans au concours entre toutes ses écoles, qui sont au nombre de 68 pour les laïques et de 54 pour les Frères de votre Institut. D'après les états publiés de 1848 à 1871, dans une période de vingt-cinq ans, pendant laquelle vos Frères n'ont eu d'autre protection que l'excellence de leurs services, sur 975 bourses, ils en ont obtenu au concours par leurs élèves 802 et les laïques 173.

« Si les limites que je dois m'imposer le permettaient, nous verrions la concurrence à Lyon, Marseille, Lille, Reims, Bordeaux, et dans une foule d'autres villes, présenter les mêmes proportions ou de plus frappantes encore. A Bordeaux, au concours de 1868, les élèves des Frères ont obtenu 47 prix sur 49 et 165 nominations sur 181. Dans un concours du 11 janvier 1872, sur 11 bourses, les élèves des Frères en ont obtenu 10.

« Aussi votre Institut, mon cher Frère, a franchi les limites de la France et celles de l'Europe. Il est aujourd'hui répandu dans le Levant, dans les Indes, en Amérique et dans l'Océanie.

« Ces succès sont pour le Vénérable de la Salle, votre Fondateur, le plus précieux et le plus glorieux de tous les témoignages qui puissent être rendus à sa mémoire. La ville de Rouen, où il a terminé sa carrière, se prépare à lui donner un gage particulier de sa reconnaissance et de son admiration ; elle a voulu que sur une de ses places publiques s'élevât en son honneur un monument « comme un juste hommage rendu à un bienfaiteur de l'humanité. » Son Conseil municipal s'est associé tout entier à cette œuvre, qui a reçu l'approbation du gouvernement, et que préside Son Eminence le cardinal de Bonnechose, archevêque de Rouen. Le comité de l'œuvre fait appel à une souscription. Son appel recevra parmi nous un accueil sympathique, surtout des parents et des élèves qui ont recueilli les fruits des leçons données par les Frères de la Doctrine chrétienne. »

Nous pourrions multiplier ces précieux témoignages de l'épiscopat en faveur des Frères des Ecoles chrétiennes et de leur vénérable fondateur. Citons-en encore quelques-uns, car ils font, eux aussi, partie du monument qui vient de s'élever à Rouen.

Son Eminence le cardinal Mathieu, archevêque de Besançon, écrit, le 25 janvier 1873, à Son Eminence le cardinal de Bonnechose :

« C'est une grande et salutaire pensée que vous avez eue d'élever un monument au Vénérable de la Salle, qui, dans l'humilité et le dévouement de son âme, a rendu à la Société, par le moyen de ses Frères, le plus signalé de tous les services, qui est l'éducation chrétienne de la jeunesse, surtout ouvrière.

« D'autres ont parlé des plaies de cette classe ; mais nul n'y a plus porté que lui le remède efficace. D'atroces sectaires veulent couper cette source féconde pour la tarir : ils n'y parviendront pas.

« Votre monument est la protestation de la France religieuse et raisonnable contre cet attentat.

« Je m'associe à vous de tout mon cœur et vous envoie une petite pierre à insérer dans le soubassement. En d'autres temps, j'en aurais envoyé plusieurs ; maintenant, je fais ce que je peux. »

Mgr l'évêque de Montpellier écrit, le 7 décembre 1872, au cardinal de Rouen :

« Au moment où l'éducation chrétienne (ils appellent cela *congréganiste !*) est si violemment et si injustement attaquée, au moment où en particulier les enfants du Vénérable de la Salle sont presque partout traqués dans les plus strictes limites de la loi, la ville de Rouen, sous la haute inspiration de Votre Eminence, donne à la France et au monde un grand, un noble, un généreux spectacle, en voulant ériger une statue au véritable ami du peuple, au fondateur des Frères de la Doctrine chrétienne.

« Cet élan, qui honore la métropole de Normandie, est une bonne action. Puisse-t-il être aussi une leçon d'apaisement et de reconnaissance pour tant d'hommes qui doivent à l'éducation des Frères l'écharpe municipale et l'honneur de siéger dans le conseil des départements !

« Je voudrais, Eminence, m'associer mieux que je ne le fais à l'honorable souscription ouverte sous vos auspices ; mais j'ai des charges énormes, des revenus modestes, et je ne puis ajouter que mon cœur à la faible somme que j'ai l'honneur de vous envoyer. »

Mgr l'évêque de Meaux, à la date du 7 février 1873 :

« Eminence,

« Le Vénérable abbé de la Salle est un de ces bienfaiteurs

de l'humanité dont la mémoire doit être en bénédiction dans tous les siècles. Nos diocèses en particulier sont à même d'apprécier les services immenses que rendent les écoles dirigées avec tant de zèle et de succès par les Frères de son Institut. Aussi, ai-je applaudi tout d'abord à l'ouverture d'une souscription pour l'érection d'un monument en l'honneur de leur fondateur dans la ville de Rouen ; et puisque Votre Eminence veut bien que les offrandes lui soient adressées, je lui envoie aujourd'hui la mienne. Je fais en même temps insérer dans la *Semaine religieuse* de Meaux un avis pour recommander cette œuvre excellente à la connaissance et à la générosité de mes diocésains. »

Mgr l'évêque de Rodez fait connaître au très-honoré Frère Philippe les moyens qu'il a pris pour étendre la souscription :

« Mon très-cher et très-honoré Frère, lui écrit-il, j'ai vu avec le plus grand plaisir se former, dans divers diocèses, des comités locaux pour recueillir les souscriptions que la charité catholique voudrait bien verser, dans le but d'ériger à Rouen une statue au Vénérable abbé de La Salle, votre illustre fondateur. Peu de héros, mon très-cher Frère, ont mérité cet honneur au même degré que cet homme de bien ; et ce n'est pas sans quelque dessein de la Providence que les temps où nous sommes ont été choisis pour le lui décerner. C'est bien au moment, en effet, où la révolution vous traque de toutes parts, et où l'ignorance alliée à la sottise font tous leurs efforts pour obscurcir les intelligences, en leur enlevant la notion de Dieu et de son Christ, qui est la lumière du monde, qu'il nous convient à nous, qui savons ce que vaut votre Institut, et ce que valent les services qu'il a rendus, d'élever une protestation vivante et parlante contre tous ces odieux démagogues qui vous poursuivent, et qui manquent autant de sens social qu'ils manquent, pour la plupart du temps, de grammaire et d'orthographe.

« J'ai donc estimé, mon très-cher Frère, que le diocèse de Rodez, d'où sortent vos Frères par centaines, et où vous rendez à l'enseignement des services signalés, et, croyez-le aussi, très-appréciés, devait contribuer, pour sa part, à l'érection du monument d'un des plus grands bienfaiteurs de la jeunesse.

« En conséquence, j'ai constitué, pour recueillir les souscriptions, un comité ainsi composé :

« Monseigneur l'évêque, président d'honneur ;

« M. l'abbé Costes, vicaire général, président ;

« Le Frère visiteur ou l'un des Frères directeurs des établissements de Rodez, vice-président ;

« M. l'abbé Alazard, rédacteur de la *Revue religieuse*, trésorier ;

« MM. les curés de la cathédrale de Saint-Amans, et de Saint-Cyrice, de Rodez, de Notre-Dame de Villefranche, d'Espalion, de Notre-Dame de Millau et de Saint-Affrique ;

« Les présidents des conférences de Saint-Vincent de Paul, du diocèse, membres et zélateurs.

« Je suis très-heureux, mon très-cher et très-honoré Frère, de pouvoir vous témoigner ainsi une fois de plus toute l'estime et toute l'affection que je porte à votre Institut; et je vous prie d'agréer pour vous-même, mon très-cher et très-honoré Frère, l'assurance particulière de cette estime et de cette affection. »

Mgr de Ségur écrit à un Frère des Ecoles chrétiennes : « Je souscris avec bonheur pour une somme de 100 francs, que je voudrais pouvoir décupler, à l'érection du monument de votre Vénérable fondateur. Plus que jamais notre jeunesse ouvrière a besoin des Frères; c'est donc plus que jamais le temps d'honorer le saint homme que la Providence a suscité pour établir votre précieux Institut. »

On vient de voir, par ces lettres, que des comités secondaires se formaient partout pour provoquer et recueillir des souscriptions. Il s'en forma ainsi à Paris, à Nantes, à Rodez, à Marseille, à Dijon, à Orléans, etc., en même temps que plusieurs *Semaines religieuses* et plusieurs journaux publiaient eux-mêmes des listes qui se remplissaient de signatures accompagnant les offrandes les plus riches comme les plus modestes, pour montrer que c'étaient toutes les classes, toutes les fortunes qui s'associaient à l'œuvre du Monument.

La *Semaine religieuse* de Rouen enregistra toutes ces offrandes, à mesure qu'elles furent connues. Nous avons parcouru ces listes et quelques autres qu'il nous a été donné de connaître. Il se trouve là des détails touchants qui ne doivent pas être négligés.

Ainsi de jeunes enfants ont établi entre eux des comités actifs et ont recueilli de nombreuses souscriptions, qui ont fini par former des sommes importantes.

Un enfant donne 4 francs pour avoir été le premier aux compositions du mois.

Un autre écrit : « Je suis pauvre, mais je donne quarante petits sous en souvenir des quarante mille livres distribués aux pauvres par le Vénérable de la Salle. »

Plusieurs souscrivent pour obtenir la grâce de bien faire leur première communion, ou pour réussir dans leurs études.

M. Léon Tixier, instituteur à Fleury, adresse cette touchante lettre en envoyant son offrande : « Mon cher Frère, je ne sais pas si vous vous rappelez un jeune enfant, alors votre élève, atteint de la fièvre typhoïde en août 1849. Condamné à mort par les médecins, vous fîtes pour lui, et il fit avec vous une neuvaine au Vénérable de la Salle, et il fut sauvé. Je ne crois pas, depuis cette époque, avoir été un seul jour sans invoquer le saint instituteur, et j'ai éprouvé plusieurs fois les marques de sa protection. C'est à vous, cher maître, que j'adresse ma souscription, en vous priant de croire à l'assurance des sentiments dévoués de votre élève reconnnaissant. »

Un grand nombre d'autres instituteurs ont souscrit en reconnaissance de l'éducation qu'ils ont reçue à l'Ecole normale de Rouen; quelques-uns ont même provoqué et recueilli des souscriptions dans leurs communes.

Nous n'avons pas besoin de dire que beaucoup d'ecclésiastiques ont aussi souscrit : le prêtre connaît trop bien le prix de l'instruction chrétienne et de la bonne éducation des enfants, pour ne pas s'empresser de rendre hommage au Vénérable abbé de la Salle, dont toute la vie a été consacrée à ces deux grands besoins de l'enfance. Mais, ce qu'il est bon de remarquer, c'est que plusieurs des souscripteurs ecclésiastiques ont eu soin de s'inscrire comme anciens élèves des Frères, ce qui prouve que la première instruction donnée avait contribué à les conduire à de plus hautes études. Les vocations ecclésiastiques ne sont pas rares, en effet, parmi les élèves des Frères; ceux-ci, qui savent les distinguer, ne négligent pas d'encourager les jeunes gens qu'ils ont élevés, et qui se sentent appelés au sacerdoce.

Après ce qui s'est passé en 1870 et en 1871, on ne s'étonnera pas de voir l'obole du soldat se joindre aux autres offrandes. Un soldat donne 4 francs en reconnaissance des services rendus par les Frères; quelques-uns rappellent les services rendus dans les ambulances, et des marins se rencontrent avec eux dans l'expression du même sentiment.

Un assez grand nombre de souscriptions, principalement de mères de famille, sont accompagnées de remerciements pour les grâces reçues, ou de demandes de grâces par l'intercession du Vénérable.

Et ce sont les souscripteurs de tous les pays qui adressent les mêmes demandes, les mêmes remerciements, et qui tiennent à rendre le même hommage au Vénérable et aux Frères.

Nous avons sous les yeux la liste des souscripteurs d'Alger; et nous lisons, à côté des souscriptions de Mgr l'archevêque d'Alger (100 fr.), de M. le comte de Gueydon, gouver

neur général (100 fr.), du Recteur de l'Académie, des chanoines, de prêtres, etc., celles d'un israélite, M. Moïse dab
Thabet, qui souscrit pour 10 francs, et de deux musulmans,
le prince Mustapha-Pacha, et M. Ahmed-Ben-Kandoura,
conseiller général, qui souscrivent chacun pour 5 francs.

Aux Etats-Unis, les enfants des Ecoles des Frères souscrivent pour différentes sommes ; une liste de souscriptions recueillies par un seul Frère parmi les marchands, porte, à
côté de douze noms de catholiques, un nom de trinitarien,
un nom de juif, et onze noms de protestants.

Les offrandes des riches et des pauvres se confondent donc,
ainsi que celles des hommes de diverses religions qui savent
apprécier l'œuvre du Vénérable de la Salle et les services
rendus par les Frères. Son Em. le cardinal de Rouen, l'Archevêque de Paris, M. Mame (de Tours), Mme Oppenheim,
souscrivent chacun pour 500 francs. Le Frère Libanos, directeur du pensionnat de Passy, recueille parmi ses élèves
la somme de 2,000 francs, et celle de 10,000 parmi les professeurs et les amis de son bel établissement. Grâce à l'initiative de M. le maire de Rouen, tous les députés de la
Seine-Inférieure et plusieurs autres de leurs collègues
ont adressé leur offrande au Comité. Le conseil général a
voté la somme de 1,000 francs ; le conseil municipal, celle
de 5,000 ; la Cour d'appel de Rouen, 300 francs ; le tribunal
civil, 150 francs. Le chapitre de la Métropole, le grand Séminaire de Rouen, les municipalités de Bayonne, d'Elbeuf,
de Nîmes, de Rodez, le conseil d'administration de la Société de Saint-Nicolas à Paris, le Comité des écoles de Nancy,
le Comité catholique à Paris, plusieurs autres associations
scientifiques ou de bienfaisance, et de grands établissements
d'instruction, ont également envoyé leur offrande, comme
un public témoignage de reconnaissance envers l'Institut
des Frères.

Parmi les autres principaux souscripteurs, nous citerons
encore : le supérieur des Frères irlandais, M. le baron James

Levavasseur, Mademoiselle Maria Poussin, Mesdames les comtesses de la Châtre, de Brissac et de Biancourt, MM. E. de Susanne, Lemarchand, Chardon-Lagache, Leignel, Fleury, Niel, le duc de Norfolk, Flavigny, Pelletier aîné, Pelletier jeune, Keittinger-Turgis, Malfilâtre, Letaille, Poussielgue, Perrot, Cayla, Ajurien, le curé de Passy, Mesdames Malfilâtre, L. Quesnel, Poixblanc, de Monnecose, Mesdemoiselles de Brissac et de Tourville, plusieurs anonymes sous lesquels on pourrait découvrir, dit la *Semaine religieuse* de Rouen, une reine, des princes français et quelques familles des plus honorables de la Normandie.

N'oublions pas de mentionner aussi les élèves des établissements des Frères de Rouen, de Bayonne, de Nantes, de Dijon, d'Alger, de Caen, de Cherbourg, de Chambéry, d'Annecy, de Béziers, d'Issy, de Thionville, de Marseille, de Rome, de Londres, de New-York, de Québec, de Montréal, de San-Francisco, de Saint-Louis, de Quito. Presque dans toutes les autres villes où les Frères dirigent des écoles, les offrandes ont été aussi généreuses que générales et spontanées.

Des pauvres, en très-grand nombre, ont économisé, même sur leur nécessaire, pour ajouter au moins quelques grains de sable au monument destiné à perpétuer la mémoire vénérée du bienfaiteur de leurs enfants. C'est ainsi, par exemple, qu'à Marseille, on est arrivé à réunir, sou par sou, la somme de *six mille francs.*

Nous parlions tout à l'heure de la souscription des députés de la Seine-Inférieure. C'est le maire de Rouen lui-même, M. Nétien, qui s'est fait le promoteur de la souscription auprès de ses collègues de la chambre, et qui en a adressé le montant au Frère Lucard, à la date du 21 décembre 1872. Chacun des députés a souscrit pour 25 francs, ce qui a produit une somme de 425 francs, avec l'adjonction de la souscription de l'amiral Montagnac qui, élu à la fois par deux départements, n'avait pas cru devoir opter pour la

Seine-Inférieure, dont les sympathies ne lui étaient pas moins chères. La liste des souscriptions recueillies par M. Nétien portait donc les noms suivants : Messieurs Ancel, Buée, Buisson, Cordier, Anisson-Duperron, Raoul Duval, de Bagneux, Lebourgeois, Lanel, amiral Montagnac, Nétien, Peulvey, Pouyer-Quertier, général Robert, des Royes, Savoye et Vitet.

D'autres députés souscrivirent individuellement. La *Revue religieuse* de Rodez nous a fait connaître les lettres de trois députés de l'Aveyron qui méritent d'être reproduites ici.

« Vous comprendrez, écrit M. P. Pradié, combien j'approuve et je bénis l'idée de ceux qui ont voulu honorer, devant leurs contemporains et devant la postérité, le plus grand bienfaiteur peut-être de la vraie et saine démocratie, du petit peuple de nos villes et de nos campagnes.

« Je fais donc des vœux sincères pour que la souscription produise beaucoup, non pas tant par le chiffre que par le nombre des souscripteurs, et que l'Aveyron surtout se signale dans cette grande et saine démonstration en faveur de celui qui se dépouilla de tous ses biens et de ses bénéfices pour donner, par sa pauvreté, plus d'autorité à ses prédications et à sa propagande. »

M. Barascud écrit : « Je suis heureux de joindre ma modeste offrande à toutes celles que la charité catholique versera pour une œuvre si méritoire, et de donner ainsi à l'Institut des Écoles chrétiennes un témoignage d'estime et de reconnaissance. »

M. le baron de Balzac s'adresse ainsi à M. l'abbé Alazard, directeur de la *Revue* et membre du comité de souscription de Rodez :

« En fondant l'Institut des Frères des Ecoles chrétiennes, l'abbé de La Salle s'est placé au premier rang des bienfaiteurs de l'humanité. Les enfants du peuple doivent à ces admirables Frères une éducation morale et religieuse, et la société un préservatif contre les doctrines dissolvantes de la démagogie. Répondant à l'appel de la *Revue religieuse*, je m'empresse de vous adresser une modeste offrande pour concourir à l'érection de la statue que la ville de Rouen se propose d'élever à la mémoire du Vénérable abbé de La Salle. »

On voit avec quel empressement on répondait de toutes parts à l'appel du Comité de Rouen. Pour donner une idée du zèle qui rivalisait avec celui que déployait ce comité, nous placerons ici un extrait de l'appel adressé par le comité de Langres à tous les amis de l'éducation de l'enfance dans le département de la Haute-Marne :

« Déjà de toutes parts, dit ce comité à la date du 3 février 1873, on s'est empressé de répondre à l'appel patriotique des promoteurs de l'œuvre : des comités s'organisent dans le plus grand nombre des diocèses et on y voit figurer les plus beaux noms. Qu'il nous suffise de citer quelques-uns des membres qui, sous la Présidence de Monseigneur l'Archevêque, composent le comité de Paris : Messieurs Baudon, de Cornudet, de Franqueville, comte de Germiny, général de Geslin, vicomte de Melun, marquis de Plœuc, Eugène Rendu, Silvy, etc., etc. Plusieurs journaux d'Angleterre, de Belgique et des Etats-Unis attestent même que ce projet reçoit à l'étranger l'accueil le plus sympathique.

« On commence donc à comprendre qu'en attendant la décision de l'Eglise qui doit bientôt décerner au Vénérable abbé de La Salle ces honneurs que rien n'égale ici-bas, le moment est venu de glorifier cet homme modeste qui fut une des gloires de la France à la fin du XVIIᵉ siècle et dans les premières années du XVIIIᵉ. Ne lui devons-nous pas, du moins en partie, la diffusion de ces principes de civilisation chrétienne que quatre-vingts ans de révolution n'ont pu détruire entièrement? N'a-t-il pas, le premier, songé à organiser d'une façon régulière l'instruction primaire et l'éducation des enfants du peuple trop abandonnés à l'époque où il vivait? N'a-t-il pas, le premier, créé la science de l'enseignement pédagogique, élémentaire, dont il découvrit les pratiques, essaya les méthodes et formula les règles? N'a-t-il pas fondé non-seulement des écoles populaires, mais surtout un corps enseignant de maîtres chrétiens qu'il a jetés dans le moule divin de la perfection évangélique? N'a-t-il pas, devançant en quelque sorte les besoins de l'avenir, ouvert des pensionnats pour les enfants que les familles ne peuvent garder, des classes du dimanche pour ceux que le travail de l'atelier réclame les autres jours, et des séminaires de maîtres d'écoles laïques, type des écoles normales d'aujourd'hui?

« Oui, pour parler le langage du comité de Rouen, le moment est enfin venu de rendre au fondateur de l'Institut des Frères des Ecoles chrétiennes un éclatant hommage de reconnaissance et d'admiration. Cette statue, érigée en son honneur, nous consolera de la honte que fait éprouver à tous les cœurs catholiques le souvenir de celle de Voltaire dressée sur un des boulevards de Paris.

« Contribuer à son érection est d'ailleurs un moyen facile pour tous de payer à l'Institut des Frères des Ecoles chrétiennes la dette immense contractée envers eux depuis plus d'un siècle, et de les venger des outrages et des injustices dont ils sont aujourd'hui les victimes. C'est aussi la plus éloquente protestation contre les menées intolérantes des radicaux de toute nuance, qui ne réclament si haut l'enseignement exclusivement laïque, que pour confisquer à leur profit les institutions scolaires dont ils veulent se faire des armes politiques.

« Le département de la Haute-Marne ne peut pas rester étranger à cet hommage envers le saint propagateur de l'enseignement religieux, et à cette protestation contre l'injustice qui le calomnie et l'impiété qui le repousse. Il faut que, pour sa part, il contribue à ce mouvement tout à la fois patriotique et religieux. Les moindres sommes, les plus légères offrandes, ne serait-ce que l'envoi d'un timbre-poste de 25 centimes, seront reçues avec reconnaissance. Il s'agit moins en effet de donner beaucoup, que de réunir un grand nombre de souscripteurs, la souscription devant garder le caractère populaire de l'œuvre du Vénérable abbé de La Salle, et permettre à chacun de s'associer à la protestation qu'elle renferme. »

Mgr l'évêque de Langres contre-signe cet appel en y ajoutant ces mots :

« Nous, évêque de Langres, donnons à la souscription pour l'érection d'une statue au Vénérable abbé de La Salle notre pleine et entière approbation, la recommandons à nos chers diocésains et souscrivons nous-même pour une somme de 100 francs.

« Langres, le 3 février 1873.

« † JEAN, *évêque de Langres.* »

On vient de voir que le comité de Langres s'appuyait sur l'exemple de celui de Paris. Ce comité ne fut pas des moins actifs; pour n'en pas douter, il suffit de savoir qu'il était présidé par Mgr l'archevêque de Paris, aujourd'hui cardinal, et par les chrétiens zélés dont les noms viennent d'être donnés. Nous ajouterons que Mgr Guibert s'y faisait représenter, quand il ne pouvait assister aux séances, par M. l'abbé Langénieux, son vicaire général, qui devait devenir archevêque de Reims, ville natale du Vénérable de La Salle, et assister en cette qualité à l'inauguration du monument dont il s'était déjà si vivement occupé. Dès le mois de décembre 1872, le comité de Paris avait eu trois réunions, et Mgr Guibert avait émis l'idée de donner à la souscription une portée plus haute au moyen d'une création charitable qui serait confiée aux soins de l'Institut des Frères. Il ignorait alors que le comité de Rouen avait conçu une idée semblable, en destinant à la fondation d'une institution charitable les fonds qui pourraient rester disponibles sur la souscription. En l'apprenant, il jugea convenable de borner l'action du comité de Paris à recueillir des offrandes, qui furent nombreuses et considérables, malgré tant d'autres œuvres de charité et de zèle qui s'adressent à la bourse des généreux chrétiens de la capitale.

Le lecteur peut comprendre, par les détails donnés ici sur la souscription, combien il serait facile de les multiplier. Nous devons nous borner, mais on nous reprocherait de n'en pas faire connaître encore quelques-uns.

D'abord la lettre suivante, accompagnée d'une offrande de cent francs, et adressée au frère Lucard par le frère Louis-Marie, supérieur général des Petits-Frères de Marie :

« Je regrette de ne pouvoir faire davantage pour le monument à élever en l'honneur du Vénérable, mais l'état financier de notre Institut ne nous le permet pas. Nous n'en continuerons pas moins à nous associer de tout cœur avec vous pour honorer et invoquer ce grand serviteur de Dieu, suscité pour être le fondateur de votre Institut, et par suite le promoteur de tous ceux qui ont suivi. Nous partageons tout votre désir de le voir bientôt donné à l'Eglise et à nos congrégations comme un bienheureux et un protecteur de plus. »

Touchante confraternité de ces congrégations qui visent au même but et qui travaillent à la même œuvre, tout en suivant des règles différentes qui s'accommodent ainsi aux besoins divers des âmes et aux caractères différents des religieux ouvriers !

Ajoutons enfin qu'aux souscriptions en argent se son joints des dons en nature qui en ont augmenté l'importance. Ainsi M. Cagniard, imprimeur, a voulu fournir gratuitement, et à titre de souscription inspirée par la reconnaissance, tous les prospectus, lettres d'invitation, affiches imprimées en trois couleurs et cartes d'entrée sur lesquelles était dessiné le plan de la place Saint-Sever, où le monument a été érigé. Ainsi, les membres du comité de Rouen ont résolu de faire préparer, à leurs frais, quatre beaux can- labres, qui seront placés autour du monument; c'est égale- ment à leurs frais que sera fait le trottoir placé autour de la fontaine que surmonte la statue du Vénérable.

III

Accueillie partout avec tant de faveur, la souscription dépassa bientôt la somme sur laquelle on avait cru pouvoir légitimement compter. Dès le mois d'octobre 1873, on avait réalisé plus de cent mille francs ; et chaque jour arrivaient de nouvelles offrandes.

Le moment était donc venu de songer au Monument lui-même, et de faire appel aux artistes qui seraient disposés à concourir.

On décida qu'il n'y aurait point d'appel direct ; que les artistes seraient prévenus d'une manière générale, et que le Comité jugerait ensuite les projets qui lui seraient présentés. Son Éminence le cardinal de Bonnechose adjoignit au Comité, en cette circonstance, avec voix consultative, M. Barthélemy, architecte diocésain, et M. Demarest, architecte du département.

Tous les sculpteurs et les architectes étaient libres de participer au concours ; le Comité ne refusa aucun des projets qui lui furent présentés. N'omettons pas de dire, pourtant, que M. Mathieu, capitaine d'artillerie à Rouen, eut l'honneur d'engager à concourir l'éminent sculpteur, M. Falguière, son ancien condisciple et ami.

Six projets furent présentés ; l'exposition publique en commença le 29 juin 1873, à l'Hôtel de Ville de Rouen. Selon l'usage, les sujets étaient seulement exécutés en *maquette,* c'est-à-dire que ce n'étaient que des modèles en petit, n'offrant que la disposition générale des figures, sans avoir rien de soigné et de fini.

Dès les premiers jours, l'opinion des hommes compétents se trouva d'accord avec l'opinion publique, dont la voix n'hésita point à désigner l'artiste vainqueur.

Deux projets avaient pour auteurs M. Oliva, statuaire, et M. Magne, architecte. L'un d'eux consistait en un piédestal carré, orné de bas-reliefs surmontant des vasques cannelées, terminé par un amortissement qui était orné de quatre petites figurines lançant des jets d'eau, et par la statue de Jean-Baptiste de la Salle. L'autre projet était plus original : c'était un joli édicule avec dôme, tympans et frontons ornés et sculptés, couvert de figurines, de moulures et d'ornementation, abritant la statue du Vénérable, et supporté par une véritable pyramide de vasques superposées. Des contre-forts richement ornementés garnissaient les angles du monument, et des dauphins et des enfants lançaient obliquement des jets retombant dans les vasques des faces principales. La partie verticale qui formait le piédestal était couverte de bas-reliefs ; les angles étaient ornés de colonnettes incrustées d'entrelacs, ce qui formait un ensemble d'une richesse extraordinaire.

Ces deux projets étaient dans le style de la Renaissance. On trouva que ce style ne convenait point pour un monument élevé en l'honneur d'un grand homme du XVIIIe siècle ; et, d'ailleurs, l'ensemble, surtout pour le second projet, paraissait trop riche, non-seulement au point de vue de la dépense, mais aussi et surtout au point de vue de la vertu capitale de l'humble et modeste fondateur des Écoles chrétiennes. Le bon goût demandait plus de simplicité et de sévérité ; mais on rendait justice au talent des auteurs et à la richesse de leur imagination.

Un troisième projet était dû à M. Vital Dubray, sculpteur, et à M. Pio, architecte. Au premier coup d'œil, on était désagréablement frappé du manque d'accord entre la statuaire et l'architecture. La statue du Vénérable de la Salle, assis et instruisant un jeune enfant debout près de lui, aurait fait un ensemble satisfaisant avec les bas-reliefs des quatre faces, et avec les angles à chacun desquels se trouvait un enfant assis sur un contre-fort saillant qui séparait entre elles quatre vasques mi-circulaires superposées deux à deux, s'il n'y avait pas eu un défaut désagréable de proportion entre l'œuvre du sculpteur et celle de l'architecte, celle-ci écrasant l'autre de sa masse et paraissant l'étouffer sous la lourdeur de ses moulures.

Un quatrième projet était dû à M. Bogino, statuaire. Dans ce projet, le Vénérable était représenté seul et debout ; quatre enfants couchés sur les quatre angles de la plinthe formaient console pour la raccorder avec le massif du support, qui était flanqué de lions en saillie sur chaque angle, et séparant quatre vasques semi-circulaires qui recevaient l'eau de vasques pédiculées, placées au-dessus. Tout cela paraissait un peu trop mythologique, et formait un ensemble lourd qui n'avait point la grâce désirable.

On pouvait en dire autant du projet de M. Cabuchet, qui différait peu du précédent, si ce n'est que quelques génies marins, chevauchant des dauphins, y faisaient à peu près l'office des enfants et des lions.

M. Falguière, statuaire, et M. de Perthes, architecte, étaient les auteurs du sixième projet qui, malgré quelques défauts, fut jugé non-seulement le meilleur des six, mais excellent en lui-même.

« Le monument imaginé par MM. Falguière et de Perthes, dit M. Alfred Darcel dans le *Journal de Rouen* du 1er juillet, se compose d'un groupe sur un support à quatre faces avec angles abattus, auxquels sont adossées quatre figures d'enfant. Quatre contreforts bas divisant en quatre parties une vasque circulaire supportent chacun un dauphin.

« Le style adopté est un compromis entre le néo-grec et

la Renaissance, le premier s'accusant par quatre volutes qui forment une espèce de chapiteau qui tient lieu de corniche au-dessous du groupe ; le second, par l'ornementation feuillagée qui relie les dauphins avec le socle, et par quelques autres détails.

« Le groupe est formé de la figure de De la Salle, debout, un bras levé, d'un jeune garçon debout à son côté gauche, et d'un autre assis à terre et lisant, à son côté droit, au-dessous du bras levé.

« Ce groupe est fort bien composé, et, disons-le en passant, fort spirituellement ébauché, surtout dans la figure du jeune garçon debout. Il forme une masse dont la ligne enveloppante, très-simple, se combine facilement avec la silhouette du support, qui est elle-même d'un aspect sévère.

« M. Falguière n'est pas à faire ses preuves comme statuaire, et nous sommes heureux de voir que l'architecte qu'il a associé à son projet s'est maintenu dans les données monumentales qui ont présidé à la composition du groupe. »

M. . Adeline disait, de son côté, dans le *Nouvelliste de Rouen* du 2 juillet :

« Le projet qui attire tout d'abord l'attention est dû à la collaboration de M. Falguière, statuaire, et de M. de Perthes, architecte.

» Selon nous, le statuaire l'emporte de beaucoup sur son collaborateur, et la charmante maquette qu'il expose ferait présager une magnifique statue. De la Salle debout, la main paternellement appuyée sur l'épaule d'un jeune enfant qui, par un geste charmant, regarde chaque parole sortir de la bouche du maître, De la Salle étend sa main droite vers le ciel, et la tête, spirituellement modelée, non-seulement respire et pense, mais paraît véritablement inspirée. A ses pieds un autre enfant assis étudie.

« Cette ébauche est charmante, nous le répétons, et bien digne de M. Falguière, un de nos statuaires les plus habiles.

« Le piédestal nous paraît plus discutable ; il est cependant fort simple et fort sévère, ce qui est ici une grande qualité. Il se compose d'un fût octogonal, flanqué de statuettes et de dauphins ; l'eau s'élance par les naseaux des dauphins et s'écoule, sur chaque face, par trois ouvertures qui nous paraissent assez disgracieuses. Ce détail, assez malheureux, suivant nous, est encore répété *en bronze* sur les socles des dauphins qui terminent quatre contre-forts s'appuyant aux pans coupés du monument. Sauf ces détails et une certaine lourdeur dans le couronnement, ce projet est assez heureux ; cependant, nous lui reprocherons toujours de ne pas laisser aux effets d'eau une place plus importante.

« C'est un parti pris, dira-t-on, soit ; le monument domine, la fontaine est l'accessoire, soit encore ; mais ne craint-on pas, dans ce cas, que, grâce à cette disposition mesquine d'effets d'eau, le monument n'ait pas l'air d'avoir été *utilisé* comme fontaine, et que l'idée de le transformer par l'adjonction de ces détails dans la partie inférieure ne soit acceptée facilement et n'indique point plus tard un monument transformé en fontaine pour les besoins de la cause ? Tant qu'à faire les choses, autant les faire d'un seul jet ; cela est toujours préférable, selon nous.

« Si nous insistons sur ce projet, c'est que pour nous c'est un des meilleurs — peut-être le meilleur — et nous ne croyons devoir faire ces observations qu'à cause du talent de l'auteur et des autres qualités du monument qui méritent d'être prises en sérieuse considération. »

Le 5 juillet, la *Semaine religieuse* de Rouen contenait sur les divers projets une appréciation aussi éclairée que juste, en se plaçant au point de vue religieux, que les artistes avaient trop négligé dans leur œuvre, et qui devait être cependant le principal, puisqu'il s'agissait de la statue d'un personnage vénérable pour qui la reconnaissance publique espère les honneurs des autels.

« Nous ferons d'abord, disait la *Semaine*, un reproche général à ces projets. Selon nous, ils ne portent pas le caractère religieux qui convient à un monument élevé à un prêtre que l'Église placera un jour, nous l'espérons, sur ses autels. Ces projets pourraient servir à n'importe quel homme éminent, voire à un chimiste ou à un économiste. Pas un signe de religion. Rien qui rappelle dans l'ornementation qu'il s'agit d'un homme d'église. Il ne faut pas oublier que les frais du monument sont faits en grande majorité par des chrétiens fidèles, et s'adressent à l'instituteur d'un ordre religieux, non à un pur philanthrope. On est trop porté à ne considérer dans le Vénérable de la Salle que le côté dit humanitaire ; il n'a fait sa grande et magnifique œuvre que parce qu'il était prêtre, et un saint prêtre. Nous ne demandons pas qu'on lui bâtisse une chapelle, puisqu'il s'agit d'une fontaine ; mais encore est-il qu'on pourrait rappeler, ne fût-ce que par quelques symboles, qu'il s'agit là d'un vénérable serviteur de Dieu. C'est la première loi de l'art de s'accommoder au but spécial et déterminé qu'il a en vue ; et si les banalités sont hors de saison, c'est surtout dans une œuvre de ce caractère.

« Dans le projet de M. Bogino, la statue a dû être prise d'inspiration ; elle ne reproduit pas les traits connus du Vénérable. Jamais on ne nous l'a représenté avec cette prestance et cet embonpoint. Les quatre génies allégoriques sont bizarres. La fontaine conviendrait assez à une ville d'Égypte. Le projet de M. Vital Dubray, sculpteur, et de M. Pio, architecte, est plus monumental. L'accessoire, la fontaine, est devenu le principal ; c'est un grand château-d'eau qui rappelle assez celui de Saint-Sulpice. Nous doutons que cet énorme amas de pierres, au haut duquel la statue, très-convenable du reste, se trouve posée, produise l'effet désiré. Les bas-reliefs projetés donneraient assurément de la valeur au monument, mais n'en corrigeraient pas à nos yeux l'insignifiance générale.

4

« Les deux projets signés Oliva, sculpteur-statuaire, et Magne, architecte, sont très-beaux. Le plus considérable, celui avec dais et pinacles dans le style de la Renaissance, est d'une richesse et d'une grâce merveilleuses. Il pourrait avoir certaines préférences, s'il ne dépassait pas les ressources de la souscription. La statue ressemble au Vénérable et répond assez à l'idée qu'on s'en fait. Nous nous permettrons cependant une objection contre ce trop gracieux projet. Outre qu'il manque peut-être de la simplicité digne qui convient au personnage, les sculptures en pierres, trop fouillées et trop délicates, résistent peu à l'action du temps sous notre ciel normand. Nous comprendrions cet édicule de Renaissance dans une église, ou sous le soleil de l'Italie ; mais en plein air et avec notre climat, il s'altérera et perdra promptement sa fleur et ses grâces. On voit ce que sont devenues les dentelles de pierre du portail de la Métropole. Il nous semble qu'il faut tenir compte de ces considérations, quand on veut faire œuvre qui dure.

« Nous ne parlerons pas de l'anachronisme du style. Le Vénérable de la Salle n'est pas un homme de la Renaissance. On peut admettre jusqu'à un certain point l'emploi de ce style ; mais nous préférerions une œuvre moderne, qui rappelle le temps où fut élevé le monument. Notre siècle sera-t-il condamné à ne passer à la postérité qu'avec des pastiches ?

« Le projet de M. Cabuchet est séduisant, mais il manque, selon nous, de gravité, et plus encore que les autres, de caractère religieux. Si c'est une fontaine qu'on veut élever pour un square verdoyant et animé, on est servi à souhait. Ces génies folâtres qui lancent des jets brillants sont réjouissants à l'œil ; mais en vérité, quel rapport ont-ils avec l'objet et le héros du monument ?

« S'il nous fallait choisir entre ces divers projets, nous n'hésiterions pas pour celui de M. Falguière, sculpteur, et de M. de Perthes, architecte. Le monument est simple, harmonieux, d'un goût sévère, sans emphase et sans vulgarité.

Nous y voudrions quelques ornements d'un symbolisme chrétien, faciles à ajouter. Le style est moderne et trahit même des efforts généreux à l'originalité. Quant à la statue, elle nous plaît de tout point. Ces deux enfants, l'un assis et lisant, qui reçoit l'instruction, l'autre debout et attentif, qui reçoit la direction, accompagnent bien le Vénérable, dont l'expression est grave et douce, le geste élevé vers le ciel, plein d'élan et de dignité. M. Falguière, son auteur, est l'un des sculpteurs les plus complets de ce temps. Il a le sentiment profond des choses religieuses, et son admirable *Tarcisius mourant* est présent à tous les cœurs chrétiens. Si nous avions le droit de donner notre avis, encore une fois, nous n'hésiterions pas. »

Quand l'exposition fut terminée à l'Hôtel-de-Ville, les sujets furent transportés à l'Ecole normale de la rue Saint-Lô, où les hommes les plus compétents purent encore les examiner et les comparer à loisir. Les premiers jugements ne firent que se confirmer de plus en plus, comme le témoigne cette lettre adressée par M. De Léruc au *Nouvelliste* de Rouen, et publiée dans le numéro du 29 juillet de ce journal :

« Nous venons d'examiner de nouveau ces projets, et nous avons pu constater que, de l'aveu de la grande majorité des personnes compétentes, il n'y a rien à modifier à l'ensemble des premières et rapides impressions qui se sont traduites à cet égard dans nos colonnes.

« Il faut savoir gré aux cinq habiles artistes, MM. Oliva, Vital Dupray, Falguière, Bogino et Cabuchet, ainsi qu'aux architectes auteurs des piédestaux, de l'empressement avec lequel ils ont répondu à l'appel qui leur a été adressé. On a vu, par les dissertations de détail, que chacun de ces projets a sollicité l'attention à des degrés différents et que les moins réussis d'entre eux n'ont pas été sans révéler des qualités dont l'équité doit tenir compte, sans abandonner son droit à la critique. Nous ne reviendrons pas sur ces appréciations détaillées ; qu'il suffise de dire qu'aujourd'hui

l'opinion définitive générale affirme hautement la supériorité de celui de ces projets qui avait tout d'abord été mis
hors ligne dans la pensée des premiers visiteurs. Il s'agit de
la maquette de M. Falguière.

« Le mérite de ce travail nous paraît tel, qu'il domine et
rend peu importantes les quelques critiques de détail dont
le piédestal du monument a été l'objet.

« Ici c'est le groupe sculptural qui est l'œuvre essen-
tielle ; or, il a été très-heureusement conçu et exécuté. La
figure principale et celles des deux enfants qui l'accompagnent ont l'ampleur, la noblesse, le naturel et la grâce.
Harmonieusement et simplement agencées, elles ont bien
le type et la physionomie qui conviennent au sujet. Traduites dans leur forme définitive, il est évident qu'elles produiront cet effet d'élégance sereine et de noble autorité qui,
dans les œuvres magistrales, frappe agréablement les
regards et ouvre à la pensée de salutaires horizons.

« Nous savons qu'en fait de sculpture, les maquettes ne
sauraient être absolument finies. Ce sont des ébauches
d'un sujet plus ou moins hardi qui, dans des proportions
restreintes, n'ont qu'à faire pressentir le dernier mot de
l'artiste. C'est même surtout chez les maîtres dans ce grand
art que, par une sorte de parti pris, les maquettes d'exposition se restreignent ordinairement à l'ordonnance générale du sujet et aux lignes principales de l'attitude et du
mouvement. Pour eux, toute la conception est là, tant ils
sont assurés de donner plus tard aux figures et aux drape-
ries leur dernière et satisfaisante expression.

« Mais il y a là en général, pour le public non initié, une
sorte de lacune qui l'empêche de se rendre un compte
exact de l'œuvre au moment même où il est convié à en
juger l'effet.

« A ce point de vue, nous aurions désiré que M. Falguière, modifiant dans la circonstance les traditions de la
pratique, eût bien voulu polir un peu plus son groupe, de

manière à effacer, pour les yeux du vulgaire, les apparentes incorrections et les aspérités voulues de sa surface.

« A cet égard, nous n'avons du reste aucune inquiétude ; et en préjugeant de l'exécution finale par la beauté et la distinction véritablement artistiques du modèle de M. Falguière, nous ne doutons pas que ce monument ne fasse le plus grand honneur à l'artiste, et ne satisfasse amplement aux vœux des souscripteurs, ainsi qu'aux justes exigences de l'administration municipale. »

Qu'on nous permette de nous arrêter un moment pour faire connaître mieux l'éminent artiste dont l'œuvre conquérait ainsi les suffrages unanimes du public.

M. Alexandre Falguière est né à Toulouse ; c'est dans une école dirigée par les Frères qu'il fit ses premières études, comme M. de Perthes l'architecte son collaborateur, comme M. Legrain, sculpteur, qui allait travailler au monument, comme M. Javelle, carrier, qui allait aussi aider l'architecte, de sorte que le monument de Jean-Baptiste de la Salle se trouve être l'œuvre de quatre élèves des Écoles chrétiennes fondées par lui.

M. Falguière se fit remarquer de bonne heure par ses aptitudes artistiques. Il fut envoyé à Paris pour y faire ses études en qualité de pensionnaire de la ville de Toulouse ; il alla ensuite se perfectionner à Rome.

Prix de Rome, en 1859, il commença à être connu du public, dont l'attention le suivit dès lors avec une bienveillance et une faveur de plus en plus méritées par la valeur de ses œuvres. Honoré de médailles de première classe aux salons de 1864 et de 1867, du premier prix à l'Exposition de 1867, il obtint la grande médaille d'honneur, au salon de 1860, pour sa magnifique statue du *Jeune martyr chrétien* (Tarcisius), dont il avait puisé l'inspiration dans la *Fabiola* du cardinal Wiseman. En 1870, il exposa le *Vainqueur au combat de coqs*, qui lui valut la croix de chevalier de la Légion-d'Honneur.

Nous citerons encore de l'éminent artiste les statues d'anges qu'il a exécutées pour le portail Saint-François Xavier, à Paris ; la statue de Pierre Corneille, pour le Théâtre-Français ; la statue colossale de sainte Anne et les bas-reliefs, ipour l'église Sainte-Anne d'Auray ; la *Suisse recueillant l'armée française*, groupe offert à la Suisse par la ville de Toulouse ; la statue de *Sainte Germaine de Pibrac*, pour la loterie de Toulouse ; et la statue colossale de *dom Calmet*, solennellement inaugurée à Senones, le 26 octobre 1873.

Dans toutes ces œuvres, on admire un talent d'exécution qui fait mieux apprécier encore le genre de la conception. M. Falguière présente ainsi les qualités d'un artiste accompli ; il a dû être heureux de voir adopter l'œuvre qu'il consacrait à glorifier le fondateur des Écoles chrétiennes ; les Frères ont le droit d'être fiers d'un élève dont ils ont contribué à développer et à fortifier les facultés naissantes.

M. Pierre-Joseph-Édouard de Perthes, l'architecte du monument, est né le 31 juillet 1833, à Haudilcourt (Ardennes). Il fit ses premières études dans les écoles communales de Reims, dirigées par les Frères des Écoles chrétiennes. Sa vocation pour l'architecture se déclara en 1851. Il entra comme élève chez M. Brunette, architecte de la ville de Reims, fut nommé conducteur des travaux de la ville en 1856, et fut, en cette qualité, chargé de la surveillance de la construction de l'église Saint-André, de la restauration de l'Hôtel-de-Ville, etc. En 1857, il remporta, en collaboration avec M. H. Maréchal, le premier prix pour la construction de l'église Saint-Pierre-Saint-Paul, de Berne (Suisse), dont les vieux catholiques viennent de s'emparer. En 1862, il quitta Reims pour venir inspecter les travaux de l'église d'Argenteuil, près Paris, sous la direction de M. Ballue ; en 1863, il fut inspecteur des travaux de l'église Saint-Ambroise, à Paris. Dès lors il fut considéré comme un de nos plus habiles architectes. En 1865, il remporta le premier prix du concours ouvert à Sainte-Anne d'Auray pour la construction de la nouvelle basilique, dont il eut la direction. En 1867, il fut nommé architecte en chef de la ville de Brest, où il construisit, entre autres édifices, un hôpital civil, un marché couvert et l'église Saint-Martin, que, malheureusement, on ne lui a pas laissé achever. En 1872, en collaboration avec M. Ballue, il remporta le premier prix au concours ouvert pour la reconstruction de l'Hôtel-de-Ville de Paris, dont il a été nommé l'architecte. Enfin, il fut l'un des concurrents distingués pour l'église du Sacré-Cœur.

On peut voir, par ces simples indications, que l'architecte du monument du Vénérable était digne de collaborer à l'œuvre de M. Falguière.

L'étude des divers projets avait été aussi complète que possible. Le comité chargé par le cardinal de Bonnechose de se prononcer, se trouva unanimement d'accord avec le public ; et le conseil municipal de Rouen fut du même avis. Le cardinal se fit un bonheur d'annoncer lui-même, à Paris, à MM. Falguière et de Perthes, que leur projet avait été adopté et qu'ils devaient se préparer à l'exécuter.

Chacun des concurrents de M. Falguière reçut une prime de mille francs. Par une lettre qui fait le plus grand honneur à son noble caractère, M. Oliva abandonna généreusement sa prime et la laissa à la souscription en reconnaissance, dit-il, de l'éducation qu'il avait reçue chez les Frères. Il aurait désiré, ajoutait-il, faire le travail demandé, et il avait la confiance d'avoir plusieurs titres au choix du Comité ; mais il ne pouvait se plaindre, puisqu'on lui préférait un « artiste d'un immense talent. » Beau témoignage sous la plume d'un rival ! M. Oliva méritait bien l'honneur qui lui revint quelque temps après d'avoir à exécuter, sur la commande de l'État, le buste du très-honoré Frère Philippe : ce buste, disons-le en passant, est un bel ouvrage empreint du sentiment chrétien ; il témoigne d'une profonde étude du sujet, et rend très-bien le Frère Philippe dans l'austère grandeur de ses vieux ans.

A l'époque même du concours, le 24 juillet 1873, le vénérable supérieur des Frères des Écoles chrétiennes était venu à Rouen, accompagné du Frère Libanos, directeur du pensionnat de Passy. Il tenait à remercier le cardinal de Bonnechose, dont l'appui a toujours été si précieux aux Frères ; le préfet, qui s'était montré si favorable au projet du monument ; et la municipalité, si empressée à honorer le fondateur de l'Institut. Partout le vénérable supérieur fut accueilli avec un respect plein de sympathie. Il voulut voir la place où devait s'élever le monument ; il put se figurer par la pensée ce que serait la fête consacrée à la mémoire du Fondateur de son Institut et put en jouir par avance. Quelques mois après, il partait pour Rome, où le Saint-Père l'accueillait avec une bienveillance toute paternelle, et où il eut le bonheur d'entendre lire ce décret qui donne aux Frères l'assurance de la prochaine béatification du Vénérable de la Salle.

Il semble que la Providence ait voulu ménager, à Rouen et à Rome, ces deux grandes joies à son fidèle serviteur, de voir par avance les hommages humains et les hommages célestes qui seraient rendus au saint prêtre dont il continuait si bien l'œuvre admirable. Peu de semaines après son retour de Rome, le très-honoré Frère tomba malade et mourut : c'est du haut du ciel qu'il a pu assister à l'inauguration de la statue du Vénérable de la Salle ; c'est du haut du ciel qu'il assistera, près de son vénérable prédécesseur, aux honneurs plus éclatants encore que l'Église lui rendra bientôt : tel est notre espoir. Nouveau Moïse, qui a conduit son peuple à travers tant de difficultés et qui l'a vu merveilleusement grandir sous son habile direction, le Frère Philippe n'a pu, pour ainsi dire, que voir de loin la Terre Promise et qu'assister aux préparatifs des triomphes attendus.

Cependant il restait encore quelques points à régler : il fallait se décider sur la matière qui serait choisie pour la statue, et juger définitivement s'il n'y aurait point quelques modifications légères à apporter dans l'ensemble du monument considéré au point de vue de l'art et des convenances.

Les opinions se divisaient sur ces projets : les uns optaient pour le marbre, les autres pour le bronze, plus capable de résister aux intempéries des saisons, sous le climat de Rouen ; ceux qui optaient pour le marbre, pensaient qu'il y avait lieu d'ajouter au projet de M. Falguière un édicule qui abriterait la statue.

Son Éminence le cardinal de Bonnechose soumit la question à trois juges d'une incontestable autorité : MM. Guillaume, Dubois et Bonnassieux, membres de l'Institut, à qui l'on présenta ce questionnaire :

« Le projet choisi représente un groupe composé du Vénérable de la Salle, qui est debout, et de deux enfants, dont l'un est assis et l'autre debout. L'espace concédé pour ce monument est un cercle de 35 mètres de diamètre.

« 1° Quelle doit être la hauteur de la statue principale ? Il y a, non loin de l'endroit choisi, une statue de Corneille qui a trois mètres cinquante de hauteur.

« 2° Y a-t-il quelque inconvénient à faire ce groupe en marbre, ou, à cause du climat de Rouen, serait-il mieux de le faire en bronze ?

« 3° Le groupe, tel qu'il est, peut-il donner lieu à quelques critiques sérieuses au point de vue de l'art et des convenancees ?

« 4° Sous le rapport de la partie architecturale, un édicule est-il préférable à un piédestal qui ne serait pas surmonté d'un dais ? (La base du monument, dans les deux cas, doit être utilisée pour une fontaine publique.)

« 5° Quelle proportion est-il convenable d'établir entre la dépense à faire pour le groupe et celle à faire pour le piédestal ou l'édicule ? (La somme totale dont on peut disposer pour le monument complet s'élève à 110,000 francs.) »

Ces questions, soumises, le 29 août 1873, aux trois membres éminents de l'Institut, reçurent une réponse motivée le 21 octobre. Nous ne craignons pas de reproduire ici la réponse dans son intégrité; tous ces détails montrent avec quel soin et quelle maturité l'on a procédé dans l'érection du monument du Vénérable de la Salle. MM. Guillaume, Dubois et Bonnassieux émirent donc cet avis :

« Les proportions de la statue de Corneille qui se trouve dans le voisinage, les dimensions de la place dont on a fait choix pour élever le monument, et de ses abords, semblent indiquer la taille que doit avoir le groupe. Elle ne peut guère varier que de 3 mètres 50 à 4 mètres, l'intention de la commission étant évidemment d'honorer et d'éterniser la mémoire du Vénérable de la Salle par un imposant souvenir, un monument qui frappe par sa masse et son importance.

« La dimension de 4 mètres, si elle était adoptée, serait probablement un obstacle à l'exécution en marbre de l'œuvre de M. Falguière, car il aurait sans doute quelque peine à trouver un beau bloc de cette matière dont le métrage fût suffisant.

« Le climat, d'ailleurs, se prêtera mal à la conservation du marbre; mais un édicule en forme de dais contribuerait utilement à le garantir. Le travail eût gagné peut-être à être exécuté dans une matière qui fait ressortir les moindres finesses d'expression, si les raisons indiquées plus haut ne militaient pas en faveur du choix du bronze.

« L'esquisse que M. Falguière a fait du groupe projeté est irréprochable, tant au point de vue artistique qu'au point de vue des convenances.

« Un édicule formant au-dessus de la figure une espèce de dais donnerait au monument quelque chose de plus intime et de plus en rapport avec la noble mission que s'était donnée le Vénérable de la Salle; mais il aurait l'inconvénient d'absorber la plus grande partie des fonds de la souscription et de demander des proportions énormes.

« De plus, les colonnes ou pilastres qui seraient indispensables pour soutenir la partie supérieure masqueraient peut-être beaucoup le groupe.

« Ce parti ne semblerait possible que dans des dimensions bien plus restreintes, et en admettant que les supports fussent réduits le plus possible comme largeur et comme nombre.

« La somme de 50,000 francs demandée par M. Falguière ne semble pas exagérée.

« Quant à la proportion à établir entre la dépense à faire pour la partie architecturale, il est impossible de la décider sans avoir examiné des projets qui donneraient un corps aux différentes idées émises plus haut. »

MM. Viollet-le-Duc et Ballue furent aussi consultés pour les devis, qu'ils approuvèrent, sauf une réserve pour la somme allouée aux dépenses de fondation, somme qu'ils trouvaient et qui fut en effet reconnue insuffisante.

Enfin, M. Falguière, consulté par le cardinal de Bonnechose sur les divers points qui préoccupaient le Comité, avait répondu par une longue lettre, datée du 23 août, qui le mettait d'avance d'accord avec les artistes éminents à qui l'on allait demander un avis définitif, et qui lui fait trop d'honneur pour que nous ne la reproduisions pas ici :

« Monseigneur,

« J'ai l'honneur de répondre aux questions que Votre Éminence a bien voulu m'adresser relativement au monument du Vénérable de la Salle.

« 1° Concernant la statue : doit-on employer le marbre ou le bronze?

« Les deux raisons de conservation du monument et de longueur de temps pour le travail, se réunissent pour faire donner la préférence au bronze. L'humidité du climat de Rouen serait, pour une statue en marbre, une cause de détérioration sérieuse. La pluie, les brouillards, les vents maritimes, produiraient assez rapidement sur le marbre des couches de moisissures végétales, qui s'incrusteraient dans les pores d'une manière indélébile, et feraient perdre à cette belle matière tout le charme de contexture qu'elle conserve dans les pays méridionaux. Le marbre pourrait convenir à une statue placée sous un dais. Mais, en raison des dimensions colossales de la figure, la construction d'un édicule entraînerait une dépense excessive et absorberait la plus grande partie de la souscription. En outre, comme j'ai eu l'honneur de l'exposer à Votre Éminence, l'exécution en marbre demanderait un temps sensiblement plus long que l'exécution en bronze.

« Votre Éminence a pu constater que la hauteur de 4 mètres était indispensable pour le groupe, en raison de la place occupée et de l'échelle des monuments environnants. Dans ces proportions, le prix du groupe s'élèverait à 50,000 francs environ, qu'il soit en bronze ou en marbre. Les prix de la matière première seraient, approximatixement, pour le bronze, de 15,000 francs, fonte comprise ; et, pour le marbre, de 10,000 francs.

« Quant aux critiques touchant différents détails du modèle, toutes celles qui ont trait à la ressemblance physique, à l'époque du costume, à la manière de le porter, ne doivent pas préoccuper Votre Eminence. L'étude complète de ce côté d'exactitude matérielle n'a pu être faite dans la maquette exposée, où je me suis surtout attaché au caractère de l'œuvre, à sa composition morale, pour ainsi dire. Mais, grâce à la bienveillance des directeurs de l'Institut de Paris, e serai à même de m'entourer de tous les documents nécessaires pour donner à mon œuvre, sous ce rapport, l'exactitude la plus rigoureuse.

« Une objection s'est élevée à propos du geste du Vénérable de la Salle, qui, a-t-on dit, ne s'occupe pas assez des enfants.

« En cela, je n'ai pas cru devoir accentuer le rôle d'instituteur du Vénérable. Il m'a semblé que la présence et l'attitude des deux enfants l'expliquaient suffisamment ; et, dans la figure principale, j'ai voulu généraliser l'idée qui a présidé à la création de l'OEuvre des Ecoles chrétiennes, et montrer le fondateur expliquant la doctrine qui en est la base. Néanmoins, si Votre Eminence juge qu'il est nécessaire de ramener le regard et le geste du Vénérable sur ses jeunes disciples, cette modification pourra se fair e sans rien changer à l'aspect général du groupe.

« 2° Concernant la partie architecturale : Quelle doit être l'importance de la construction ? Faut-il que la figure soit recouverte d'un dais ?

« Il a été établi que la figure du Vénérable ne pouvait avoir moins de 4 mètres. En partant de cette donnée, il me paraît impossible, vu le chiffre de la souscription, comme je l'ai dit plus haut, de la placer sous un dais en édicule. Il est regrettable que cette charmante forme architecturale ne puisse être adoptée. Mais il faudrait donner au dais, pour qu'il n'écrasât pas le groupe, des proportions telles qu'il absorberait à lui seul la presque totalité des ressources, et ne serait pas en rapport avec la place où s'élèvera le monument.

« Je demande à Votre Eminence la permission d'ajouter une réflexion à l'appui de l'opinion qui précède. En passant sur le pont suspendu de Rouen, je considérais les quatre colonnes qui soutiennent les chaînes, et, préoccupé de l'étude de mon projet, je plaçais par la pensée ma statue entre deux de ces colonnes, vues dans le sens de la longueur du pont. L'écartement de ces colonnes est de 7 mètres et leur hauteur en proportion. Eh bien ! je trouvais que, pour laisser à la figure l'air nécessaire, et pour n'en masquer aucun des aspects, il faudrait presque que le dais eût pour supports des colonnes semblables à celles du pont. Sans doute, il y a quelque exagération dans ces mesures. Je ne donne la remarque que pour montrer quelle importance devrait avoir l'édicule, et quelles dépenses il entraînerait. Et je crois en résumé que cette considération majeure doit engager à rester dans la donnée d'un piédestal.

« Vous m'avez permis, Monseigneur, de faire observer à Votre Éminence, relativement à ce piédestal, que la remise au concours écarterait sans doute les architectes de talent qui ont collaboré aux cinq projets déjà présentés. J'ajouterai que beaucoup d'autres architectes de mérite se feraient certainement un scrupule de reprendre un concours dont le sujet, traité par leurs confrères, aurait été mis une fois sous les yeux du public. Il en résulterait que la majorité des nouveaux projets présentés n'auraient probablement pas une valeur assez grande pour qu'on pût en tirer parti.

« Aujourd'hui que toutes les conditions d'exposition du monument, de dimensions, etc., sont arrêtées, M. de Perthes serait parfaitement en mesure d'étudier de nouveau son projet, et de lui donner le caractère que le monument exige. Il ne ferait aucune difficulté pour agir d'accord avec l'architecte diocésain de Votre Éminence, et pour traiter en collaboration avec lui l'érection du monument.

« Quelle serait la dépense de la partie architecturale ?

« Il ne m'est pas possible de répondre aujourd'hui à cette question, même approximativement, la partie architecturale devant faire l'objet d'une nouvelle étude. Le devis de l'architecte ne pourra être établi qu'après cette étude, dans laquelle, d'ailleurs, il se subordonne à la somme mise à sa disposition.

« Je désire, Monseigneur, que ces renseignements puissent satisfaire Votre Éminence. En les lui transmettant, j'ai l'honneur, etc. »

Après tous ces avis émis par l'artiste et par les hommes les plus compétents, il ne pouvait plus y avoir de divergences d'opinions, ni d'hésitation : il fut décidé que le groupe de M. Falguière serait exécuté en bronze, et qu'il n'y aurait point d'édicule.

IV

On vient de voir que l'emplacement du monument avait été désigné après le concours et avant qu'on prît une détermination définitive sur les proportions qui seraient données à l'œuvre de M. Falguière. Cette désignation préalable était nécessaire ; elle ne fut faite qu'après un sérieux examen des diverses places qui pouvaient convenir.

La voix publique, d'ailleurs, semblait avoir désigné d'avance l'emplacement convenable, et indiqué les proportions que prendrait le monument. Le 24 avril 1873, on lisait, en effet, dans la *Gazette de Normandie*, sous la signature de M. Paul Baudry :

« La souscription au monument à élever au Vénérable Jean-Baptiste de la Salle s'accentue tous les jours, et l'on peut dès aujourd'hui dire que le succès de l'OEuvre est assuré.

« Si de toutes les parties de la France on applaudit à cette heureuse pensée de consacrer, d'une manière durable, le souvenir d'un homme qui, issu d'une illustre famille rémoise, consacra ses efforts et sa vie à l'éducation chrétienne des enfants les plus pauvres et mourut à Rouen, après y avoir fondé un Institut à jamais célèbre, il était juste que la paroisse Saint-Sever, dans laquelle l'Institut des Frères a pris son premier développement, et où le Vénérable Fondateur rendit son âme à Dieu, fût choisie

entre bien d'autres pour être le théâtre des hommages éclatants qui vont être décernés à une si glorieuse mémoire.

« Où l'image de notre héros pourrait-elle en effet apparaître entourée de plus de respect et de vénération que
dans ce populeux et travailleur quartier de Saint-Sever,
dans cette véritable cité ouvrière, dont tant d'habitants
sont heureux de se dire les élèves des Frères, et s'empressent d'envoyer leurs enfants dans les classes dirigées par
les fils du Vénérable de la Salle ?

« Où cette image s'élèverait-elle avec plus de convenance
et de raison d'être que sur l'emplacement même du primi-
tif tombeau de celui qu'elle doit rappeler ?

« Quelques mots à l'appui de cette assertion, d'ailleurs
incontestable.

« Le 7 avril 1719, Vendredi-Saint, Messire Jean-Baptiste
de la Salle, prêtre, ancien chanoine de l'Église métropolitaine de Reims, docteur en théologie, instituteur des Frères
des Écoles chrétiennes, mourut en la maison de Saint-Yon
qu'il avait créée ; il était alors âgé de soixante-huit ans onze
mois et huit jours. Son acte de décès, rédigé par Mᵉ Duja-
rier Bresnard, curé de Saint-Sever, est encore aujourd'hui
conservé aux archives municipales de Rouen.

« La nouvelle de ce décès se répandit bientôt dans toute
la ville, où l'on s'écria de toutes parts : « C'est un saint !
« c'est un saint ! c'est un bienheureux de plus dans le ciel.»
L'inhumation se fit avec beaucoup d'éclat, au milieu d'un
immense concours de fidèles ; et, en attendant la construction de la chapelle que les Frères devaient bâtir à Saint-
Yon, le corps du défunt reçut la sépulture dans l'ancienne église de Saint-Sever, au pied de l'autel de la chapelle de la sainte Vierge.

« Le 16 juillet 1734, eut lieu la translation des restes du
vénérable instituteur dans la chapelle de Saint-Yon, alors
terminée et dont la première pierre avait été posée le 7 juin
1728. La cérémonie de la translation fut encore plus ma-

gnifique peut-être que celle de l'inhumation. Les plu
grands personnages y assistèrent.

« La place qu'avait occupée la première tombe de Jean-
Baptiste de la Salle ne fut pas perdue lors de cette translation. Une pierre en marbre noir, celle même qui y avait été
déposée en 1719, fut conservée dans l'ancienne église Saint-
Sever, jusqu'au jour où l'église fut abattue ; et, en 1860, elle
fut reportée dans l'église actuelle, où on la voit encore chargée de l'inscription latine que le président de la commission
départementale des Antiquités, M. l'abbé Cochet, a pris
soin d'y faire rétablir.

« Or, l'ancienne église Saint-Sever, et, par conséquent le
lieu de la première sépulture du héros que les décrets de
Rome honoreront probablement bientôt du titre de saint,
se trouvaient sur la place même qui est ouverte au nord de
notre église actuelle, de sorte que, par une heureuse et désirable coïncidence, en érigeant la statue du vénérable instituteur sur cette place, c'est-à-dire au centre du vaste faubourg qui eut l'insigne honneur d'assister à la naissance
d'un ordre éminemment glorieux, on ne fera en quelque
sorte que régulariser les choses de la manière la plus logique et la plus naturelle, et l'on comprendrait assez difficilement qu'il pût y avoir quelque hésitation à cet égard.

« Un motif très-secondaire, qui pourtant n'est pas absolument dénué de valeur, vient à l'appui de cette considération. La place de l'église Saint-Sever n'est pas toujours sans
danger pour les piétons qui la traversent et qui ne trouvent
dans son parcours aucun moyen de se garantir des nombreux véhicules qui la sillonnent. La statue de notre Vénérable obvierait à cet inconvénient en permettant aux pas-
sants de trouver un refuge sur les bordures qui en accom-
pagneraient la base. On peut aussi supposer, plus tard, une
fontaine installée dans cette même base, de sorte que le
monument dont le projet a été acclamé partout avec tant
d'enthousiasme, et dont la réalisation répondra aux plus

chers désirs des vrais amis des classes laborieuses, sera
tout d'abord et par-dessus tout un éclatant hommage
rendu au principe catholique, et aura aussi, sous le rapport
matériel, son côté utile et pratique. »

Le lecteur sait déjà que la *Gazette de Normandie*, qui se
faisait l'interprète du sentiment public, se trouva d'accord
avec le Comité et avec le Conseil municipal. Imposer pour
un pareil monument des endroits éloignés et peu fréquen-
tés aurait été se montrer inconséquent avec les précédentes
délibérations de la municipalité. La question, du reste, était
sérieuse. On l'examina longtemps sous toutes ses faces ; une
commission fut nommée, dont M. Vaucquier du Traversain
fut encore chargé de rédiger le rapport.

Ce rapport fut lu et adopté dans la séance du vendredi
12 décembre 1873. Etaient présents : MM. Lefort, adjoint,
président ; Nion, Delamare, Barrabé, Masselin et Decorde,
adjoints ; Vaucquier du Traversain, Gallet, Legras, Duchemin, Deschamps, Lemasson, Fauquet, Legentil, Morin,
Denoyers, Rapp, Barthélemy, Vallery, Dieusy, Durand,
Pinel, Nepveur, Frétigny, Valladier et Lafond, membres du
Conseil.

M. Vaucquier du Traversain lut son rapport ainsi conçu :

« Messieurs,

« Lorsque, par votre délibération du 28 août 1872, vous
accueilliez, comme un juste hommage rendu à un bienfaiteur de l'humanité, la proposition d'ouvrir une souscription
destinée à ériger un monument au vénérable fondateur de
l'Institut des Frères de la Doctrine chrétienne, vous vous
réserviez sagement la désignation de l'emplacement où ce
monument serait élevé. Le rapport, adopté par vous, exprimait en effet la pensée que la solution de cette question dépendait de la nature et du caractère du monument que le
résultat de la souscription permettrait d'édifier. Il faut,

ajoutàit-il, que l'emplacement soit approprié à l'œuvre artistique qui sera destinée à perpétuer le souvenir de Jean-Baptiste de la Salle. Rien, il est vrai, n'est plus désirable que l'érection de ce monument à Saint-Sever, là où l'abbé de la Salle a fondé son Institut ; là aussi où les enfants d'une population laborieuse reçoivent chaque jour les bienfaits de l'œuvre à laquelle il s'était consacré. Mais cette pensée devait rester à l'état de vœu que l'avenir seul pouvait ratifier.

« Aujourd'hui le Comité de souscription, organisé sous la présidence de S. Eminence le Cardinal-archevêque, a achevé l'œuvre. Son appel a été entendu, sans distinction. par tous ceux qui savent apprécier les services rendus à l'enfance des classes laborieuses. Le monument prochainement élevé affirmera la reconnaissance de ce XIXᵉ siècle, peut-être un peu trop sévèrement apprécié, pour le prêtre dont la vie fut, deux cents ans plus tôt, consacrée à cette noble mission. Il sera digne du fondateur dont il perpétuera le souvenir, et de la ville qui a été le berceau de son Institut. Vous aviez réservé la parole à l'avenir sur le choix de l'emplacement : le moment est venu de vous prononcer.

« Le monument adopté par le Comité a été choisi parmi les projets exposés par plusieurs artistes au concours desquels il avait été fait appel : c'est celui dont M. Falguière est l'auteur. Il doit surmonter une fontaine monumentale, sur l'une de nos places publiques, que le Comité vous demande de désigner.

« Votre Commission a cherché, Messieurs, à concilier les préférences que le Comité de souscription avait indiquées, avec les nécessités des convenances municipales. C'est à Saint-Sever que la fondation de l'Institut des Frères a pris naissance ; c'est à Saint-Sever que la vue du monument doit rappeler chaque jour à la population le devoir de la reconnaissance. Toutefois, votre Commission a hésité, dans le principe, entre deux emplacements, la place de l'Eglise et la place Saint-Sever.

« La place de l'église paraissait d'abord à quelques-uns de nos collègues devoir obtenir la préférence. Si le monument avait un caractère religieux, le voisinage d'un édifice consacré au culte s'harmonisait mieux avec la pensée qui l'avait inspiré. D'un autre côté, la place Saint-Sever, occupée par un marché, devenu prochainement un centre d'activité considérable par l'établissement de la gare d'Orléans, pouvait être insuffisante. Ces considérations n'ont cédé que devant une étude approfondie du projet et des deux emplacements. Votre Commission a reconnu à l'unanimité l'impossibilité de choisir la place de l'église Saint-Sever. Son étendue est insuffisante; elle est le carrefour de plusieurs rues dans lesquelles la circulation est des plus actives. Enfin, et ceci tranche toute difficulté, une grande partie de cette place, celle notamment où le monument aurait dû être élevé, appartient à la route nationale de Bordeaux; la Ville n'a pas le pouvoir d'en disposer.

« M. le Maire a pris tous les renseignements de nature à convaincre votre Commission que la place Saint-Sever était propre à recevoir ce monument, sans que la viabilité fût entravée. La compagnie du chemin de fer d'Orléans a donné des indications qui ne permettent pas de concevoir une crainte à ce sujet. Nous devons dire, toutefois, que votre Commission a été d'avis de réduire de 35 à 25 mètres de diamètre l'étendue du terrain entourant le monument.

« Cette opinion concorde avec l'avis de l'architecte chargé de la construction. Dans une lettre par lui adressée à M. le Maire, il déclare que la place de l'église est beaucoup trop petite; que le monument obstruerait l'entrée de l'édifice ou qu'il entraverait la circulation de la route nationale si on voulait l'en éloigner. Il ajoute que, sur la place Saint-Sever, un espace de 25 mètres lui paraît très suffisant. »

En conséquence de ce rapport, le Conseil municipal vota les articles suivants :

« Art. 1er. — Le Comité de souscription du monument à élever en l'honneur de l'abbé de la Salle est autorisé à édifier un monument sur la place Saint-Sever, à Rouen.

« Art. 2. — Le terrain occupé par le monument pourra comprendre un espace circulaire de 25 mètres de diamètre au *minimum*, dont le centre sera placé dans l'axe de la rue Saint-Sever, et dont la circonférence sera tangente à deux lignes tirées à 23 mètres au moins de distance des maisons qui bordent les deux côtés de la place.

» Art. 3. — La présente délibération sera soumise à l'autorité supérieure. »

Cette délibération du Conseil municipal fut approuvée par M. le Préfet de la Seine-Inférieure, le 29 décembre 1873.

Elle fut encore sanctionnée le 19 juin 1874 par une nouvelle délibération du Conseil municipal, qui vota une indemnité de 1,311 francs pour faire face aux frais du déplacement des baraques établies sur la place, trop près du terrain concédé pour le monument. Cette indemnité ne faisait qu'une partie de la somme nécessaire pour ce déplacement ; mais le Comité de souscription prit, de son côté, l'engagement de contribuer à la dépense pour une somme de 2,000 francs, ce qui fut accepté par l'administration municipale et par le Conseil. M. Decorde, alors adjoint, fut chargé d'en remercier le Comité en leur nom.

L'emplacement et les dimensions du monument du Vénérable de la Salle ne tardèrent pas à être connus dans les pays éloignés.

Bientôt après, et en exécution des délibérations du Conseil municipal, les travaux commencèrent sur le terrain concédé par la ville sur la place Saint-Sever. L'architecte du monument, M. de Perthes, avait obtenu de la mairie tous les renseignements nécessaires, et le Comité s'était empressé de verser dans la caisse de la ville la somme de 2,000 francs à laquelle avait été fixée sa part contributive dans les dépenses à faire pour déplacer les baraques de la place.

Les souscripteurs français et étrangers se réjouirent de cette mise en œuvre du projet adopté.

Après quelques jours d'une interruption forcée par les gelées de 1874 et par les soins apportés par les sculpteurs à leur travail, l'érection du monument fut reprise avec activité au mois de janvier 1875.

Cependant, certains hommes qui, depuis le 12 décembre 1873, date de la délibération qui avait fixé l'emplacement du monument, avaient gardé le silence sur cette délibération, conçurent l'idée de profiter du changement de la municipalité pour faire transporter l'œuvre de M. Falguière à Saint-Clément ou à quelque autre extrémité peu fréquentée de la ville. Ils firent rédiger dans ce sens de tardives pétitions qui émurent le quartier Saint-Sever. D'autres pétitions en sens contraire furent immédiatement couvertes des signatures les plus honorables. On s'étonna de voir des habitants de Saint-Sever méconnaître leurs intérêts au point de solliciter le déplacement d'un monument destiné à transformer leur principale place et à lui faire donner le caractère de grandeur et d'utilité dont elle a été déshéritée jusqu'à nos jours.

La vérité est que les habitants du quartier Saint-Sever se réjouissaient à la pensée de posséder le monument, dont ils sont fiers aujourd'hui. Ceux qui demandaient que le monument fût érigé dans quelque endroit peu fréquenté, n'étaient poussés, au fond, que par cette haine incompréhensible contre la soutane qui agite encore tant d'esprits arriérés. Le Vénérable de la Salle porte l'habit ecclésiastique; c'est un habit qu'ils ne peuvent se résoudre à voir solennellement honoré et glorifié sur une place publique. Disons, du reste, à l'honneur de Rouen, que le nombre des adversaires de la soutane a été excessivement minime; l'équité et le bon sens n'ont pas eu de peine à l'emporter.

Voici le texte d'une des pétitions adressées à M. le maire de Rouen, *en son conseil municipal*, par des habitants de Saint-Sever, pour prévenir le coup dont ce quartier était menacé; cette pétition donnera l'idée des sentiments qui animaient cette population laborieuse et intelligente :

« Monsieur le Maire,

« Nous lisons dans un journal de la localité que le Conseil municipal a reçu des pétitions demandant le déplacement du monument de M. de la Salle.

« Une telle demande nous étonne.

« C'est la municipalité de Rouen elle-même, Monsieur le Maire, qui a désigné la place Saint-Sever pour le monument. La commission chargée par elle d'étudier la question, afin d'éclairer votre choix et de préparer votre décision, se composait d'hommes honorables et sérieux. Son rapport prouve qu'elle n'a négligé aucune des informations qui pouvaient bien la renseigner ; l'ingénieur du chemin de fer d'Orléans à Rouen a été consulté ; M. de Perthes, l'habile architecte de l'Hôtel de Ville de Paris, a examiné le terrain ; quelques-uns des juges les plus compétents de la ville ont été consultés. Tous ont été unanimes à reconnaître que la place Saint-Sever convenait très-bien pour le monument de M. de la Salle. Pas une seule objection n'a été faite alors par personne.

« La décision du Conseil municipal fut publiée par les journaux. Les souscripteurs du monde entier l'ont connue. C'est un contrat qui lie la ville et lui impose l'obligation d'honneur de ne pas changer sa décision, à moins de faits nouveaux imprévus et de force majeure.

« Or, rien de semblable ne s'est produit à Rouen. La place Saint-Sever est dans les mêmes conditions qu'en 1872. Une ville aussi importante que Rouen ne peut pas se déjuger dans un si court intervalle.

« Dire que le monument embarrasse le passage est une

objection qui n'est pas sérieuse. Sur vingt voitures qui viennent à Saint-Sever, dix-neuf passent sur le pont de pierre. Si le mouvement devient plus tard plus grand sur la place, le monument offrira à la population tous les avantages des refuges élevés à Paris, à Londres, dans d'autres grandes villes, pour faciliter le passage des voitures et mettre les piétons à l'abri des accidents.

« Ce monument sera un chef-d'œuvre de sculpture : il donnera à la place Saint-Sever, déshéritée jusqu'ici de tout monument, l'aspect qui convient à une des plus vastes places d'une grande cité.

« Il sera, comme fontaine publique, un grand bienfait pour les habitants du quartier.

« Les souscripteurs étrangers savent qu'il est sur la place Saint-Sever ; c'est là qu'ils viendront l'admirer. Que diraient-ils si on le reléguait dans un endroit éloigné et isolé ? Aucun homme de bon sens ne croirait qu'on a privé la place de Saint-Sever d'un monument très-beau et très-utile dans l'unique but de fournir aux voitures une ligne droite.

« Nous, habitants de Saint-Sever, nous demandons, Monsieur le Maire, dans l'intérêt de notre quartier, pour l'honneur de la ville et au nom du bon sens et de l'équité, que le monument de M. de la Salle soit maintenu dans la place qu'il occupe. Notre administration municipale actuelle, dont vous êtes le chef intelligent et dévoué, comprendra qu'elle doit non détruire le bien commencé ou accompli par l'administration précédente, mais le développer et acquérir à son tour des droits nouveaux à la reconnaissance de la postérité.

« Rouen, ce 27 janvier 1875. »

(Suivent les signatures.)

Le nouveau Conseil municipal voulut donner une prompte solution à cette importante affaire. Dans sa séance du 30 janvier, il la soumit à l'examen d'une commission composée de MM. Desseaux, Hardy, Duperrey, Durand, Duvivier, Le Plé, Chouillou et Barthélemy.

Ces Messieurs se transportèrent eux-mêmes sur la place Saint-Sever. M. Barrabé, adjoint, les accompagnait. Ils furent unanimes à reconnaître que le monument devait être laissé sur l'emplacement qu'il occupe. Le Conseil municipal adopta aussi, à l'unanimité, la même opinion, à la suite d'un rapport de M. Desseaux, dont nous donnons la substance, d'après le *Nouvelliste de Rouen* :

« M. Desseaux expose que des pétitions, souscrites de nombreuses signatures, demandent au conseil : les unes, le déplacement ; les autres, le maintien du monument de l'abbé de la Salle, dont le soubassement est déjà construit sur la place Saint-Sever.

« Les partisans du déplacement s'appuient sur l'obstacle que le monument va opposer à la circulation et sur son caractère, qui ne leur paraît pas compatible avec la destination de la place.

« Ceux qui demandent le maintien du monument contestent les inconvénients signalés ; ils invoquent les précédentes délibérations du Conseil, qui n'a choisi cet emplacement qu'après un long et mûr examen, et ils rappellent avec quelle faveur fut accueilli le projet de rendre un hommage public à la mémoire d'un homme qui avait consacré sa vie à la propagation de l'instruction populaire.

« On peut rattacher à la première série de ces pétitions celle des habitants de la paroisse Saint-Clément qui demandent que, si le déplacement du monument était décidé, on l'érige en face de leur église. La circulation n'aurait pas à souffrir de sa présence et le quartier y gagnerait une fontaine, qui serait pour lui d'une incontestable utilité.

« Enfin, parmi les pétitions favorables au maintien de l'œuvre en construction dans son emplacement actuel, il en est qui font remarquer que, dans tous les cas, le Conseil municipal ne devrait revenir sur sa décision précédente qu'après la construction de la gare d'Orléans et du second pont fixé sur la Seine, et si l'expérience démontrait la nécessité de rendre à la circulation l'emplacement occupé par le monument.

« La commission, que le conseil a chargée d'examiner cette affaire, a cru devoir se placer en dehors des considérations spéciales invoquées de part et d'autre, et s'attacher exclusivement aux questions de principe que soulèvent ces réclamations.

« Il y avait à apprécier d'abord l'influence que les délibérations antérieures doivent exercer sur celle que le conseil est appelé à prendre.

« L'abbé de la Salle, né à Reims et mort à Rouen, a fondé l'Institut des Écoles chrétiennes. Les partisans de cette institution demandèrent, en 1872, l'autorisation d'ouvrir une souscription pour ériger un monument à son fondateur ; le préfet soumit leur pétition au Conseil municipal, qui donna un avis favorable ; puis un décret du Président de la république, daté du 14 novembre 1872, « autorisa l'érection à « Rouen, par voie de souscription publique, d'un monu- « ment à la mémoire de l'abbé de la Salle. »

« Un Comité ouvrit la souscription, et une délibération du Conseil municipal, du 14 juin 1873, vota une allocation de 5,000 fr. ; ce vote fut approuvé et la somme versée.

« Le comité délégué par les souscripteurs eut à choisir l'emplacement où serait élevé le monument. Le faubourg Saint-Sever fut préféré à tous les quartiers de la ville ; plusieurs emplacements y furent signalés ; l'attention de l'administration et du Conseil municipal fut spécialement appelée sur le parvis de l'église Saint-Sever et la place Saint-Sever. Ce dernier emplacement a été définitivement adopté par une délibération du Conseil municipal du 12 décembre 1873, sur un rapport qui donne pour motif de cette préférence : l'impossibilité d'ériger le monument sur la place de l'Église, dont l'étendue est insuffisante et qui sert de carrefour à de nombreuses rues, et surtout de traverse à la route nationale de Bordeaux à Rouen, ce qui ne permet pas à la ville d'en disposer ; les renseignements obtenus de la compagnie du chemin de fer d'Orléans, établissant que l'endroit désigné sur la place Saint-Sever ne nuirait pas au service de la ligne ; enfin, l'avis exprimé par l'architecte chargé de sa construction. La délibération adoptant ce rapport, et dont il importe de rappeler les termes, est ainsi conçue :

« Art. 1er. — Le comité de souscription du monument à
« élever en l'honneur de l'abbé de la Salle est autorisé à
« édifier ce monument sur la place Saint-Sever, à Rouen.

« Art. 2. — Le terrain occupé par le monument pourra
« comprendre un espace circulaire de vingt-cinq mètres
« de diamètre au minimum, dont le centre sera placé dans
« l'axe de la rue Saint-Sever, et dont la circonférence sera
« tangente à deux lignes tirées à vingt-trois mètres au
« moins de distance des maisons qui bordent les deux côtés
« de la place. »

« Ce vote a été approuvé par M. le préfet le 29 décembre
1873.

« Enfin, il a été suivi d'une autre délibération du Conseil municipal du 9 juin 1874, votant une indemnité de 1,311 fr. pour le déplacement des échoppes trop rapprochées de la construction ; la dépense a été complétée par une somme de 2,000 francs que le comité de souscription a versée à la caisse municipale.

« C'est à la suite de ces délibérations qu'ont été commencés les travaux qui font l'objet des pétitions soumises au Conseil.

« Ces autorisations, régulièrement obtenues, faisaient naître, en premier lieu, la question de savoir si elles ne créaient pas une fin de non-recevoir, pure et simple, contre la demande de déplacement ? La commission pense que cette question doit être résolue négativement.

« Les rues et places sont, non pas une propriété commu-
nale, mais, ce qui est bien différent, une dépendance du
domaine public municipal; elles sont donc inaliénables et
imprescriptibles, tant qu'elles conservent cette destination.
Cela ressort de la combinaison des articles 538, 542, 714
et 2226 du Code civil. Proudhon, dans son *Traité du Domaine
public*, établit que les rues et places sont une vraie fraction
du grand domaine public, en général soumises aux mêmes
règles d'imprescriptibilité et placées dans la classe des objets
auxquels s'applique l'article 714 du Code civil, qui déclare
qu'il y a des choses qui n'appartiennent à personne, dont
l'usage est commun à tous, et que ce sont les lois de police
qui règlent la manière d'en jouir.

« Il résulte de là que les concessions qui accordent la
jouissance du sol dépendant d'une place publique sont essentiellement précaires et révocables, lorsque des considérations d'intérêt public l'exigent.

« Il ne s'agit pas ici d'un arrêté d'alignement, qui serait
irrévocable s'il était conforme aux plans approuvés; mais
bien d'une partie réservée à la circulation, et qui, hors le
cas de la suppression de cette place, ne pouvait être aliénée
par la ville, même avec l'autorisation préfectorale.

« La commission devait donc examiner les réclamations
des pétitionnaires, sauf à apprécier si elles étaient fondées.

« Ses membres se sont rendus sur place, pour vérifier :
1° Jusqu'à quel point le trajet direct de la rue Saint-Sever
au pont suspendu pourra être entravé; 2° si les difficultés
de la circulation ne seront pas augmentées après l'ouverture
de la gare du chemin de fer d'Orléans et son raccordement
avec la ligne de l'Ouest.

« Ceux des membres de la commission possédant des connaissances spéciales pour faire cette vérification, ont constaté :

« Que le socle du monument, établi conformément aux
autorisations données, se trouve dans l'axe de la rue Saint-

Sever, mais non dans celui du pont suspendu ; cette irrégu-
larité, impossible à éviter, rendra moins difficile le trajet
vers l'est de la rue Saint-Sever au pont ; il restera, de chaque
côté du monument, un espace de 23 à 25 mètres, plus que
suffisant pour la circulation ; l'espace libre est encore plus
considérable, soit vers la rue Saint-Sever, soit vers le pont ;
il ne paraît donc pas que la circulation puisse être entravée
et présenter un danger sérieux.

« Que si l'ouverture de la gare d'Orléans doit augmenter
la circulation, les dégagements paraissent, quant à présent,
suffisants ; il serait cependant indispensable de rectifier
l'alignement des maisons qui, à partir de la gare, se rattachent à la rue Saint-Sever, alignement qui n'est pas conforme à celui du côté Est et présente une saillie, dont la
disparition serait utile.

« On peut apprécier, par les constructions déjà faites, que
les dimensions du monument ne présentent pas non plus
d'obstacles au tracé de la voie ferrée qui reliera les lignes
d'Orléans et de l'Ouest.

Toutefois, comme il s'agit d'éventualités dont il est difficile de prévoir les résultats, la commission a pensé qu'en
adoptant les constatations ci-dessus rappelées, il convenait
de réserver pour l'avenir tous les droits de la ville.

« En conséquence, elle propose au conseil de délibérer :
1° qu'il n'y a pas lieu d'accueillir, quant à présent, les réclamations des pétitionnaires qui demandent le déplacement de la fontaine monumentale en voie de construction
sur la place Saint-Sever ; 2° que tous les droits de la ville
sont réservés, pour le cas où des entraves à la circulation
viendraient à se produire ultérieurement et seraient assez
graves pour motiver le déplacement de ce monument. »

Les conclusions de ce rapport furent adoptées par le
Conseil municipal, et les travaux, déjà commencés, furent
poursuivis avec la plus grande activité.

V.

LES TRAVAUX.

Le public qui admire un monument, ne se doute géné-ralement pas de tout ce qu'il a fallu de soins et de peines pour mener à bien une entreprise dont le travail lui paraît facile.

Voici, sur la place Saint-Sever de Rouen, la statue mo-numentale du Vénérable Jean-Baptiste de la Salle : quel concours de cœurs, d'intelligences et de bras n'a-t-il point fallu pour arriver à ce résultat dont la ville de Rouen a bien le droit d'être fière ? Les promoteurs de l'œuvre, les promo-teurs de la souscription et les souscripteurs se comptent par milliers, tous marchant, pour ainsi dire, à la suite et sous l'impulsion de Son Eminence le cardinal de Bonnechose, tous mus en même temps par leur vénération pour l'abbé de la Salle et par leur reconnaissante admiration pour les services que rendent les Frères des Ecoles chrétiennes.

A ce concours, il faut joindre celui de l'administration départementale et de la municipalité, enfin celui même du gouvernement.

Et lorsque toutes les autorisations sont accordées, lorsque les sommes nécessaires ont été recueillies, de nouvelles dif-ficultés se présentent, le grand travail ne fait que com-mencer.

Les artistes sont convoqués, leur génie s'exerce à présenter uu monument digne de l'homme qu'on veut honorer, digne de la ville qui le veut honorer.

Les sculpteurs et les architectes méditent le sujet qui leur est donné; ils présentent leurs projets, le public est appelé à juger, et les hommes les plus compétents prononcent la sentence définitive.

Alors il faut encore s'occuper de l'emplacement du monument, des dimensions qui lui seront données, de la matière dont il se composera, des matériaux qui entreront dans la construction, du choix et du transport de ces matériaux. Au-dessus des bras qui vont se mettre en mouvement, il faut encore, sous la direction supérieure de l'artiste dont le projet a été adopté, le talent de l'architecte et du statuaire.

Ici, il fallait de plus, parce qu'on avait choisi le bronze pour le groupe principal, l'intervention d'un habile fondeur ; et comme ce fondeur se trouvait à Paris, outre qu'il était nécessaire d'être prêt pour l'époque fixée, il importait de prendre les plus grandes précautions pour le transport des différentes pièces du groupe.

Il fallait, enfin, prendre les meilleures dispositions pour l'érection même de la statue sur son piédestal.

C'est, on le voit, toute une interminable série d'épreuves et de travaux qui demandent autant d'unité que d'activité et de talent. A chaque pas, des obstacles peuvent se présenter, des objections sont faites, et tout à coup apparaissent des difficultés qui semblent remettre tout en question. Ce sont alors des voyages nécessaires entre Rouen et Paris, ce sont les ouvriers qu'il faut presser et stimuler, c'est, en un mot, tout un monde à soulever.

Aussi, quand ces entreprises sont heureusement terminées et que les dates fixées ont pu être conservées, sans que la beauté de l'exécution et le fini du travail aient à en souffrir, peut-on justement payer un tribut d'éloges et de remerciements, et à ceux qui ont voulu le monument, et aux habiles artistes qui l'ont exécuté, et aux laborieux et habiles ouvriers qui ont si bien servi le génie des artistes.

Il est vraiment impossible de calculer la somme de travail, de soins, de soucis, d'intelligence, de génie que demandent ces belles œuvres d'art qu'on admire. Que de veilles et de nuits passées dans la méditation de l'œuvre et dans le travail de l'exécution! Que de démarches, que de délibérations!

Mais le monument est élevé, et l'admiration publique, les suffrages plus appréciés encore des connaisseurs, récompensent amplement les promoteurs de l'œuvre, l'artiste et ses collaborateurs; en immortalisant l'homme dont la statue attire les regards et parle doucement aux cœurs, ils ont immortalisé leur nom; ils ont fait plus, car ils ont bien mérité de la société et de leur pays en portant jusqu'à la postérité la plus reculée le témoignage de la reconnaissance et de la vénération universelles.

Rien n'a été négligé pour que le monument du Vénérable de la Salle répondît à l'attente de ceux qui apprécient ses bienfaits et qui aiment ses chers et zélés disciples. On a voulu que les matériaux employés aux fondations fussent de première qualité, ainsi que ceux du reste du monument. C'est la roche neuve de Damparis, dite Saint-Ylie, qui a servi aux fondations; pour la partie supérieure du monument, on s'est servi de la pierre blanche de l'Echaillon. Le carrier, M. Javelle, est, comme nous l'avons dit, un ancien élève des Frères, qui a tenu, d'accord avec son associé M. Ragency, à ne fournir que d'excellents matériaux. M. Legrain, aussi ancien élève des Frères, et sculpteur, s'est occupé de l'ornementation.

Nous avons fait connaître M. de Perthes, architecte, ancien élève des Frères comme MM. Javelle et Legrain; tout ce qui concerne l'architecture dans le monument est digne du talent du reconstructeur de l'Hôtel de Ville de Paris.

Quant à l'œuvre spéciale de M. Falguière, à la statue, aux bas-reliefs et au groupe des enfants, nous n'avons pas besoin d'y revenir: le talent de l'artiste est connu, et l'on peut aujourd'hui admirer sur la place Saint-Sever cette nouvelle œuvre qui augmentera la juste réputation dont il jouit. Nous ajouterons seulement qu'il a tenu à reproduire les traits du Vénérable de la Salle. Il a eu sous les yeux le portrait du Vénérable par Pierre Léger, et il a rendu avec le plus grand bonheur cette physionomie douce et attrayante, où la bonté s'allie si harmonieusement à la fermeté et à l'intelligence. En regardant cette statue du Vénérable qui s'élève sur la place Saint-Sever, les Rouennais voient les mêmes traits que voyaient et vénéraient leurs pères, lorsque le saint fondateur de l'Institut des Frères traversait ces quartiers, attirant à lui les enfants, comme autrefois le divin Maître, afin de leur inspirer l'amour de Dieu, en même temps qu'il les instruisait et en faisait de bons citoyens.

Qui sait, nous disions-nous en assistant, le 2 juin, à la belle fête de Rouen, qui sait si, parmi cette foule qui applaudit aux honneurs rendus au Vénérable de la Salle, il n'y a point quelque vieillard dont le grand père a reçu les paternelles caresses et les leçons de l'abbé de la Salle, et qui a pu voir ainsi des yeux qui se sont arrêtés vivants sur les yeux vivants du saint prêtre ? Des enfants qui ont été bénis par le Vénérable de la Salle, mort en 1719, ont pu vivre jusque dans les premières années du siècle présent et parler à leurs petits-enfants, maintenant vieillards, de celui qui leur avait le premier appris à aimer Dieu, leurs parents et leur patrie ? Cent cinquante-six ans seulement nous séparent de l'année qui a vu mourir le Vénérable de la Salle ; deux vies d'homme mises bout à bout comblent cet intervalle, en ne les composant que de soixante-dix-huit ans. L'enfant de dix ans qui a parlé au Vénérable, a pu parler à l'âge de quatre-vingt-huit ans, à l'enfant de dix ans qui est aujourd'hui aussi un vieillard de quatre-vingt-huit ans.

Mais nous nous égarons dans ces calculs, qui plaisent à

6

l'imagination ; ce que nous pouvons dire, c'est que la mémoire du Vénérable de la Salle n'a jamais cessé d'être
vivante dans la ville de Rouen ; la fête du 2 juin 1875 et la
belle et ressemblante statue de M. Falguière empêcheront
désormais son souvenir de s'effacer dans l'esprit des Rouennais.

Ce fut M. Thiébaut, l'habile fondeur de la rue du Fau-
bourg-Saint-Denis, à Paris, que l'on chargea d'exécuter en
bronze, par les procédés de la galvanoplastie, le groupe
conçu par M. Falguière, et, toutes les dispositions étant
prises, on crut qu'il était possible de fixer au 2 juin la cérémonie de l'inauguration. C'est dans cette prévision que
toutes les démarches furent faites et les invitations adressées aux évêques et aux principaux personnages dont on
désirait la présence.

Quelle ne fut donc pas l'inquiétude des membres du Comité lorsque arriva de Paris, en date du 24 mars 1875, cette
lettre de M. Thiébaut, adressée au Frère Lucard :

« Nous sommes véritablement désolés de venir vous dire
que, malgré tous nos efforts, il va nous être complétement
impossible de livrer le groupe du Vénérable de la Salle à
l'époque désirée.

« En effet, lorsque nous vous avons fait espérer la livraison à cette époque, nous n'étions qu'au commencement
du travail, et nous étions loin d'en prévoir toutes les difficultés.

« D'ailleurs ce travail est mené avec toute l'activité possible. On ne peut y mettre plus de monde, ni travailler plus
longtemps par jour ; car déjà nos ouvriers travaillent en
dehors des heures réglementaires.

« Mais nous nous butons à une impossibilité matérielle,
et nous pouvons vous assurer que nous sommes on ne peut
plus peinés de ce retard involontaire.

« Soyez convaincu que tous nos efforts tendent à satisfaire, en ce que nous pouvons, le Comité du monument.

Nous y donnons tous nos soins. Malgré cela, tout bien pesé, nous ne croyons pas pouvoir vous affirmer la livraison certaine avant le 1er juillet prochain. »

Il y avait là un contre-temps des plus fâcheux, et qui pouvait nuire extraordinairement à l'éclat de la fête projetée et déjà publiquement annoncée pour le 2 juin. Le Frère Lucard répondit immédiatement au fondeur que rien ne pouvait être plus contrariant que le retard qu'il faisait pressentir ; que cela dérangerait extraordinairement plusieurs évêques qui avaient déjà modifié l'itinéraire de leurs tournées de confirmation, et qui, probablement, ne pourraient venir, parce qu'il ne leur serait plus possible de les modifier de nouveau ; que d'autres engagements pris dans le même but et pour la même époque par les membres du Comité, seraient complétement manqués ; enfin, que changer la date de la livraison du groupe, c'était tout remettre en question et risquer de faire échouer une belle manifestation à laquelle se préparaient, non-seulement la ville de Rouen, mais une multitude d'autres localités et un grand nombre d'écoles de toutes les parties de la France et même de l'étranger. Le frère Lucard termina en exprimant la confiance que M. Thiébaut réaliserait sa première promesse, et qu'il en viendrait à bout en mettant au service de l'OEuvre tout son talent, son expérience et son activité.

Il faut rendre à l'habile fondeur cette justice qu'il fit preuve, en effet, d'une extraordinaire activité. Dès le 27 mars, il écrivit au Frère Lucard : « Nous comprenons tellement l'importance de l'inauguration du monument à l'époque fixée, que tout ce qui sera humainement possible sera fait pour y arriver. Nous allons former une deuxième équipe d'ouvriers, afin de travailler nuit et jour, et nous pensons, par ce moyen, pouvoir arriver à vous donner satisfaction. »

Cette bonne volonté eut un plein succès; on sait qu'il ne fut pas nécessaire de changer la date primitivement fixée.

A Rouen, on travaillait avec la même activité qu'à Paris. Son Eminence le cardinal de Bonnechose, qui ne perdait pas un moment l'OEuvre de vue, visita les travaux le 29 mars; il était accompagné de M. l'abbé Loth, aumônier militaire, et du Frère Lucard. Une foule sympathique et respectueuse se pressait autour du vénérable prélat, et témoignait, par son attitude, de l'intérêt qu'elle portait à l'édification du monument.

Chaque jour, du reste, on voyait la foule s'arrêter sur la place Saint-Sever pour suivre les progrès des travaux. Le dimanche, 2 mai, juste un mois avant l'inauguration, l'affluence était plus grande encore, pour assister à l'encastrement des inscriptions et des bas-reliefs qui décorent le piédestal quadrangulaire du monument.

Le *Nouvelliste de Rouen* écrivit à cette occasion :

« Les revêtements sont en bronze fin et occupent presque toute la surface des parallélogrammes séparatifs des statuettes d'enfants qui symbolisent les quatre parties du monde.

« Les inscriptions sont en caractères romains. Celle qui régarde le nord est ainsi conçue :

AU VÉNÉRABLE
J.-B. DE LA SALLE,
PRÊTRE, DOCTEUR EN THÉOLOGIE,
FONDATEUR
DE L'INSTITUT DES FRÈRES DÉS ÉCOLES CHRÉTIENNES,
NÉ A REIMS, MDCLI,
MORT A ROUEN EN MDCCXIX.
SOUSCRIPTION NATIONALE.
MDCCCLXXIV.

« L'inscription opposée rappelle les termes historiques de la Bulle de Benoît XIII, approuvant l'Institut des Ecoles chrétiennes ; la voici :

Le Pieux Serviteur de Dieu
Jean-Baptiste de la Salle
Touché de compassion en
considérant les innombrables
désordres qui proviennent de
l'ignorance, source de tous
les maux, fonda pour la gloire de
Dieu et l'avantage des Pauvres
l'Institut des Frères
des Ecoles Chrétiennes.

Bulle du Pape Benoît XIII
25 janvier 1725.

« Quant aux bas-reliefs qui se détachent avec une grande netteté et une finesse de composition digne de l'ensemble de cette belle œuvre, ils représentent : l'un, celui de l'Est, le noble fondateur des Ecoles chrétiennes distribuant ses biens aux pauvres ; l'autre, la visite du roi Jacques II aux premières Ecoles des Frères.

« On peut, dès à présent, étudier de près les détails de ce remarquable travail sur les photographies qui en ont été tirées, et qui, probablement, vont être mises en vente au profit de la souscription, chez les principaux marchands d'estampes.

« L'effet des plaques de bronze sera très-beau par opposition à la blancheur du marbre environnant, surtout quand celui-ci aura acquis la teinte artistique, la *patine*, pour nous servir de l'expression archéologique, que ne manquera pas de lui donner bientôt l'humidité du climat.

« Du reste, les monuments en pierre ou en marbre, qui s'établissent sur place par l'adjonction successive de leurs différentes parties, offrent à la curiosité publique un intérêt plus grand que celui que lui procure la mise en place d'un seul coup et en un seul bloc des monuments en bronze. Dans le premier cas, cet intérêt s'accroît par l'attente, par les difficultés de l'agencement, par l'imprévu des effets d'optique et de perspective que chaque pièce vient, à son tour, modifier et considérablement varier, jusqu'au moment où le couronnement de l'œuvre, statue ou groupe, donne à l'aspect du monument son cachet définitif.

« Nous savons, au surplus, que les plus grands soins sont apportés dans tout ce qui tient à la consolidation et à la régularité artistique des raccords : — sculpteur, architecte, modeleurs et ouvriers, ont, au même degré, conscience de la beauté et de l'attrait historique de leur œuvre, et l'on voit qu'ils n'y négligent rien. »

Le 2 mai, il n'y avait plus de doute sur la date de la fête, car, à Paris, tout avait parfaitement réussi. M. Thiébaut avait fait des prodiges d'activité ; et il s'était vu parfaitement secondé par ses ouvriers qui, sans doute, tenaient à honneur de travailler à ce monument élevé en l'honneur de l'un des plus grands bienfaiteurs des classes laborieuses.

Jusqu'au dernier moment, on le voit, lorsqu'il s'agit de couler en bronze un morceau considérable, l'inquiétude est grande. Tout est prêt, mais l'opération peut manquer, et si elle manque, ce sont de nouveaux délais. Dans cette circonstance, on ne pouvait arriver à temps qu'à la condition que tout réussirait du premier coup.

La coulée de la statue se fit dans les ateliers de M. Thiébault, le 24 avril, en présence de M. le docteur Manoury, médecin du cardinal de Bonnechose, qui avait fait tout exprès le voyage de Rouen à Paris.

L'anxiété était grande, l'attente était solennelle.

L'opération réussit parfaitement.

Dès lors tout était sauvé. M. Thiébaut reçut les félicitations qu'il avait bien méritées ; les Frères se réjouirent ; et, à Rouen, la nouvelle apporta une joie égale aux inquiétudes qui avaient précédé.

Le soin des détails était chose facile. Le travail fut promptement et admirablement achevé ; on prit les meilleures mesures pour le transport par le chemin de fer ; le groupe arriva sans encombre sur la place Saint-Sever, et, le jeudi

27 mai, à cinq heures du soir, eut lieu l'érection de la statue sur le piédestal.

L'opération, exécutée, dit le *Nouvelliste de Rouen*, par six ouvriers expérimentés, sous l'habile direction de M. Requier, entrepreneur, qui avait fourni le treuil, a parfaitement réussi, et s'est achevée aux applaudissements d'une nombreuse assistance, dans laquelle se trouvaient l'honorable Frère Lucard, directeur de l'École normale, le Frère directeur des Ecoles du Havre, bon nombre d'ecclésiastiques et de Frères des Ecoles chrétiennes de la ville ; M. le docteur Manoury, médecin ; M. Girard, commissaire central ; M. Varambault, commissaire aux délégations, qui s'étaient réunis instantanément dans l'enceinte réservée aux travailleurs. En même temps, une affluence considérable de curieux suivait attentivement de tous les points de la place Saint-Sever les mouvements de l'ascension du bronze, qui a duré seize minutes.

Nous avons pu à ce moment, continue le *Nouvelliste*, prendre les dimensions exactes que voici :

Hauteur de la statue, 3 mètres 80 centimètres. Le poids est de 3,200 kilogrammes.

Le socle du monument mesurant au-dessus du sol 8 mètres 60, la hauteur totale de l'œuvre est de 12 mètres 40 centimètres.

La base de ce piédestal a un développement de 7 mètres de diamètre, et celui de la grande vasque au milieu de laquelle il s'élève est de 15 mètres de diamètre : soit 45 mètres de circonférence.

Le Frère Lucard et les membres présents du comité ont vivement félicité M. Requier sur la sûreté et la réussite de ses dispositions.

Tout était donc prêt pour la belle fête de ce jour : le piédestal et la statue allaient pouvoir se présenter à tous les regards.

Tout ce qui rappelle le Vénérable est là, dans le piédestal,

disait à ce propos la *Semaine religieuse* de Rouen : les armes
de Reims, la ville où il est né ; celles de sa noble famille,
qui occupait dans la cité un rang si distingué; celles de
l'Institut, l'œuvre de son sacerdoce, de son cœur et de sa
vie; celles de Rouen, la ville bien-aimée où il a placé le
cénacle de son ordre, où il est mort, et où reposent ses restes
vénérés; puis les bas-reliefs qui rappellent deux traits carac-
téristiques de cet homme de Dieu : le jour où il se dépouilla
de tout et partagea sa fortune entre les pauvres, et le jour
où ce docteur, devenu le plus humble des instituteurs,
montrait au roi d'Angleterre, visitant son école, les premières pages de ses enfants avec plus d'orgueil et de joie
qu'il ne lui eût offert la thèse la plus savante ; et puis, aux
quatre angles, les enfants des quatre parties du monde qui
doivent à l'Institut du Vénérable le bienfait de l'instruction.
O petits enfants, que vous êtes éloquents là, à cette place !
et comme vous racontez bien mieux que tous les discours la
gloire du Vénérable !

Enfin, du monument vont jaillir des flots limpides, image
de l'instruction répandue sur les peuples par ce grand serviteur de Dieu.

Et le monument a sa statue. Il apparaîtra bientôt aux
yeux de la multitude émue et frémissante, ce type du grand
homme modeste, ce père des petits enfants, ce bienfaiteur
du peuple, ce prêtre selon le cœur du Christ; il apparaîtra
salué par des chants de triomphe et par le doux sourire de
milliers d'enfants. Il apparaîtra devant les princes de l'E-
glise, les pontifes, les chefs de la hiérarchie sainte, heureux
d'honorer cette gloire nouvelle de l'ordre sacerdotal. Et les
prêtres et les fidèles, et la multitude l'entoureront, le salue-
ront et l'acclameront, cet humble qui prend sa place parmi
les grands du peuple. Non loin de Corneille, le poëte qui a
chanté les grandeurs de la religion , Jean-Baptiste de la Salle,
le prêtre qu en a fait connaître aux petits les bienfaits : deux
belles figures qui anoblissent et réjouissent la cité.

VI

AVANT LA FÊTE.

Rouen, qui se préparait si bien à célébrer le triomphe du Vénérable de la Salle, avait eu, le 25 mai, une fête intime qui montrait bien en quelle estime sont les disciples de ce grand homme, de ce saint fondateur des Ecoles chrétiennes. Ce jour-là, une affluence de monde considérable se réunissait dans la grande salle du palais des Consuls pour assister à la distribution des récompenses faites aux sous-officiers et soldats de la garnison de Rouen, qui avaient suivi, le soir, les cours des Ecoles des Frères. Cette distribution de récompenses a lieu tous les ans par les soins du comité de l'OEuvre des militaires.

M. Lizot, préfet de la Seine-Inférieure, présidait cette fête, ayant à sa gauche M. le général Lebrun, commandant le 3e corps d'armée, et, à sa droite, M. Neveu-Lemaire, premier président de la cour d'appel de Rouen. De chaque côté on remarquait également M. le général de division de Brauër, M. de Préval, intendant; M. Lemonnier, procureur de la République; M. de Gironde, secrétaire général de la préfecture; les chefs de corps des trois régiments en garnison à Rouen; M. Jubé, inspecteur d'académie; M. Duverger, président de l'OEuvre des militaires; les vice-présidents MM. du Boulay, de Genouilhac et Samuel Frère, et tous les membres du comité.

S. Em. Mgr le cardinal-archevêque de Rouen s'était fait représenter par un de ses vicaires généraux, M. l'abbé Delahaye.

Dans l'assistance, on comptait encore plusieurs notabilités de la ville et presque tout le corps d'officiers de la garnison.

Après un discours très applaudi de M. Samuel Frère, l'un des vice-présidents de l'OEuvre, M. le préfet a pris la parole, et dans une éloquente et patriotique improvisation, il a mis en relief le dévouement avec lequel les Frères des Ecoles chrétiennes, en combattant l'ignorance, concourent si efficacement à l'œuvre de notre régénération.

Les derniers mots du préfet ont été accueillis par une triple salve d'applaudissements.

A M. Lizot a succédé M. le général Lebrun, qui a prononcé l'allocution suivante au milieu de la plus vive attention.

« Messieurs,

« L'an dernier, à pareille époque et dans cette même enceinte, je vous disais, au nom de l'armée, combien j'étais reconnaissant des sacrifices que s'impose la Société de l'OEuvre qui nous a conviés à cette fête, des soins que ses honorables membres et leurs dignes auxiliaires, MM. les Frères des Ecoles chrétiennes, consacrent à l'instruction et à l'éducation des jeunes soldats de cette garnison.

« Vous vous le rappeiez peut-être, mes paroles ne furent alors que l'accent ému du soldat, heureux de pouvoir profiter de l'occasion qui lui était offerte de rendre publiquement hommage à la pensée si patriotique et à la générosité de MM. les membres de la Société, et de donner en même temps devant vous un souvenir pieux à la mémoire de ces chers Frères qui sont tombés héroïquement dans la dernière guerre, victimes de leur dévouement, quand ils secouraient nos blessés et prodiguaient les dernières consolations à ceux qui expiraient.

« Permettez-moi, messieurs, de renouveler aujourd'hui l'expression de ces mêmes sentiments.

« Je voudrais que ce fût là toute mon allocution; vous parler plus longtemps, ce serait affaiblir bien malencontreusement l'effet qu'ont produit sur vous les paroles si pleines de charme que vous venez d'entendre.

« Il faut pourtant que je vous dise bien haut, avant de finir, la vive satisfaction que j'éprouve en constatant aujourd'hui les résultats obtenus, depuis notre précédente réunion, par la société de l'OEuvre des militaires. Que cette OEuvre soit donc durable, c'est mon très-vif désir, parce qu'avec le temps, j'en suis convaincu, elle répandra de plus en plus parmi nos jeunes soldats l'instruction qui leur est si nécessaire, et l'esprit de patriotisme sur lequel l'OEuvre elle-même a été fondée.

« Messieurs les Frères,

« Quelques jours seulement nous séparent de l'heure que vous attendez impatiemment, où un monument digne de l'administration qui en a fourni l'idée sera inauguré sur une des places publiques de la cité, à la mémoire de l'immortel abbé de la Salle. Au haut du monument resplendira la couronne glorieuse qu'ont acquise au fondateur de votre ordre les immenses services rendus par lui à la jeunesse française et dans le monde entier.

« Eh bien ! quand l'heure solennelle sera venue, parcourez des yeux, je vous en prie, les rangs pressés de la grande population rouennaise accourant témoigner de sa vénération pour le grand citoyen, pour le génie dont le saint exemple inspire chaque jour vos labeurs, encourage votre zèle et soutient vos efforts; vous y constaterez la présence de nos soldats proclamant une fois de plus quelles sont pour vous leurs sympathies et leur éternelle reconnaissance.

« Je tiendrai en grand honneur, pour mon compte, ma place au milieu d'eux. »

L'assistance s'est associée aux sentiments si bien exprimés par l'honorable et sympathique général, et de chaleureux applaudissements ont éclaté de toutes parts.

Voilà comment répondent aux libres penseurs et à tous ces faux et pervers esprits qui n'ont que des insultes pour les Frères, les magistrats, les généraux, tout ce qu'une grande et intelligente cité compte de plus distingué dans son sein ; et, nous pouvons bien le dire, c'est la cité tout entière qui rend ce témoignage aux humbles et zélés instituteurs de l'enfance, c'est le pays tout entier, comme on l'a vu à cette fête du 2 juin, qui n'a pas été seulement une fête locale, mais la fête de la France, heureuse de montrer par ses acclamations qu'elle sait apprécier le mérite et le dévoûment des Frères.

Mais le grand jour approche : des contrées voisines, de toutes les parties de la France, de toute la Normandie et des provinces auxquelles elle touche, de Paris surtout, arrivent les Frères, les enfants des Ecoles chrétiennes, les curieux qui veulent assister à la fête et prendre part à la manifestation du 2 juin. Grâce aux habiles dispositions prises par les chemins de fer, aux mesures bienveillantes adoptées par la Compagnie des chemins de fer de l'Ouest, tout se passe avec ordre, tout se fait sans tumulte. L'hospitalité rouennaise rend tout facile.

On peut dire que la fête a commencé le 1er juin, tant, ce jour-là, la ville avait déjà un air de fête.

C'étaient les Vigiles, qu'un éminent avocat, membre du conseil municipal de Paris, allait magnifiquement célébrer par une Conférence donnée à la Société de secours mutuels l'*Émulation chrétienne*.

Plus de treize cents personnes s'entassaient dans la salle

où parla M. de Germiny; trois ou quatre cents autres ne
purent entrer. On savait qu'il devait parler du Vénérable
de la Salle : l'orateur et le sujet attiraient une foule immense.

Nous sommes heureux de pouvoir reproduire ici cette
Conférence, qui inaugurait si bien les hommages rendus au
Vénérable de la Salle, et à laquelle devait admirablement
répondre, le lendemain, le panégyrique prononcé par M. le
chanoine Besson.

CONFÉRENCE

SUR LE

VÉNÉRABLE JEAN-BAPTISTE DE LA SALLE

donnée à Rouen, le 1er juin 1875

A LA SOCIÉTÉ DE SECOURS MUTUELS « L'ÉMULATION CHRÉTIENNE. »

MESDAMES ET MESSIEURS,

Vers le milieu du mois de mars 1649, quelques prêtres se trouvaient réunis à Liancourt, petit village des environs de Paris. L'émeute les avait contraints d'y chercher un refuge; et là, chaque jour, le récit des événements de la capitale leur apportait de nouvelles causes de tristesse. Après la mort de Louis XIII, profitant de la minorité de Louis XIV, des troubles incessants avaient désolé le royaume. Sans doute, à l'heure où nous devons nous placer, la paix semblait près d'être signée entre la cour et le parlement, entre Mazarin et les seigneurs; mais l'accueil fait aux négociateurs prouvait que le mal était plus profond. Un besoin de réforme, qui avait agité l'Europe entière, tourmentait la France; réforme dans l'administration, réforme dans les finances, réforme dans la politique : voilà ce qu'on réclamait de toutes parts, et la misère du peuple donnait un grand crédit à ces réclamations. Les prêtres de Liancourt partageaient peut-être eux-mêmes quelques-uns de ces désirs, si répandus alors; mais, ils ne pouvaient se dissimuler que la nation semblait manquer des vertus nécessaires pour en assurer l'heureuse réalisation. Ce n'était pas en effe le besoin des réformes seulement qui s'était manifesté, c'était le goût de l'opposition, de l'opposition toujours et quand même, quelles que fussent les améliorations qu'on pût réaliser. Les esprits les plus sages en paraissaient épris, et semblaient croire que l'esprit de résistance était un rouage nécessaire dans tout bon gouvernement. En même temps le respect avait disparu. « La Fronde, a-t-on dit, était devenue une passion et une mode » ; et les pamphlets du temps sont là pour attester que cette passion ne s'arrêtait devant rien. Si, attristés par ces choses, les esprits sérieux reportaient leurs regards sur l'étranger, rien ne venait les rassurer. La mort de Charles Ier, immolé par ses sujets, était là pour leur apprendre à quels excès pouvaient conduire de telles tendances. Enfin, le protestantisme introduisait partout le principe dangereux du libre examen et la séparation des deux pouvoirs.

Pensant alors aux tristesses du présent et aux dangers de l'avenir, ces prêtres en vinrent à se dire qu'entre toutes choses ce qui manquait à ce pauvre peuple de France, ce qu'il fallait lui donner, c'était l'éducation chrétienne. Lorsque l'autorité humaine est ébranlée, Messieurs, lorsqu'elle a compromis sa puissance par des fautes qui exigent un prompt remède, il faut que l'homme, élevant ses yeux, apprenne qu'il existe une autorité supérieure dont celle-ci n'est qu'une émanation, autorité souveraine et sans faiblesse, de telle sorte que, loin de se laisser aller à tous ses caprices, il réalise des réformes durables en y procédant avec respect et modération. Lorsque le lien existant entre l'Eglise et l'Etat se relâche, il faut que chacun trouve dans une foi religieuse forte et éclairée le guide qu'il ne trouve plus dans les pouvoirs humains. Ainsi respect, fermeté et lumière de la conscience, tels étaient les besoins impérieux du moment ; et, vous le savez, à de tels besoins l'éducation chrétienne peut seule donner satisfaction.

Convaincus de ces choses, émus des souffrances de leur

pays, ces prêtres formèrent entre eux une association, où,
le travail se joignant à la prière, chacun devait demander
à Dieu pour la France des maîtres chrétiens.

Deux ans après, le 30 avril 1651, dans cette ville de Reims
dont le baptême de Clovis avait fait le berceau de la France
catholique, un homme naissait. Sa famille était illustre :
elle avait noblement porté la robe et l'épée; la fortune
l'attendait; et, lorsqu'il s'appliqua à l'étude, il prouva
rapidement que la science pouvait être également son partage. Cependant, de ses aïeux il ne voulut que les vertus :
la force, la vaillance, la fermeté; ses richesses, il les distribua
bientôt aux pauvres; et, s'il se souvint jamais qu'il était savant, ce fut pour s'élever contre cette hérésie, qui présentait
aux hommes non plus un Dieu plein d'amour, conviant le
pécheur à l'espérance, mais un Dieu sévère, condamnant le
juste lui-même au désespoir. Il devait donc quitter tout ce
qu'on appelle les biens de ce monde; et il y devait renoncer
pour se faire l'éducateur du peuple. Nul n'en a mieux réalisé
l'idéal; les révolutions ont passé, et c'est toujours vers lui
qu'il a fallu revenir comme vers le modèle de tous. Il n'y a
point de méthodes utiles dont il n'ait posé les principes,
point d'institutions nécessaires pour développer l'intelligence de l'enfance, qu'il n'ait prévues et qu'il n'ait essayées.
Quand cette étoile parut dans le firmament de la France,
elle illumina tout d'une soudaine lumière que les âges n'ont
pu éteindre; et, lorsque vous explorerez quelque champ que
vous croirez jusqu'alors inconnu, lorsque vous visiterez quelque repli de terrain où vous croirez pénétrer les premiers,
tout à coup vous apercevrez qu'un rayon de cette étoile vous
y avait devancé, vous y éclaire et y guide vos pas. Son œuvre
est essentiellement française. C'est à la France qu'il consacra toute sa vie, en jetant seulement un rameau sur ce
rocher de Rome où toute œuvre catholique aime planter
une racine près de la source qui l'arrose et la féconde.
Aujourd'hui sans doute, l'institut qu'il a fondé s'est étendu

partout. Dix mille de ses disciples instruisent le monde;
tandis que trois cent trente mille enfants peuplent leurs
écoles dans notre pays, soixante dix mille élèves reçoivent
leurs leçons sur la terre étrangère, en Afrique, en Amérique,
jusque dans les îles de l'Océan indien. Mais lorsque, après le
travail du jour, comme récompense de son assiduité, le petit
enfant s'approche de son maître, et lui demande quelque
récit, c'est toujours de la France que le Frère des Ecoles chrétiennes aime à parler, se reposant ainsi lui-même en pensant
au pays qui l'a vu naître, auquel du moins le rattachent les
liens de sa vocation religieuse; le petit enfant écoute attentif, curieux, intéressé et ainsi sent croître en son cœur, en
même temps que l'amour pour celui qui l'instruit, sa reconnaissance pour la France qui lui donne de tels maîtres.
Il y a deux ans le Souverain-Pontife déclarait que cet homme,
auquel la France et le peuple doivent tant, avait pratiqué
les vertus chrétiennes avec l'héroïsme d'un saint; et demain
vous allez lui élever une statue.

Je vous remercie, Messieurs, de m'avoir laissé m'associer
à l'hommage que vous allez rendre au Vénérable Jean-
Baptiste de la Salle, en me permettant de vous esquisser sa
vie. Si les destinées de ma carrière m'ont imposé la tâche de
donner mes soins à des intérêts autres que ceux de votre
ville, je ne puis pourtant oublier que j'ai passé parmi vous
plusieurs années de mon enfance. Les plus doux souvenirs
du passé se réunissent aux vives affections du présent pour
m'y rappeler sans cesse. Inconnu de la plupart d'entre vous,
je ne puis cependant me considérer ici comme un étranger;
et lorsque cette vieille ville de Rouen s'émeut pour saluer
une de ses gloires, j'aime à partager son orgueil et à con-
fondre ma joie avec la sienne.

Toutefois, suivre pas à pas une vie si bien remplie lasserait
ce soir les forces de tous. Aussi voudrais-je seulement saisir
les principaux traits et les actes les plus importants pour
vous apprendre à mieux connaître celui que vous aimez

7

déjà. Lorsque l'histoire constate qu'un homme a reçu quelque grande mission, elle aime à rechercher comment il y a été préparé; — comment il l'a remplie; — quels en ont été les résultats. Tels sont les points de vue qui, dans des proportions diverses, me paraissent dignes de fixer votre attention.

Je ne m'arrêterai pas aux premières années de la vie du Vénérable de la Salle. Je n'en retiens qu'un trait : « Il paraissait fort gai sans être évaporé, et dévot sans grimace, » nous dit-on. Ainsi le caractère aimable de la piété, tel est le don que Dieu lui avait fait dès l'enfance; comme s'il eût voulu par là le disposer de suite pour attirer les âmes de la jeunesse, qui s'effraie de trop de rigueur et d'austérité.

Je le prends, alors que renonçant aux honneurs de ce monde, il a résolu de se donner à Dieu et de se préparer à la dignité du sacerdoce. Où va-t-il en chercher les moyens? Suivons-le à Paris, c'est là qu'il croit pouvoir mieux compléter ses études; nous y verrons trois établissements prêts à le recevoir, et nous pouvons nous demander pourquoi Dieu le conduisit dans celui auquel quelques années à peine d'existence ne donnaient pas encore l'autorité d'une longue expérience.

Si vous êtes entrés parfois dans une église de campagne pendant l'heure qui précède l'office du jour, vous avez pu voir un prêtre, souvent âgé, entouré de pauvres petits enfants. Le prêtre tient un livre à la main, y lit une question et une réponse, y ajoute quelques explications nécessaires, et la répète, sans se rebuter jamais, sans se plaindre un instant de l'ignorance, de l'inintelligence ou de la distraction de ses élèves, jusqu'à ce que ceux-ci en aient gravé le texte dans leur mémoire. Ce livre est le catéchisme, et son enseignement est incontestablement l'œuvre par excellence de l'éducation. Nul n'est plus difficile à faire retenir, et tous devant l'apprendre, tous les obstacles, que l'esprit d'un enfant apporte à s'instruire, se rencontrent ici : le maître

doit les étudier et en triompher sans cesse. Nul livre n'est
en même temps plus précieux; car au milieu des entraîne-
ments de notre pauvre nature, notre cœur, désespéré de ses
faiblesses, invoque par moment lui-même une loi qui le
domine, notre conscience un flambeau qui l'éclaire; cette
loi et ce flambeau c'est la religion, et c'est le catéchisme qui
nous les fournit. D'autre part, l'ouvrier ne peut consacrer
les heures de sa vie aux longues études, aux recherches
approfondies. Faudra-t-il donc lui répondre comme un
instituteur impie qui nous a rapporté lui-même sa réponse : « Chaque fois, dit-il qu'ils m'ont demandé ce que
c'était que Dieu, je leur ai répondu : Je n'en sais rien » ? La
connaissance de Dieu, sera-t-elle donc le privilége des prêtres,
des philosophes et des savants? Non certes, il n'en doit pas
être ainsi. Nous qui travaillons, qui condamnons notre
intelligence à de longues recherches, à de patientes méditations, nous ne serons pas des privilégiés; et, lorsque nos
recherches seront épuisées, lorsque nos méditations seront
finies, lorsque, après trente ans, cinquante ans, le terme de
notre vie de labeur sera proche, nous n'aurons qu'à reprendre ce petit livre que le curé de campagne tient en ses mains,
que vous savez tous, et, si nos conclusions sont contraires
aux principes de ce petit livre, nous n'aurons qu'à proclamer
notre erreur et à nous humilier de notre faiblesse. Ainsi
par le catéchisme, la science la plus élevée, la science de
Dieu et de la religion n'est plus l'apanage de quelques-uns;
l'enfant, comme le savant, en possède le criterium et les
principes.

Or, le soin profond donné à l'enseignement du catéchisme
n'était nulle part développé comme au séminaire Saint-
Sulpice où se présenta Jean-Baptiste de la Salle. Lorsque
l'abbé Olier était venu exercer son saint ministère dans le
faubourg Saint-Germain, ce quartier de Paris était un des
plus mal famés. Des couvents s'y étaient établis en grand
nombre, il est vrai; mais entre ces demeures destinées

à la piété, profitant du calme et de la solitude de ces
lieux, dans les vastes espaces qui couvraient le quartier,
petit à petit les libertins avaient établi leurs habitudes de
plaisir. Pour purifier ces foyers de corruption, le fondateur de Saint-Sulpice n'avait pas trouvé de meilleur remèdes que les catéchismes. Il avait spécialement consacré
les élèves de son séminaire à cette œuvre salutaire, non-
seulement dans l'église paroissiale, mais encore en les envoyant dans les diverses parties du faubourg; puis, sous la
direction d'un prêtre expérimenté, les catéchistes étaient
réunis chaque semaine pour se communiquer leurs observations, s'éclairer et se soutenir. Ce fut là sans doute que
le Vénérable de la Salle connut pour la première fois l'enseignement populaire, apprit ses difficultés, précisa son
but et en reconnut les éléments les plus précieux.

Toutefois, lorsqu'après un court séjour à Paris, il revint
à Reims, rappelé par la nombreuse famille dont il était
l'aîné, et que la mort de son père et de sa mère laissaient
orpheline, assurément il n'avait pas encore reconnu la voie
qu'il devait suivre. C'est de votre ville que devait lui venir
l'inspiration. Vous avez, messieurs, le tombeau du Vénérable de la Salle; or, s'il est juste de considérer surtout
dans une vie, l'heure que Dieu choisit pour fixer à l'homme
sa mission, si cette heure peut être appelée l'heure de sa
naissance, vous pouvez vous glorifier d'avoir également le
berceau de ce saint instituteur.

Un prêtre de Reims, l'abbé Roland, était venu à Rouen
prêcher le carême. Il y avait connu le Père Barré, fondateur des Sœurs de la Providence, et il en avait remporté la
pensée d'établir quelques religieuses de cet ordre pour
diriger un orphelinat où les enfants grandissaient privés
de tous soins. En même temps, il y avait connu madame
de Maillefer, dont la conversion fut célèbre alors, et il avait
obtenu d'elle la promesse d'une école gratuite de garçons.
Revenu dans sa ville, il appela bientôt les Sœurs de la Pro-

vidence; lié avec le Vénérable de la Salle, il le pria de l'aider dans cette belle œuvre, de telle sorte que, quelques années après, lorsque la mort le frappa, il n'hésita pas à lui en léguer le précieux fardeau.

Or, un soir du mois de juin 1679, l'abbé de la Salle sortait de cette maison fondée par le prêtre qu'il avait aimé, lorsqu'il rencontra deux voyageurs qui se présentaient. Ils venaient de Rouen. Le plus âgé avait déjà prouvé son talent par la fondation ou la réforme de l'éducation populaire. L'hospice général de Rouen l'avait vu à l'œuvre, il en avait relevé les écoles, dans lesquelles on apprenait à lire, à écrire, les bonnes mœurs et même un métier; c'était M. Nyel. Mme de Maillefer avait voulu réaliser la promesse qu'elle avait faite à M. Roland, et nul homme ne lui avait paru plus propre pour accomplir ses desseins. C'était dans ce but qu'il venait; mais un tel projet ne pouvait se réaliser sans prudence et discrétion; aussi, pour éviter que, trop tôt connu, il ne fût trop facilement entravé, l'abbé de la Salle offrit aux voyageurs d'accepter l'hospitalité dans sa demeure.

Telle fut incontestablement l'origine de sa vocation. J'avais donc raison de dire, Messieurs, que c'est de vous que lui vint ce souffle de Dieu auquel il devait laisser aller sa barque : les Sœurs de la Providence lui avaient apporté cet exemple de dévouement, dont Rouen avait le première senti les bienfaits, et voici que M. Nyel arrivait le prendre par la main et l'introduire dans le chemin où Dieu avait marqué sa voie.

Mais la voie indiquée, l'abbé de la Salle n'était encore point préparé suffisamment pour la suivre, et avant de s'y engager, il y devait assurer sa marche.

La profession d'instituteur était alors assez méprisée et peut-être trouvera-t-on qu'elle méritait de l'être, lorsqu'on pense à la manière dont se recrutaient les maîtres d'écoles. C'était en effet, comme on le disait dans le langage du temps, gens de petites conditions, bornés d'esprit et de rudes manières. L'abbé de la Salle partageait lui-même ces sentiments. « La seule pensée qu'il m'aurait fallu vivre avec eux, a-t-il dit, m'était insupportable. » La première chose à faire était donc d'ennoblir cette vocation, de la relever à ses propres yeux comme aux yeux du monde. Pour cela, ne permettant plus qu'on vit en lui autre chose que l'instituteur du peuple, il la couvrit de sa propre noblesse. Il avait reçu, jeune encore, un canonicat; il en avait rempli avec exactitude les fonctions; c'était pour lui une source d'honneurs et de revenus. Il y renonça, et dès lors il ne fut plus seulement le fondateur d'une association de maîtres d'écoles, il fut maître d'école lui-même; comme eux faisant la classe, vivant de leur vie; dès lors les hommes, en le regardant, purent comprendre combien était important le ministère de l'éducation; dès lors il put revendiquer le respect de ceux qui avaient méprisé jusque-là ce ministère et n'en laisser jamais oublier la dignité.

Mais ce sacrifice n'était pas encore suffisant; il venait de renoncer aux honneurs, il devait maintenant abandonner sa fortune. Les compagnons que M. Nyel avait réunis, et ceux qui étaient venus le retrouver à Reims étaient pauvres; au milieu des contradictions et des difficultés que rencontrait l'œuvre naissante, le découragement les prenait. Lorsque l'abbé de la Salle cherchait à les rassurer : « Pour vous, monsieur, lui disaient-ils, vous êtes riche, l'avenir ne peut vous effrayer. » Ainsi, tant qu'il ne se serait pas lui-même interdit toute possibilité de retour, il ne pouvait demander une confiance dont il ne semblait pas donner l'exemple, et la première condition pour exiger un dévouement complet à cette œuvre, à laquelle on ne saurait se donner à demi, était qu'il consentît à n'avoir pas d'autre lendemain assuré que celui de son œuvre elle-même.

Cependant, Messieurs, ne croyez-vous pas qu'une pensée plus élevée saisit l'âme du Vénérable de la Salle? S'il ne s'était agi que de rassurer ses compagnons en partageant complétement les hasards auxquels il les condamnait, je comprendrais qu'il se fût dépouillé de ses biens. Mais, une fois l'institut fondé, la prospérité assurée, les sympathies de tous acquises, pourquoi donc maintenir l'obligation de la pauvreté? Ah! c'est que, lorsqu'on y songe bien, on découvre aisément que la pauvreté, cette grande force de tous les ordres catholiques, est surtout une force pour le maître chrétien. L'éducation n'a pas seulement pour objet de préparer l'homme aux destinées d'un autre monde. OEuvre de rachat, elle cherche à racheter l'homme de la souffrance même sur cette terre. Pour cela, elle tâche de supprimer la douleur en mettant aux mains de chacun le moyen de soulager sa misère et d'embellir sa vie. Combien cependant son pouvoir est ici limité! Combien de fois, si telles étaient les bornes de son empire, devrait-elle s'avouer avec désespoir son impuissance, tantôt devant la maladie sévissant sans relâche, tantôt devant une misère aussi profonde qu'imprévue! Mais non! si elle ne peut plus supprimer, du moins elle peut encore consoler en conseillant de penser à Dieu. Seulement, remarquez-le bien, Messieurs, nous sommes bien faibles, nous que l'on appelle les riches de la terre, pour apporter un tel remède. Nous aurons beau faire, le pauvre ne comprendra jamais qu'il y a tel raffinement de la douleur morale que Dieu réserve pour les riches, et il redira sans cesse: « Vous avez du pain, il ne vous est pas difficile d'espérer en Dieu. » N'était-ce pas là une des pensées que pressentait le cœur de l'abbé de la Salle? Se vouant à l'éducation pour disputer le peuple à la souffrance, voulant mettre dans le cœur de l'enfant ce trésor inépuisable de consolations que l'espoir en Dieu peut seul constituer, n'a-t-il pas voulu que la vie même du maître devînt un enseignement? N'a-t-il pas voulu qu'à l'heure où l'ouvrier, frappé cruellement, aurait besoin de penser à Dieu, il se rappelât que la bouche qui lui avait sans cesse redit au

jour de son enfance ces choses salutaires, était celle d'un
homme destiné à l'aisance, à la richesse peut-être, et qui
avait embrassé la misère pour se consoler en Dieu ; tant cette
consolation était supérieure non-seulement aux douleurs,
mais même aux joies d'ici-bas! Croyez-moi, Messieurs, il
n'est pas possible que cette considération n'ait point arrêté
la pensée de l'abbé de la Salle. Il s'est fait pauvre volontaire
pour avoir le droit de consoler les pauvres.

Une famine, qui sévit en 1684, lui fournit l'occasion de
réaliser le pieux désir de son cœur. Il distribua tout son
patrimoine en secours quotidiens aux familles des pauvres dont il devait instruire les enfants. Et désormais, catéchiste, connaissant par conséquent le prix et les difficultés
de l'enseignement, ayant renoncé aux honneurs et ayant
ainsi transformé pour ainsi dire en un véritable sacerdoce
la mission qu'il embrassait, enfin s'étant réduit à la pauvreté pour mieux enseigner que Dieu doit être le seul bien
de tous, il était prêt.

Pour bien comprendre maintenant les actes de sa vie, il est
nécessaire, Messieurs, d'indiquer rapidement quelle était
la situation de l'enseignement populaire, lorsqu'il résolut
d'y consacrer tous ses efforts.

L'Eglise catholique a reçu la mission d'enseigner. « *Allez,
enseignez. — Euntes, docete* » : telles ont été presque les dernières paroles que lui a laissées son divin Fondateur, paroles d'adieu, testament pour ainsi dire. Aussi, presque
partout l'école s'est-elle élevée à l'ombre du clocher. Toutefois, une autre considération explique pourquoi, dans notre
pays, l'enseignement populaire a été incontestablement un
des rameaux de la religion. En Orient, les disciples du Christ
avaient trouvé des contrées où la civilisation, avancée déjà,
comprenait le prix des choses intellectuelles; c'était au milieu des écoles de la Grèce et de Rome qu'ils avaient dû
obtenir droit de cité. Il n'en était pas de même en Occi-
dent. Vous connaissez tous l'état des peuples barbares de

la Germanie qui, plus tard, fondèrent la France et chez qui
l'Evangile pénétra. Or, ses missionnaires vinrent la plupart
de l'Italie ou de l'Orient ; aussi, à la beauté de leur divine
mission, se joignait pour leur assurer une juste prééminence les trésors intellectuels du pays qui les envoyait ;
eux-mêmes eurent à cœur de faire jouir les populations
auxquelles leur apostolat les attachait, de tous les biens de
l'intelligence. Ils comprirent le prix de la science en voyant
à quel état de barbarie l'homme se trouvait condamné
lorsqu'il était privé de ses bienfaits.

Nos pères obéirent volontiers à cette impulsion. Aussi le
goût de l'instruction fut-il rapidement partagé de tous.
Charlemagne écrivait dès 787 aux Évêques de France pour
leur recommander de multiplier les écoles : « Quoique le
« bien faire soit préférable au savoir, cependant le savoir
« précède le bien faire », disait-il. La preuve du zèle avec
lequel le clergé répondait à cet appel peut être relevée à
chaque page de notre histoire : « Si quelqu'un des fidèles
« veut confier aux prêtres des petits enfants pour leur ap-
« prendre les lettres, lisons-nous dans un capitulaire de
« l'Evêque d'Orléans, qui porte la date de l'année 797, qu'ils
« se gardent de les rebuter et de répondre à leur demande
« par un refus, mais qu'ils s'appliquent au contraire à les
« instruire avec charité, se souvenant qu'il a été écrit : *Ceux*
« *qui en auront instruit plusieurs dans les voies de la justice*
« *brilleront dans le ciel comme les étoiles du firmament.* Ils ne
« doivent exiger d'eux aucune rétribution et n'en recevoir
« même rien, si ce n'est ce que leurs parents pourront
« leur offrir volontiers et par esprit de charité. » Les parents, de leur côté, tenaient avant tout à ce que leurs enfants
allassent à l'école. Rien n'était plus fréquent, même dans
les campagnes, nous atteste l'éminent archiviste de ce département, M. de Beaurepaire, que de voir des parents placer leurs enfants en domesticité avec la clause expresse
qu'on leur donnerait le temps d'aller en classe.

Vous comprenez, Messieurs, combien, dans un tel milieu, les écoles avaient dû se multiplier et prospérer. Les évêques, les monastères en fondaient sans cesse. C'est un fait désormais incontestable, grâce aux précieuses recherches historiques de notre temps, que les écoles épiscopales et monastiques remontent à l'établissement même du christianisme dans les Gaules, et qu'on trouvait à peine une paroisse, tant soit peu importante, sans une maison d'école et une fondation pour assurer le traitement de l'instituteur. Vous trouverez, Messieurs, si vous voulez les consulter, dans les ouvrages de M. de Beaurepaire, que je vous citais tout à l'heure et qui ont magnifiquement ouvert la voie de ces recherches dont je retiens ici quelques résultats, les longues listes d'établissements scolaires florissant alors dans les campagnes de notre belle province ; et vous serez étonnés de rencontrer les noms de villages ou de hameaux qui n'en possèdent plus aujourd'hui. Il en était de même dans les autres parties de la France.

Toutefois, nous devons nous garder de toute exagération ; et, sur ce point, je ne puis m'empêcher de résister un peu à la tendance de quelques esprits. L'instruction primaire était-elle alors aussi prospère qu'elle le fut depuis et qu'elle l'est de nos jours? J'ai peine à le croire. Sans doute entre ces époques et la nôtre, les invasions des Huns, des Normands, plus tard les guerres de religion passèrent sur notre pays et détruisirent un grand nombre d'établissements. On ne peut méconnaître ces désastres, d'autant plus irréparables, que chaque école étant le fruit d'un effort isolé, l'annexe d'un monastère ou d'une église, lorsque le monastère ou l'église fut détruite, lorsque l'arbre fut renversé, le rameau ne put reverdir. Mais je crois que les écoles étaient dans des conditions telles, rencontraient des difficultés matérielles si considérables, avaient une organisation administrative tellement défectueuse, qu'évidemment leur prospérité ne pouvait se perpétuer, et que, sans parler même de toutes ces guerres, on ne saurait s'étonner de l'état de décadence dans lequel l'abbé de la Salle les trouva.

C'était l'Église, je viens de vous le dire, qui avait créé les écoles. Elle ne l'avait pas fait seulement pour enseigner aux enfants leur religion, mais encore pour les besoins du culte, en ce sens qu'on préparait les élèves à prendre part aux cérémonies, et à y apporter l'aide nécessaire. Ainsi, c'était dans le psautier en latin, qu'on leur apprenait à lire. Or, comme ils ne comprenaient pas cette langue, jamais ils ne s'exerçaient en dehors de la leçon du maître, et par conséquent ils n'arrivaient à la déchiffrer qu'après de longues études, quelquefois cinq ou six ans; et pourtant ce résultat devait être obtenu qu'on leur mît entre les mains un livre français. On comprend facilement que, lorsque la langue latine eut de plus en plus cessé d'être le langage usuel, lorsqu'en même temps le culte cessa d'employer tous les enfants, et que ceux-ci n'eurent plus, par conséquent, à se servir des connaissances acquises, l'instruction, telle qu'elle était donnée, pût perdre à leurs yeux son crédit; dès lors, maîtres et élèves durent apporter une singulière mollesse pour un travail dont ils devaient retirer si peu d'utilité.

J'ajoute qu'il n'y a pas d'école sans papier pour écrire, sans livre pour lire, et que de ce côté se présentaient encore de sérieuses difficultés. Le papier de chiffons, celui dont nous sommes aujourd'hui si prodigues, n'apparut guère qu'au douzième siècle; jusqu'alors on ne se servait que de papyrus, du papier de Damas, ou de parchemins, c'est-à-dire de peaux d'animaux auxquelles on avait fait subir une certaine préparation. Cela n'empêchait pas les livres et même les feuilles publiques d'exister : on sait qu'il y avait un journal à Rome dès le dernier siècle de la république romaine. On pouvait donc se procurer cette matière première de l'écriture avec quelque abondance, mais on n'en devait évidemment user qu'avec une grande économie.

D'autre part, les premiers essais d'imprimerie ne paraissent pas remonter au-delà du quinzième siècle : jusqu'à cette époque, on ne se servait que de manuscrits, c'est-à-dire de livres écrits à la main. Il n'était point possible d'en mettre entre les mains de tous les élèves : aussi le maître devait-il être obligé d'appeler chaque enfant près de lui, de lui donner une leçon isolée, leçon de peu de durée, car toute la classe devait y passer ; pendant ce temps les condisciples, oisifs et peu surveillés, se livraient à des malices que tout ancien écolier peut facilement imaginer. L'enseignement était donc tout personnel, grave inconvénient sur lequel nous n'avons pas à insister. Chacun conçoit ce que pouvait être l'éducation donnée dans de pareilles conditions.

Ces inconvénients qui, dans le principe, tenaient à la force des choses, mais auxquels les progrès des sciences et de l'industrie auraient permis de porter remède, se perpétuèrent et s'aggravèrent grâce à la mauvaise organisation des écoles. Celles-ci étaient de deux sortes : les unes, fondées par les curés sur leur paroisse pour les enfants pauvres, presque toutes gratuites ; on les appelait *écoles de charité*. Leur existence était précaire ; elle dépendait du zèle du curé pour l'instruction, et ce zèle se trouvait singulièrement refroidi par la difficulté de trouver de bons maîtres ; les autres étaient retribués, bien faiblement sans doute : dans les campagnes, c'était un ou deux sols que les parents devaient donner chaque mois ; dans les villes pour cinq sols on pouvait apprendre à lire ; dix sols donnaient droit aux leçons d'écriture ; avec quinze sols, on était initié aux secrets de la science qui régnait en ces lieux. Elles portaient le nom de *petites écoles* ou d'*écoles de grammaire*, et, avec une permission du grand chantre, on les pouvait ouvrir. Elles cessèrent rapidement d'être dans les mains des gens d'église et bientôt ceux qui les tenaient, ou du moins quelques-uns d'entre eux, se constituèrent en corporation.

La corporation, vous le savez, Messieurs, est née de la confrérie ; mais, tandis que celle-ci, qui avait reçu ses sta-

tuts sous le règne de saint Louis, était une association de secours, d'assistance, dont votre Société de secours mutuels
peut vous donner quelque idée, et reposait sur un lien religieux dont un saint, choisi comme patron du corps de métier, était l'expression ; la corporation, oubliant cette origine
chrétienne et charitable, devint une société uniquement
organisée pour combattre la concurrence, ennemie de tout
progrès, et jalouse de ses priviléges ; sous son joug, toute
invention paraissait suspecte et le perfectionnement le plus
utile était difficilement accueilli. Ce fut pourtant cette triste
organisation du travail qui séduisit quelques maîtres d'é-
cole : ils imaginèrent de se grouper sous cette forme de la
corporation ; on les appela les *maîtres écrivains* ; et jusqu'au
jour où ils s'allièrent à leurs anciens ennemis pour lutter
contre l'abbé de la Salle, dont l'œuvre allait sauver en France
l'éducation populaire en l'arrachant de leurs mains, on les
vit, sans souci pour la prospérité de leurs écoles, consu-
mer leurs efforts en luttes mesquines et en procès ridi-
cules. Les chefs d'œuvre des maîtres écrivains, leurs pages
d'écriture surchargées de paraphes qui ne laissaient pas
que d'en rendre parfois la lecture difficile, étaient-elles à proprement parler l'écriture donnée à l'homme pour traduire
sa pensée rapidement, facilement aux yeux de tous ? Ceux
qui n'auraient pas été reçus dans leurs rangs auraient-ils
le droit de donner à leurs élèves d'autres modèles d'écriture que des lignes composées de monosyllabes ? — Telles
étaient les graves questions qu'on agitait alors, et sur lesquelles le parlement ne dédaignait pas de se prononcer.

Ces causes étaient certes suffisantes pour amener une rapide décadence ; les écoles buissonnières venaient encore
en précipiter la ruine. D'abord fondées par les protestants, à
l'écart, dans quelque refuge ignoré, tenues souvent en plein
air, dans quelque terrain écarté, à l'ombre d'un arbre, près
d'*un buisson* (d'où le nom qui leur fut donné), elles tom-
bèrent bientôt entre les mains du premier venu qui ne se

trouva pas même en mesure de présenter les garanties que le grand chantre, peu exigeant cependant, réclamait pour donner l'autorisation d'instruire la jeunesse.

Ne nous étonnons donc pas du triste état des écoles qu'on ne saurait méconnaître en lisant les documents du temps. Parmi les maîtres se rencontraient fréquemment, nous disent-ils, des fripiers, des gargotiers, des cabarctiers, des joueurs de marionnettes ; et dans un des quartiers de Paris, où le curé donnait pourtant à l'éducation un soin tout spécial, on n'avait pu trouver pour toutes les classes des maîtres qui sussent écrire.

Pardonnez-moi, Messieurs, cette longue digression ; elle était indispensable pour la clarté même de ce qui me reste à vous dire. Si vous n'aviez pas connu la véritable situation de l'enseignement populaire, vous n'auriez pas compris suffisamment la mission du Vénérable de la Salle ; montrer le mal auquel il a porté remède n'est-ce point d'ailleurs faire déjà son éloge et vous permettre de le mieux apprécier ? D'ailleurs, si j'ai signalé les causes principales d'une décadence incontestable, c'était pour vous dire comment la prospérité pouvait renaître. Il fallait, profitant des facilités que la découverte de l'imprimerie offrait alors, modifier profondément la méthode des écoles ; en même temps améliorer les conditions du recrutement des maîtres, et, les unissant en un institut qui ne se proposerait aucune autre vocation, leur épargner ces successions de jours heureux et malheureux qui les conduisaient nécessairement à la ruine. L'écueil était ici signalé par les inconvénients auxquels la corporation des maîtres écrivains n'avait pas su se dérober. On le pouvait éviter en ne prenant plus l'intérêt personnel pour guide, la défense de quelques priviléges pour mobile, en tenant ses regards attachés sur le véritable but de toute éducation, celui qui, lorsqu'il est atteint, donne à ce fruit précieux toute sa saveur et sa fécondité, c'est-à-dire sur Dieu.

N'oubliez pas, Messieurs, qu'en ce moment je cherche à vous expliquer l'ensemble de l'œuvre ; mais vous vous tromperiez étrangement si vous croyiez que l'abbé de la Salle en eut dès la première heure conçu l'ensemble et les détails. La Providence le conduisit pas à pas, souvent par des voies détournées. Il avait accueilli M. Nyel pour que celui-ci pût plus sûrement réaliser la promesse de Mᵐᵉ de Maillefer ; il commença par s'occuper de ses disciples, uniquement pour satisfaire aux nécessités de leur vie matérielle. Il les réunit ensuite dans sa maison, parce qu'ainsi les soins quotidiens devaient être plus faciles ; et, s'il finit par prendre l'œuvre entière à sa charge, c'est que M. Nyel, homme de création, d'initiative, plutôt que d'administration et de persévérance, cherchant sans cesse de nouveaux horizons, lui en laissa tout le fardeau.

Cependant, il fut, je crois, le premier à comprendre nettement la nécessité de multiplier les forces de chacun par la puissance d'une association créée sous le regard de Dieu, et, comme telle était la condition absolue du succès, nul ne saurait lui en disputer l'honneur.

Dès l'année 1694, sa pensée reçoit une exécution qui ne laisse aucun doute : les vœux sont prononcés. L'heure me presse, Messieurs, et je ne saurais entrer dans tous les détails précieux à recueillir. Je ne puis cependant me résoudre à passer sous silence le lien religieux de cette association naissante, le vœu prononcé alors, magnifique formule d'un dévouement auquel les Frères sont toujours demeurés fidèles. « Je promets et fais vœu, dirent-ils, de « m'unir et de demeurer en société avec les Frères pour « tenir ensemble et par association les écoles gratuites, en « quelque lieu que ce soit, quand même je serais obligé, « pour le faire, de demander l'aumône et de vivre de pain « seulement. » J'aimerais m'arrêter encore à leur costume et vous expliquer comment ce signe extérieur de leur vocation, sous lequel ils nous apparaissent depuis deux cents ans, commande à tous le respect et leur rappelle sans cesse l'engagement qu'ils ont pris.

Mais je préfère fixer votre attention sur le caractère spécial de leur institut, et vous indiquer ce qui me semble, quant à moi, lui donner sa principale force.

Lorsqu'un homme, de propos délibéré, dans la force de son âge, renonce aux joies les plus légitimes d'ici-bas, il faut qu'un attrait, plus haut que ce monde, le séduise et l'appelle. Mais, il apporte à ce nouvel objet de son amour un désir insatiable de le posséder. C'est Dieu qui l'attire, c'est Dieu qu'il aime ; aussi cherche-t-il avec avidité dans le sacerdoce catholique la plus grande réalisation possible ici-bas de l'intimité de l'homme avec Dieu. Telle est la richesse qu'il demande au cloître, et, certes, s'il consent à la sacrifier, il nous apparaît comme sevré de la dernière consolation qu'il s'était réservée sur la terre. Tel fut pourtant le sacrifice que le Vénérable de la Salle osa commander à ses disciples.

Avant lui, bien des essais de fondations se proposant la même fin avaient été tentés. Ils avaient réussi pour les congrégations de femmes qui se dévouaient à l'éducation des jeunes filles ; telle était cette Congrégation de la Providence, que l'abbé Roland avait connue à Rouen et dont il avait transplanté à Reims un rejeton. On avait été moins heureux pour les garçons. Presque toujours, les hommes distingués, qui en avaient conçu la pensée, s'étaient rapidement dégoûtés de l'humble profession de maîtres d'école ; les autres fonctions du prêtre les avaient rapidement attirés ; l'étude de sciences plus intéressantes que les connaissances élémentaires avait séduit leur esprit : l'école primaire s'était transformée en école secondaire, et les instituts naissants, voyant s'éloigner d'eux les plus capables parmi ceux qui avaient entouré leurs berceaux, perdant ainsi le plus pur de leur sang, ne pouvaient atteindre l'âge de la force et de la maturité. Qu'y faire, si ce n'était interdire à chacun la pensée du sacerdoce, l'étude des sciences supérieures à celle que l'enfant devait acquérir à l'école, en un mot, le condamner à n'être ni prêtre ni savant? Quel vœu d'humilité, Messieurs, que s'exposer ainsi au mépris de tous! Quel vœu de pauvreté que renoncer, pour ainsi dire, après s'être séparé des biens de ce monde, ici-bas à la possession de Dieu qui est la richesse du cœur, à la possession de la science qui est la richesse de l'intelligence! L'abbé de la Salle n'hésita pas cependant, et ses compagnons eurent le courage d'accepter cette suprême immolation. J'ose dire, Messieurs, que ce fut le trait de génie dont il marqua son œuvre, l'élément de conservation dont il la dota pour toujours. Vous pouvez facilement vous en rendre compte. Si le champ dans lequel un homme laborieux s'exerce est restreint, le champ est d'autant mieux labouré. Donnez à quelque orfèvre une coupe à ciseler; ne lui permettez d'appliquer son amour de l'art et l'habileté de sa main qu'à la perfectionner sans cesse; chaque jour il en corrigera quelques détails, et peut-être un chef-d'œuvre sortira de ce travail constant et prolongé. Il en est de même du maître d'école; qu'il n'ait point le droit de songer à des objets étrangers à sa classe, vous concevez avec quels soins il la préparera. Il a peut-être en lui ces dons éminents qui constituent le génie; libre, Dieu sait vers quelles régions il eût pris son essor; retenu, il deviendra le génie de l'instruction primaire. Quelle reconnaissance ne doivent donc pas à celui qui posa la règle si sage dont je viens de vous entretenir, à ses disciples qui l'observèrent, tous ceux auxquels l'éducation du peuple est chère!

Vous devez prévoir, Messieurs, qu'une telle association, naissant avec de tels éléments de force ne pouvait triompher sans lutte. Ses premiers pas montrèrent rapidement combien sa marche serait ferme et assurée. Les écoles se multipliaient à Reims, à Rethel, à Paris, dans d'autres villes encore, et le nombre des élèves s'accroissait en quelques mois de plus d'un millier. Bientôt les maîtres écrivains s'émurent et firent un procès : c'était leur ressource. Ils se plaignaient publiquement que dans ces prétendues écoles de charité on donnait une instruction trop relevée pour le pauvre. « Les enfants n'avaient pas assez de haillons; ils n'étaient pas assez sales ; ce n'était là ni la livrée, ni la tenue de la misère, disaient-ils ». — « Et quoi, répondait l'abbé de la Salle, faudra-t-il donc que je refuse à ces enfants l'instruction qui peut les enrichir, parce qu'ils sont nés dans la pauvreté? S'il leur coûte trop d'avouer leur misère et de l'exposer à la risée de tous, et si pourtant ils ne peuvent payer la rétribution que vous réclamez dans vos petites écoles, faudra-t-il condamner ces pauvres honteux, à l'ignorance ou à publier partout leur malheur par leurs haillons et leurs souillures? Vous dites qu'à côté de ce pauvre parfois vient s'asseoir quelque enfant plus aisé? — Soit! où donc est le mal? Vous trouvez que le repas de quelqu'un de nos élèves est trop abondant? Mais attendez; tout à l'heure il apercevra le repas trop frugal de son camarade et lui donnera un morceau de son pain. Il prendra de la sorte l'habitude de l'épargne, sans craindre que l'épargne le conduise à des habitudes d'avarice; et nous y aurons gagné que le riche et le pauvre, s'étant connus et rapprochés dès les premières annnées de leur vie, grandiront sans s'ignorer et sans se haïr. »

Mais, Messieurs, le Vénérable de La Salle représentait la liberté de l'Eglise en matière d'enseignement; et, à cette époque de notre histoire, les parlements, corps judiciaire et politique à la fois, ne poursuivaient qu'un but : soumettre l'Eglise à leur contrôle. Le 5 février 1706, un arrêt était rendu qui enjoignait au Vénérable de La Salle de se soumettre à l'autorité sous la juridiction de laquelle étaient rangées toutes les écoles, c'est-à-dire à l'autorité du grand chantre.

Ainsi, Messieurs, il y a deux cent cinquante ans, c'était un religieux qui entreprenait la lutte pour la liberté de l'enseignement. Il y a quarante ans un prêtre et un grand chrétien apparaissaient encore dans une école revendiquant le droit d'enseigner les enfants du peuple. Tous trois ont été frappés. L'abbé de La Salle ne trouva point grâce devant le parlement; la chambre des pairs frappa l'abbé Lacordaire et le comte de Montalembert. La bataille n'en a pas moins duré, toujours soutenue par les mêmes hommes, c'est-à-dire au nom de l'Eglise catholique; elle dure encore, elle est plus active que jamais! Sera-ce bientôt l'heure de la victoire?.. Je ne sais, mais ce que l'histoire m'apprend c'est que les arrêts des hommes n'ont ni empêché l'œuvre de Dieu ni la reconnaissance du peuple. Les écoles créées par l'abbé de La Salle dans la paroisse Saint-Sulpice furent fermées; mais bientôt les réclamations furent telles qu'il les fallut ouvrir de nouveau. Un an après la condamnation de l'abbé Lacordaire la loi de 1833 reconnaissait la liberté de l'enseignement primaire, et ouvrait cette ère de glorieux combats qui devaient en 1850 conquérir pour notre pays la liberté de l'enseignement secondaire. Nous savons que nous aurons encore contre nous des verdicts et des arrêts; mais nous savons aussi que nous triompherons. Il n'en peut être différemment; lorsque le maître chrétien s'est montré, il sait à tel point gagner les cœurs que les pères de famille se lèvent et réforment eux-mêmes les arrêts surpris dans une heure de passion et d'égarement.

Le seul résultat des persécutions que l'abbé de La Salle avait souffertes à Paris fut peut-être de hâter sa venue à Rouen. Je n'ai pu le suivre dans toutes les fondations qu'il avait faites, le récit en eût été trop long et trop monotone; mais j'en dois apporter un exemple, et c'est ici que je le prendrai, pensant qu'en vous parlant des lieux qui vous sont connus, le sujet, entre tous autres, vous offrira quelque intérêt.

Dès 1685, après les fondations de Reims, de Rethel et de Laon, M. Nyel était revenu à Rouen. Il avait déjà trouvé les

écoles moins prospères qu'il ne les avait laissées, et lorsque
la mort le frappa, le 31 mai 1687, il n'avait pas pu prendre les
mesures nécessaires pour prévenir la décadence qui les me-
naçait. Lorsqu'il eut disparu, cette décadence devint de plus
en plus rapide. Pour la conjurer, il écrivit à l'abbé de La Salle,
le suppliant d'envoyer quelques-uns de ses disciples. Sans
doute, ils étaient recommandés par les succès obtenus dans
d'autres villes ; je ne puis me défendre de penser cependant
que M. Nyel lui-même avait dû souvent entretenir ses amis
du bien que pouvaient produire de tels maîtres. On se demande même si, dans les conversations échangées entre
M. Nyel et l'abbé de La Salle, la ville de Rouen n'avait pas
été prévue comme devant recueillir les bienfaits de la nouvelle fondation : jamais en effet celui-ci ne répondit avec
plus de célérité aux lettres qui l'appelaient ; on eût dit qu'il
s'agissait pour lui de tenir une promesse dès longtemps con-
sentie. Peut-être sentant tout ce qu'il devait à la ville d'où
l'appel de Dieu semblait lui être venu, pensait-il seulement
qu'il devait accourir à sa voix pour lui témoigner sa reconnaissance. C'était à la fin de mars 1705 que l'archevêque de
Rouen, Monseigneur Colbert, et un saint magistrat, M. de
Pontcarré, avaient entretenu le bureau de l'hospice général
du mauvais état des écoles, et indiqué ceux qui pouvaient
seuls les relever. Le 15 mai, deux frères arrivaient ; ils devaient être logés à l'hospice, y rendre certains services, y
prendre leur nourriture. Deux écoles leur étaient confiées
celles de Saint-Maclou et de Saint-Godard. On leur donnait
un traitement de trente-six livres par an ; les autres maîtres
en touchaient alors cent-cinquante.

Sous leur direction, l'instruction redevint prospère, et le
nombre des élèves s'accrut rapidement. On ne saurait s'en
étonner, lorsqu'on songe aux réformes profondes et heureuses que l'abbé de la Salle avait introduites dans l'enseignement.

Il n'avait plus voulu de cette méthode où chaque élève recevait isolément sa leçon, système aussi fatigant pour le maître, que peu profitable pour l'élève. Divisant ses écoles en classes, il put y introduire l'enseignement simultané, dans les détails duquel je ne saurais entrer en ce moment ; il suffit de dire qu'il permettait à tous les enfants de recueillir en commun la parole du maître. Désormais, on apprit à lire non plus dans le psautier, mais dans des livres écrits en français. Aucun détail ne fut négligé ; l'écriture bâtarde, écriture rapide, claire, correcte, fut préférée à la ronde, d'un tracé difficile et lent.

Sans cesse, il se préoccupait de rendre l'instruction utile, de telle sorte, qu'entretenue par un usage quotidien, elle fut gardée contre l'oubli. C'est ainsi que, dans les modèles, il s'efforçait de mettre soit quelque sage enseignement pour la vie morale, soit le texte d'actes dont les ouvriers peuvent avoir sans cesse besoin. Dès cette époque aussi, on vit apparaître dans l'enseignement des frères le dessin, qu'ils ont porté depuis, vous le savez, à un tel degré de perfectionnement.

Lorsqu'on lit les œuvres de l'abbé de la Salle, on est tout surpris, Messieurs, d'y trouver les principes de pédagogie que souvent on considère volontiers comme une invention de nos jours. C'est lui qui, le premier, recommanda de s'adresser à l'intelligence des enfants, de les provoquer sans cesse à tâcher de s'instruire par eux-mêmes, s'assurant qu'ils ont compris, les excitant à réfléchir et à exercer leur raison : « Les frères auront égard de beaucoup interroger », dit-il. Il avait d'ailleurs le même respect pour la dignité de l'enfant, que pour la dignité du maître. On lui doit d'avoir beaucoup diminué les corrections corporelles, bien que celles-ci ne soient peut-être pas toujours sans utilité. Henri IV recommandait qu'on ne sevrât pas absolument son fils de l'une d'entre elles dont le nom est la terreur des petits enfants. « Rien au monde ne m'a plus profité », disait-il. Mais, quelque opinion qu'on en puisse avoir, elles doivent être restreintes dans de justes limites.

Je vous supplie, Messieurs, de ne pas exagérer ma pensée. Je ne prétends pas que, depuis deux cents ans, les méthodes pédagogiques soient demeurées absolument stationnaires ; mais, ce que je crois incontestable, c'est que tous les principes qui ont régénéré l'enseignement populaire en France, qui l'ont fait sortir de la voie déplorable dans laquelle il était engagé, ont été posés par l'abbé de la Salle, au XVIIᵉ siècle. On a développé ses méthodes, on a trouvé des applications nouvelles ; mais, quel que soit le cours du fleuve qui féconde notre pays, il en demeure la source intarissable.

Bien plus, Messieurs, il n'est pas une des formes, sous lesquelles l'éducation est aujourd'hui proposée au peuple, pour laquelle l'abbé de la Salle n'ait laissé un modèle.

Le fils de l'artisan a grande hâte d'être mis en possession d'un état qui lui permette de gagner son pain, et, il voudrait, en même temps qu'il reçoit les éléments des connaissances littéraires, faire l'apprentissage d'un métier. De là l'école professionnelle. Telle était l'école de la rue Princesse, à Paris, sur la paroisse Saint-Sulpice, dont les frères prirent possession en 1688. Une manufacture de laines y était annexée, et les élèves s'y exerçaient sous la direction de leurs maîtres.

Il ne suffit pas, pour que l'homme soit instruit, que l'enfant fréquente l'école de sept à treize ans. On ne tient pas assez compte de cette remarque lorsqu'on recherche les causes de l'ignorance. Combien ont appris, qui oublient ensuite les leçons qu'ils ont reçues ! Il est donc nécessaire qu'engagé dans la vie de travail, l'ouvrier puisse encore sauver quelques heures pour cultiver son intelligence : de là, les cours d'adultes. Telles furent les écoles dominicales que l'abbé de la Salle fonda sur la paroisse Saint-Sulpice en 1699. Là, tous les dimanches, de midi à trois heures un enseignement était donné, ajoutant de nouvelles connaissances aux connaissances acquises ; sur le programme, on

voit en effet figurer la géographie, la comptabilité, l'architecture, la géométrie, le dessin.

Qu'est-ce encore que le génie moderne croit avoir inventé? — L'enseignement secondaire spécial? l'école commerciale? — Il existe, il est vrai, toute une partie de la population qui attache peu de prix aux connaissances littéraires,
et pour lesquelles l'étude des langues anciennes est, il faut
l'avouer, moins nécessaire; c'est celle qui se destine au commerce ou à l'industrie. On a fondé pour elle les écoles dont
je viens de parler. Mais, Messieurs, le pensionnat primaire
établi à Saint-Yon n'était pas autre chose. Sans doute, le
commerce, l'industrie n'étaient point alors développés comme ils le sont de nos jours; ils étaient cependant à la veille
de prendre un rapide accroissement; et, vous savez, Messieurs, que votre ville a toujours occupé ici le premier
rang. D'ailleurs, si le commerce paraissait moins étendu,
l'émigration était alors dans les mœurs, et l'émigrant a souvent besoin des mêmes connaissances que le commerçant.
A Rouen, l'abbé de la Salle avait bien vite compris ces besoins; c'est pourquoi, sous la protection de M. de Pontcarré,
il avait créé ce pensionnat qui devint si rapidement prospère. On y enseignait l'histoire, la géographie, la littérature,
le style, la tenue des livres, la comptabilité, la géométrie,
l'architecture, l'histoire naturelle, l'hydrographie, les langues vivantes. Chacun prenait de cet ensemble si complet
ce que lui paraissait devoir exiger la carrière à laquelle il se
destinait.

Enfin, Messieurs, il y a de pauvres enfants qui n'ont
pas connu les bienfaits de l'éducation, ou que la faiblesse
paternelle livre à tous leurs mauvais penchants. Une heure
vient où ils font le désespoir de leurs familles, où la loi
semble devoir s'armer de rigueur contre eux. La société ne
peut cependant se résoudre à s'en séparer pour toujours:
elle espère encore qu'un régime sévère pourra réformer ces
jeunes âmes et transformer ces mauvais enfants en hommes

honnêtes et utiles. Elle les recueille aujourd'hui dans les colonies pénitentiaires et dans ces établissements qu'on y a joints sous le nom de *maisons paternelles*. L'abbé de la Salle ne les avait pas oubliés; c'est encore à Saint-Yon, là où il réunit peut-être ses plus belles fondations, qu'il plaça la maison de force et la maison des libertins.

Assurément, Messieurs, toutes ces créations n'ont pas vécu jusqu'à nous. Plusieurs sont tombées sous le coup des rivaux, comme les écoles dominicales que les maîtres écrivains firent fermer. D'autres furent supprimées par la Révolution. Mais, quoi qu'il en ait été de leur durée, n'ai-je point le droit de dire que l'œuvre du Vénérable de la Salle fut une œuvre complète? Cherchez, cherchez partout où vous voudrez, dans les créations dont nos jours se glorifient, vous n'en trouverez pas une seule dont le peuple ait besoin pour s'instruire et que ce prêtre, ce maître d'école n'ait réalisée deux siècles avant nous.

Autant que je l'ai pu, je les ai toutes rappelées, et pourtant, Messieurs, je n'ai pas encore fini le tableau de son œuvre.

Que de fois n'avons-nous pas entendu dire, nous qui aimons les Frères, que nous voudrions voir enlever toutes les écoles aux instituteurs laïques! Que de fois n'avons-nous pas entendu reprocher aux congrégations religieuses leur esprit exclusif! Ce n'est pas vous, Messieurs, qui pouvez croire à de tels reproches; car c'est parmi vous que j'y trouve la réponse sans réplique et la plus éloquente. L'École normale de Rouen est là, bénie de tous, aimée de tous, avec sa forte direction; et, s'il était vrai que les Frères des Écoles chrétiennes trouvent mauvais que les écoles soient confiées à des maîtres laïques, je ne saurais concevoir comment ils mettent tant de dévouement à former les maîtres que nous admirons dans les campagnes. Mais cette réponse, on peut déjà la lire dans la vie du Vénérable de la Salle, et ses disciples ne font que suivre son exemple. Lorsque les curés des villages, admirant son œuvre, étaient venus lui demander quelques-uns de ses compagnons il avait de suite compris pour eux les dangers de l'isolement; et ne pouvant se résoudre à les abandonner ainsi seuls, sans le soutien de la vie de famille ou de la vie de religion, il avait résolu de former des maîtres laïques pour les écoles qu'ils ne voulaient pas cependant laisser dépérir. A lui donc la première pensée des écoles normales comme de toutes les autres institutions dont je vous ai parlé : il ne cessa de s'y appliquer tant à Reims qu'à Rethel et à Paris. A lui l'honneur d'avoir compris que, dans ce champ si vaste de l'éducation, il y a place pour tous les hommes de bonne volonté.

Et maintenant, Messieurs, ce me semble que l'œuvre est complète. Je cherche en vain, je ne trouve pas ce que cet éducateur du peuple eût pu tenter de plus. Non, il ne reste rien, et sa mission est complétement remplie ; et lorsqu'il eût achevé tout cela, il put se dire que son heure sans doute ne tarderait pas à sonner.

Les soins incessants de son Institut, la direction assidue de ses Frères, des visites continuelles dans les écoles, dont il avait doté la France, avaient usé sa vie. Il était venu chercher à Saint-Yon le repos définitif auquel l'âge et la maladie l'avaient condamné. On était au mois de mars de l'année 1719. Déjà, il ne pouvait plus quitter son lit, et il exprimait parfois de grands regrets en songeant qu'il ne lui était plus donné d'offrir le saint sacrifice de la messe. Ses regrets étaient devenus plus vifs à l'approche de la fête de saint Joseph ; mais ceux qui en recueillaient l'expression n'osaient espérer qu'ils seraient entendus du ciel. Plus la fête approchait, plus ses souffrances, toujours croissantes, semblaient annoncer sa fin. Cependant, le 19 mars, les Frères et les enfants étaient réunis dans la chapelle, lorsqu'ils virent approcher de l'autel un vieillard à cheveux blancs. C'était lui! oui, c'était bien lui! Ils le reconnurent de suite. Qui donc, après tant d'épreuves et de souffrance, aurait pu garder ce visage plein de bienveillance et d'attrait? Qui donc eût possédé ce regard si pur, si doux, si bon, ce regard qui semblait ne plus chercher les choses de la terre? Une dernière fois il offrit le saint sacrifice; une dernière fois il éleva ses mains mourantes et bénit ses enfants rassemblés. C'était à pareil jour que l'association de prières pour obtenir de Dieu des maîtres chrétiens avait été fondée; c'était la fête du saint, père et maître d'école dans la maison de Nazareth, sous la protection duquel l'Institut avait été placé. Dieu n'avait pas voulu refuser à son serviteur, en un pareil jour, une dernière consolation. Mais le mal qui, pendant une heure, s'était arrêté, avait bientôt repris son œuvre de mort et la poursuivit sans relâche jusqu'à ce qu'elle fût accomplie. « Le saint est mort ! » tel fut le cri qu'on entendit retentir le 7 avril autour de la maison de Saint-Yon et dans toute la ville.

Non, Messieurs, les saints ne meurent pas. Les saints, et surtout les saints populaires, reçoivent l'immortalité, même ici-bas, des œuvres qu'ils nous laissent, des résultats qu'ils ont obtenus. Et qui pourrait mieux y prétendre que le Vénérable de la Salle? En parlant ainsi, ce qui me frappe surtout, ce ne sont pas les vingt-neuf maisons peuplées de huit mille neuf cent quatre-vingt-cinq enfants qu'il laissait à sa mort; ce ne sont pas même ces dix mille Frères autour desquels se pressent aujourd'hui quatre cent mille élèves. Certes, tout cet ensemble m'apparaît déjà comme un magnifique édifice; et pourtant l'œuvre est plus grande encore. Si vous voulez la juger dans toute son étendue, il faut vous rappeler que le Vénérable Jean-Baptiste de la Salle a sauvé en France la cause de l'éducation populaire. A l'heure où Dieu nous le donna, on sentait vivement le besoin d'ouvrir des écoles; les témoignages en sont nombreux et certains; à Boulogne, les ouvriers qui travaillent gratuitement à la maison des maîtres qui doivent élever leurs enfants; à Dijon, la touchante supplique des habitants de la ville qui nous a été conservée, ne nous permettent pas d'en douter; partout apparaît l'expression des mêmes désirs et des mêmes vœux. Mais, je vous ai signalé la décadence des écoles; et, n'en doutez pas, le juste mépris des maîtres aurait bientôt amené le dégoût de l'instruction elle-même. Les maîtres écrivains, tout entiers à leur jalousie et à leurs mesquines querelles, préparaient l'ignorance complète du peuple. Ni le protestantisme, qui ne s'est guère occupé que de l'enseignement secondaire, ni les philosophes du xviiie siècle n'en auraient arrêté les funestes progrès. Les héritiers de leurs doctrines peuvent se dire aujourd'hui passionnés pour les bienfaits de l'instruction; je ne le nie pas; ils ont compris quelle force ces bienfaits pouvaient répandre dans une nation, et quelle utilité ils en pouvaient retirer; mais ils ne suivent pas en cela la tradition de leurs devanciers. L'homme qui vint répondre aux désirs de son temps, qui, en faisant produire à l'éducation tous ses fruits, en modifiant sa voie, en lui donnant de sages méthodes, en mettant à sa disposition des instruments dévoués, montra combien elle était précieuse, cet homme est le Vénérable de la Salle. Il en est resté le père, l'apôtre, le génie, à tel point que, quels que soient les bouleversements du monde, c'est toujours à lui qu'on revient en demander les saines traditions; en s'adressant sans cesse à ses disciples, chaque jour on renoue la chaîne qui nous rattache à lui.

Messieurs, que cette vie, dont je vous ai retracé quelques traits, nous fasse, à nous aussi, aimer l'éducation populaire, et lui donner nos soins. Comme au temps du Vénérable de la Salle, c'est là que nous trouverons le salut, et c'est là le remède que nous pouvons faire accepter, car tous aujourd'hui le réclament à l'envi. Ne soyons pas de ces esprits chagrins qui, se résignant à vivre dans leur patrie comme des étrangers, trouvent, dans le mépris qu'ils professent pour le temps où Dieu leur a commandé de vivre, une fa-

cile excuse de leur paresse et de leur inertie. Certes, notre
pauvre France est bien malade; l'étranger l'a meurtrie,
blessée, et elle-même, se déchirant de ses propres mains, a
cruellement envenimé ses plaies. Quelque déplorable pourtant que soit son état, encore une fois, ne nous découra-
geons pas. Approchons plutôt de son lit de douleur. Regardons, oh! oui, regardons avec avidité, avec amour, si nous
ne découvrirons pas en elle quelque signe de vie. Ecoutons
donc toutes les voix qui se pressent autour d'elle; de quelque parti qu'elles s'élèvent, que réclament-elles? Les bienfaits de l'instruction. Certes, ces voix ne font pas entendre
les mêmes accents; mais le désir est commun, quels que
soient les dissentiments dans la manière de le réaliser. Eh
bien! Messieurs, recueillons ce désir et tâchons de l'exaucer
pour le salut de la France.

Cependant, écoutons encore, et afin qu'en le réalisant
nous ne nous trompions pas, entendons celui qui l'a le
mieux compris, entendons le Vénérable de la Salle nous
dire, par sa vie, par ses sacrifices, par son œuvre que les
siècles ont consacrée. « Ce qu'il faut à la France, c'est l'*éducation chrétienne!* » Entendons ses disciples qui nous répètent la même parole. Ah! certes, ils ont le droit d'être
écoutés! Voulez-vous les récuser comme maîtres d'écoles?
Voulez-vous soupçonner leurs discours d'être intéressés?
Laissez-vous, du moins, persuader par leur amour pour le
peuple.

Est-ce donc seulement en instruisant vos enfants qu'ils
l'ont témoigné? Mais, n'ont-ils pas quitté leurs écoles dans
nos jours d'épreuves pour venir soigner nos blessés, relever
nos morts, et parfois tomber sur nos champs de bataille? Dévouement si sublime, qu'en un temps fertile en dévouements, lorsque l'Académie française dut choisir le plus
héroïque de tous, ce fut aux Frères des Écoles chrétiennes
qu'elle décerna la récompense. Je le sais, les grandes
épreuves donnent parfois à l'homme une force exception-

nelle. Mais, n'avez-vous pas vu dans cette ville même le Frère des Ecoles chrétiennes consacrant le jour à faire la classe, obtenant le soir, de prolonger sa veille pour que quelque travail manuel lui permît de soulager la misère des familles dont il venait d'instruire les enfants; et cela, pendant trente ans! de telle sorte que, lorsque l'Académie de Rouen cherchait à son tour à qui remettre le prix de vertu qu'elle devait décerner, pour la première fois, au milieu de tant d'actions dignes d'éloges, ce fut la vie de ce Frère qu'elle voulut récompenser. Oui, dans les heures de crise comme dans la vie de chaque jour, les Frères ont témoigné leur amour pour le peuple, ils ont donc le droit de faire entendre leur voix.

Messieurs, le monument que vous élevez demain au Vénérable de la Salle, avec les souscriptions du monde entier, mais dont vous avez pris la glorieuse initiative, vous rappellera sans cesse toutes ces choses. Les hommages que vous rendez aux grands hommes ne doivent pas être à vos yeux, je le sais, des hommages stériles. Si vous leur élevez des statues, ce n'est pas seulement pour leur témoigner votre reconnaissance, mais c'est encore pour qu'ils vivent au milieu de vous, prenant leur part de vos joies et de vos tristesses. Ainsi, dans ces jours si cruels, alors que l'ennemi occupant notre belle province célébrait ses victoires au milieu de notre ville vaincue, alors que la France n'appartenait plus à la France, vous ne vous êtes pas contentés de déployer à vos fenêtres des drapeaux funèbres, vous avez voilé de crêpes les statues de Boïeldieu et de Corneille, leur faisant partager votre deuil, et les associant à vos ineffaçables douleurs. Que la statue du Vénérable de la Salle le fasse donc aussi vivre toujours parmi vous et y perpétuer son enseignement! Puisse-t-elle vous redire à chaque instant combien l'éducation est chose précieuse; vous rappeler aux uns d'encourager les écoles, à tous de ne point refuser à vos enfants des bienfaits que de bons maîtres leur

offrent pour la régénération de notre pays! Mais surtout
puisse-t-elle vous rappeler que la seule éducation vraiment
utile, la seule vraiment féconde, la seule à jamais prospère,
la seule que la décadence ne puisse point atteindre, est l'é-
ducation chrétienne.

De fréquents applaudissements avaient interrompu cette
magnifique conférence, ils redoublèrent lorsque M. de Germiny finit par cette juste glorification de l'éducation chrétienne. Son auditoire s'associait ainsi à l'hommage rendu
à la religion, dont on cherche si perfidement de nos jours
à éloigner le peuple, sans doute parce que c'est le peuple
qui est plus particulièrement appelé à en recueillir les bienfaits. Devant la statue du Vénérable de la Salle, au souvenir de tout ce qu'il a fait pour l'instruction populaire, devant ces Frères dévoués qui continuent si admirablement
son œuvre, il n'est plus possible de nier ces bienfaits, de
rejeter cette éducation chrétienne, qui est la garantie et la
base de tout enseignement solide et fécond. C'est ce que
M. de Germiny venait de montrer avec une éloquence de
parole égale à l'éloquence du cœur. Tous le comprenaient,
et remerciaient l'orateur d'avoir si bien rendu la pensée
commune en traçant le rapide tableau de l'œuvre du Vénérable.

VII.

A LA CATHÉDRALE.

Cependant le grand jour attendu avec impatience était arrivé.

Dès le matin, Rouen présentait un mouvement extraordinaire. Par toutes les routes arrivaient les visiteurs ; chaque voie de chemin de fer amenait dans la ville des foules de curieux et de nombreuses députations avec leurs bannières. Deux trains spéciaux, mis à la disposition des Frères de Paris, transportaient un grand nombre de Frères et des députations de leurs principaux établissements.

De quart d'heure en quart d'heure, on sentait que la foule augmentait, foule joyeuse et calme, comme on la remarque dans toutes les fêtes dont la religion est l'inspiratrice.

Et toute cette foule, mêlée de bourgeois, d'ouvriers et de paysans endimanchés, de prêtres, de religieux de divers ordres, de Frères des Ecoles chrétiennes, allait et venait par les rues, s'arrêtant devant les magasins, devant les magnifiques monuments dont la ville de Rouen est si riche, visitant les églises, se portant vers la place où la statue du Vénérable allait apparaître à tous les yeux, et lisant avec avidité les affiches qui donnaient le programme de la fête.

Le 2 juin tombait un mercredi, mais on pouvait se croire au dimanche, car presque tous les ateliers chômaient ; les ouvriers avaient demandé que cette journée leur fût accordée pour fêter le grand instituteur du peuple, le grand bienfaiteur des classes ouvrières. « C'est notre fête aujourd'hui, disaient ces braves gens qui ont conservé un si grand bon sens lorsqu'ils ne sont pas égarés par les perfides docteurs de l'impiété et de la révolution, c'est notre fête, il est juste que nous soyons là. »

Ajoutons, à l'honneur de leurs patrons, que ceux-ci voulurent leur payer leur journée comme s'ils avaient travaillé.

Quelques jours après, on devait célébrer le centenaire de Boïeldieu, et la ville avait réservé pour cette occasion les arcs de triomphe, dont on commençait déjà les préparatifs. Le peuple n'y pensait guère. Boïeldieu, c'était l'homme des riches, des classes instruites, des esprits délicats, ce n'était pas l'homme du peuple. « Ça, dit un ouvrier en montrant les préparatifs du centenaire, ça, c'est encore une pièce de comédie. » Mais, pour lui, l'inauguration de la statue du Vénérable était un fait important. Et n'avait-il pas raison ?

A partir de neuf heures, c'était vers la cathédrale que la foule se dirigeait avec le plus d'empressement pour assister à la messe d'action de grâces qui allait être célébrée, et pour entendre le panégyrique du Vénérable que devait prononcer M. l'abbé Besson.

Bien avant l'heure de la cérémonie, qui avait été fixée à neuf heures et demie, toutes les parties de la basilique étaient occupées par une multitude immense, où l'on voyait confondus dans une même pensée de reconnaissance et de vénération tous les rangs de la société.

La vaste cathédrale présentait un magnifique coup d'œil, avec ses belles tapisseries d'Aubusson qui décoraient les piliers, avec l'autel admirablement orné, avec le nombreux clergé, les magistrats, les généraux et officiers, la municipalité, les dignitaires de l'Université, qui occupaient les places réservées, avec cette foule émue et recueillie qui remplissait les vastes nefs et qui devenait de plus en plus pressée.

« Nous avions rarement vu, dit le *Nouvelliste de Rouen*, même dans les plus grandes solennités, la cathédrale aussi remplie ; et, à en juger par la foule qui encombrait les abords de l'édifice, on peut estimer à plus de 20,000 le nombre des personnes de tous les rangs qui ont concouru en réalité à cette imposante et pieuse manifestation en l'honneur du plus illustre aujourd'hui des instituteurs du peuple. C'est au peuple, en effet, au peuple intelligent et patriote que s'adresse principalement la fondation du Vénérable de la Salle ; notre population ouvrière, avec son bon sens traditionnel qui ne saurait se dévoyer longtemps, l'a parfaitement compris. Elle a montré, dans cette circonstance, nous sommes heureux de le constater, qu'elle sait fort bien distinguer la pensée de véritable progrès que de telles solennités mettent en lumière et dont elle est la première à profiter. »

Ecoutons maintenant le directeur de la *Semaine religieuse* de Rouen, qui était en si bonne place pour tout voir, et qui a si bien dit ce qu'il a vu :

« Dès neuf heures, le chœur est occupé par le Chapitre, les chanoines honoraires, les doyens et le nombreux clergé accouru de tous les points du diocèse. La partie réservée aux autorités avait peine à contenir les représentants les plus élevés de la magistrature, de l'armée, de l'administration, de la municipalité, de l'Université, qui avaient tenu à honneur de participer à cette solennité. En tête, on remarque le brave et illustre général Lebrun, commandant le 3ᵉ corps d'armée, le premier président de la Cour d'appel, le procureur général, les présidents de chambre et vingt-deux conseillers en habit de ville, M. le préfet, M. le maire de Rouen, le général de division de Brauër, les généraux de brigade Merle et d'Ornant, les colonels du 12ᵉ chasseurs à cheval, du 24ᵉ et du 28ᵉ de ligne, le commandant du 20ᵉ chasseurs à pied, les vice-présidents du Tribunal civil, l'inspecteur de l'Académie, les chefs de service des diverses administrations, le bureau de l'Académie de Rouen et de plusieurs sociétés savantes.

« On remarque, non sans émotion, les dignitaires de l'Institut des Frères des Ecoles chrétiennes, les Frères assistants, le visiteur provincial, les directeurs de la contrée. Ils sont là, graves et pénétrés, ces hommes de dévoûment et de foi, qui représentent dans la fête de leur père cette grande famille religieuse répandue sur toute la surface du globe.

« Dans le sanctuaire, des trônes avaient été disposés pour NN. SS. les Evêques, qui ont fait leur entrée dans la Métropole à neuf heures et demie, aux sons majestueux des cloches et du grand orgue.

« S. Em. Monseigneur le Cardinal-Archevêque a pris place sur son trône archiépiscopal, et la messe a commencé. Elle a été célébrée par Mgr Langénieux, archevêque de Reims.

« Pendant la messe, la maîtrise, la Société philharmonique, l'Ecole normale et plusieurs artistes de Paris ont exécuté le *Gloria in excelsis* de la messe impériale d'Haydn. C'étaient bien là les accents qui convenaient tout d'abord à cette solennité : un chant de triomphe et de louange. « Gloire à Dieu au plus haut des cieux ! et paix sur la terre aux hommes de bonne volonté ! » La musique brillante et animée du maître rend parfaitement ce salut, cet élan, ce cri de l'univers chrétien. L'hymne angélique va se déroulant avec allégresse et majesté, soutenue par une harmonie puissante et richement colorée. Les soli confiés à une admirable voix d'enfant exprimaient toute l'onction de la prière publique. Comme elle était à sa place, en cet instant solennel, cette voix d'enfant, interprète mélodieux des cœurs de tous ces petits que Notre-Seigneur a tant aimés et auxquels l'abbé de la Salle, en fidèle disciple de son Maître, a consacré sa vie ! Cette partie de la Messe impériale passe à bon droit pour l'un des chefs-d'œuvre d'Haydn. Elle a été dignement rendue par les instruments et les voix qui s'épanouissaient à l'aise sous les voûtes de notre métropole. A l'élévation, le chœur a chanté l'*O salutaris* de la messe en *la mineur* de Mozart, avec un sentiment exquis des nuances et des délicatesses de cette prière inspirée. Le dernier morceau était le *Domine Deus* de M. Ch. Vervoitte. On connaît ce chœur avec accompagnement d'orchestre qui traduit avec une ampleur et une expression saisissantes une des grandes pages de nos Livres saints. Cette œuvre, fortement conçue, est inspirée des meilleures traditions de la musique des maîtres et n'est pas déplacée après les accents d'Haydn et de Mozart. Son interprétation large et animée n'a rien laissé à désirer. »

Ajoutons ici que les évêques présents, invités par le cardinal de Bonnechose, étaient : Mgr Langénieux, archevêque de Reims, qui s'était déjà tant occupé du monument lorsqu'il n'était que vicaire général de Paris; les évêques de la Normandie, Mgr Grolleau, d'Evreux; Mgr Hugonin, de Bayeux; Mgr Bouvard, de Coutances; Mgr Rousselet, de Séez; les deux évêques dont les diocèses touchent à celui de Rouen, Mgr Bataille, évêque d'Amiens, et Mgr Gignoux, évêque de Beauvais, qui voyait près de lui les élèves de ce magnifique pensionnat de Beauvais que les Frères dirigent avec tant de succès; enfin, Mgr Duquesnay, évêque de Limoges, qui est né à Rouen et qui ne pouvait manquer de venir à cette fête de sa ville natale.

Le temps, extraordinairement chaud, était splendide, et le soleil étincelant dont les rayons traversaient les vitraux, semblait se jouer en feux multicoles sur les moulures des arceaux et sur les tapisseries qui pavoisaient les colonnes de la cathédrale, comme pour donner un plus vif éclat à la fête du Vénérable.

Après la messe, un grand mouvement se fait dans l'assistance : M. le chanoine Besson va prononcer le panégyrique du Vénérable. Tous cherchent à se rapprocher de l'orateur sacré, et il se fait dans les bas-côtés, à l'extrémité de la nef, un vide que vient aussitôt remplir une partie de la foule qui n'a pu jusqu'à ce moment pénétrer dans la cathédrale.

Rarement orateur a eu à parler devant un plus bel auditoire, rarement il a eu à traiter un sujet plus beau et plus
populaire; rarement, nous pouvons le dire, il n'a mieux
rempli l'attente de ceux qui l'écoutaient. Il n'y avait malheureusement qu'une partie de la foule remplissant le saint
édifice qui pût l'entendre; mais ceux mêmes qui n'enten-
daient pas s'édifiaient du concours extraordinaire dont ils
étaient témoins; et de temps en temps, aux mouvements
contenus de l'auditoire plus heureux, ils devinaient, pour
ainsi dire, les paroles de l'orateur et en suivaient les pensées.

Un silence solennel régnait dans cet immense auditoire, et « M. Besson, dit la *Semaine religieuse*, a été à la hauteur de toutes les espérances. Son panégyrique est une
œuvre de premier ordre qui l'élève au rang des maîtres de
la parole. Il a été admirablement inspiré et pour le fond et
pour la forme de son discours. Il s'est même surpassé dans
son action oratoire, qui a égalé la perfection de sa composition. Il a été émouvant, plein de chaleur, de pathétique et
de grande éloquence. » Cette appréciation est d'un juge
compétent, de M. l'abbé Loth, professeur à la Faculté de
théologie de Rouen; elle a été celle de tous ceux qui ont
entendu M. l'abbé Besson, elle sera celle de nos lecteurs,
sous les yeux desquels nous sommes heureux de pouvoir
mettre cet éloquent panégyrique. Ils verront ce qu'il faut
penser du mépris qu'ont affecté certains journaux de la libre
pensée pour l'éloquence et pour le style du chanoine de
Besançon, dont le cardinal Mathieu, qui vient de mourir,
appréciait si hautement le mérite.

PANÉGYRIQUE

DU

VÉNÉRABLE DE LA SALLE

PRONONCÉ DANS LA CATHÉDRALE DE ROUEN
LE 2 JUIN 1875

PAR

M. l'abbé BESSON

Qui ad justitiam erudiunt multos quasi stellæ in perpetuas æternitates.

Les maîtres qui enseignent la justice aux nations brilleront comme des astres pendant les éternités tout entières. (DANIEL, XII, 3.)

Éminence, Messeigneurs,

C'est d'abord au nom des pauvres, des petits, des enfants du peuple, de tous ceux qu'on appelle dans le monde la foule et la multitude, que je viens appliquer au Vénérable la Salle la prophétie de Daniel, et saluer d'avance dans le ciel de l'Église cet astre qui se lève sur nos têtes pour l'éternité. Il a droit au double diadème que le grand apôtre décerne, comme le prophète, à *ceux qui s'emploient au travail de la parole et de l'enseignement* (1). Un jour, qui n'est pas loin sans doute, Rome couronnera son front du nimbe des bienheureux. Aujourd'hui, c'est Rouen qui élève sa statue et qui la couronne. Mais quelle fête populaire, quelle cou-

(1) I *Tim.*, v, 17.

ronne de gloire ! C'est une couronne d'enfants où éclate le
doux sourire de l'innocence ; c'est une couronne de religieux où l'on compte plus de dix mille fleurons ; c'est une
couronne de capitaines, de magistrats, de députés, qui éta-
lent ici tous les services rendus à la cité, à la province, à
l'armée, à la France ; c'est une couronne d'Évêques, la plus
belle que l'Église puisse offrir après l'auréole qu'il n'appartient qu'au Pape d'attacher au front des saints. Deux illustres provinces se réunissent pour former le magnifique diadème que nous décernons. Deux métropolitains y mettent
toutes les splendeurs de leur siége antique. Reims, où naquit le Vénérable, ne saurait le céder à Rouen, qui fut sa
seconde patrie. Lequel de Reims ou de Rouen l'a le plus
aimé, lequel en reçoit aujourd'hui le plus de lustre et d'é-
clat, je ne le décide point ; mais ces enfants, ces frères, ces
capitaines, ces magistrats, ces députés, ces évêques, se tournent d'un même mouvement vers l'illustre cardinal à qui
revient la pensée de toute cette fête, et qui, après tant de
jours de gloire, élevé aux premiers honneurs de l'Église,
regarde comme une gloire plus grande encore d'avoir élevé
lui-même dans sa ville métropolitaine l'image de la Salle
aux applaudissements de l'univers. Ce grand prélat me
commande de célébrer dans ce temple un nom si digne de
louanges. J'essaierai donc de retracer, dans une rapide
esquisse, la vie, la règle, les œuvres de ce noble serviteur
de Dieu et du peuple. La vie du Vénérable est un modèle,
sa règle une loi, son œuvre la gloire de la France et de
l'Église. C'est pourquoi nous venons nous incliner trois
fois devant sa statue, en acclamant avec vous le prêtre modeste qui s'est fait instituteur pour évangéliser les pauvres,
le véritable législateur qui a fondé l'enseignement primaire,
l'homme de bien ; parlons d'avance le langage de la postérité et de l'Église, le saint qui depuis deux siècles travaille
dans les deux mondes à l'amélioration et au salut de l'humanité.

I

La première moitié du siècle de Louis XIV était passée, et presque tous les génies qui devaient appartenir à cet âge heureux achevaient de naître, de croître ou de grandir pour l'éternel honneur du nom français. Dans les armes, dans la politique, dans l'éloquence, dans les arts, c'est le siècle des grands maîtres, des grands ouvrages et des grands souvenirs. Aussi serais-je bien surpris qu'une seule gloire lui eût manqué, et qu'il n'eût pas donné aux peuples comme aux rois des instituteurs dignes d'eux. Voici deux noms, deux astres promis encore au ciel de la France. On les voit poindre ensemble au commencement de la seconde moitié de ce grand siècle. Fénelon naquit pour instruire les princes dans le temps où la Salle venait de naître pour instruire les peuples. Mais ces deux hommes, si bien faits pour s'estimer et se comprendre, ne se rencontrèrent guère qu'au séminaire de Saint-Sulpice, qui fut le commun berceau de leur sacerdoce. Encore s'y rencontrèrent-ils sans se connaître; et Dieu, qui les avait donnés à la France dans un même conseil de miséricorde et d'amour, les laissa tous deux, loin l'un de l'autre, aux prises avec les hommes et avec la fortune, l'un pour le sanctifier sur le siége de Cambrai, dans sa gloire contredite et sa vertu méconnue, l'autre pour le mortifier jusque sous la bure où il avait caché sa vie, tous tous deux mourant au monde, portant leur croix, et expiant par des traverses inouïes le mérite de leur enseignement chrétien.

C'est à ce prix que la Salle mérita d'instruire les enfants du peuple. L'antiquité n'y avait point songé; l'Église ne cessait d'y travailler depuis seize siècles; elle y mettait l'autorité de ses conciles, les leçons de ses chapitres, les trésors de son épargne, le zèle de ses Évêques; mais la Réforme avait contredit ses leçons, mais la Révolution allait les proscrire. Entre la Réforme et la Révolution, Dieu avait résolu de combattre l'une et de prévenir les ravages de l'autre en faisant naître dans le siècle de Louis le Grand un homme qui sentît mieux encore que tous ses devanciers le devoir d'évangéliser les pauvres, et qui envoyât dans les deux mondes, sous les auspices de la France, mais sous la direction de l'Église, des disciples toujours capables de renouveler le prodige annoncé par l'Évangile jusqu'à la consommation des siècles.

Pour rendre la vocation de cet apôtre plus extraordinaire et son élection plus sensible, il plut au Seigneur de lui donner tous les souvenirs de race et de naissance qui peuvent flatter l'orgueil d'un jeune homme. Jean-Baptiste de la Salle appartenait par ses ancêtres à la noblesse du Béarn, par son père à la haute magistrature de la ville de Reims. Il était l'aîné de la famille, et la charge paternelle devait être naturellement son héritage. Noblesse, fortune, considération publique, il trouva tout dans son berceau ; ce fut pour renoncer à tout comme aux jouets de la première enfance. Mais les saints, en renonçant au monde, ne renoncent jamais aux qualités de leur race ni aux vertus traditionnelles de leur famille. Jean-Baptiste demeura sous la tonsure un vrai chevalier, sous le froc un vrai magistrat. Où peut-on sentir aussi bien qu'à Rouen le prix de ces vocations exceptionnelles (1)? Laissez-le s'engager dans l'Église ; l'Église, encore plus que le monde, a besoin de vaillance ; c'est dans l'Église, encore plus que dans le monde, qu'il faut garder le sentiment exact de la justice et l'austère notion du devoir.

L'Église lui conféra ses premiers honneurs dans un âge où elle ne pouvait encore lui demander que des espérances. Chanoine de Reims à dix-sept ans, le jeune clerc se montre, dès le commencement, fidèle à la prière, régulier à l'office, jaloux de s'instruire, prompt à conquérir ses premiers degrés, plus prompt encore à se former à toutes les vertus de

(1) On sait que le cardinal de Bonnechose a appartenu à la magistrature avant d'embrasser l'état ecclésiastique.

son état. Le séminaire de Saint-Sulpice avait été ouvert et bénit solennellement l'année même de sa naissance, comme pour lui préparer le berceau de son sacerdoce à côté du berceau de sa famille. C'est là que Dieu le conduit vingt ans après, quand il pouvait y goûter à la fois l'esprit de sagesse et d'humilité dont la mort de M. Olier venait comme d'embaumer cette compagnie déjà si vénérable, les leçons de M. Tronson, si populaires encore dans l'éducation ecclésiastique, les exemples si édifiants que donnaient à l'envi les premiers élèves de Saint-Sulpice. L'abbé de la Salle achève d'étudier sa vocation dans cette grande école. Rien ne peut le détourner de l'autel, ni la mort de ses parents, ni la prise de possession d'un riche patrimoine, ni les derniers efforts que le monde, le démon, les passions tentent de concert pour le rendre à la liberté du siècle. Plus maître que jamais de ses actions, il se voue et se dédie au Seigneur avec une générosité plus grande encore, et se hâte de prononcer les vœux de son sous-diaconat pour mettre entre le monde et lui un abîme qu'on ne franchit plus. Deux ans après, le voilà prêtre, et prêtre pour l'éternité.

Tout est dit, sans doute ; non, ce n'est encore là qu'une partie de sa vocation. Il est prêtre, mais le chapitre de Reims ne le retiendra pas. Il devient docteur, mais ce n'est pas pour évangéliser les riches ou les grands. Il donne les premiers soins de son zèle aux filles de l'*Enfant Jésus*, mais ce n'est pas à l'éducation des filles que Dieu l'a promis. Seigneur, que voulez-vous de lui? Et pourquoi tardez-vous à vous déclarer? Vous allez l'apprendre. Dieu révèle rarement à ses serviteurs la grandeur et les difficultés des entreprises qu'il veut conduire par leurs mains. Il préfère que les hommes s'essayent, qu'ils s'engagent peu à peu, qu'ils s'enhardissent à la tâche, qu'ils y prennent goût et qu'ils finissent par s'y dévouer sans en pouvoir mesurer encore l'étendue. Telle fut la conduite mystérieuse que tint la Providence dans une affaire qui intéressait à un si haut degré l'instruction des pauvres et des petits. Par un autre dessein, elle avait choisi la ville de Rouen pour y mettre à l'abri de l'orage la Salle et son œuvre naissante. C'est de Rouen qu'elle lui députe les premières personnes qui viendront l'entretenir de sa vocation d'instituteur dans un temps où il hésite encore à la reconnaître. Elle attire ainsi ses regards sur une religieuse cité où la noblesse, le clergé, le parlement comptent tant d'âmes d'élite parmi les gens de bien qui la peuplent, et où les œuvres de bienfaisance et d'éducation fleurissent comme d'elles-mêmes dans une terre propice à toutes les vertus. Nommons ici madame de Maillefer, qui a renoncé aux folies du siècle pour embrasser avec une incroyable ardeur la folie de la croix, et qui consacre toute sa fortune à l'éducation des enfants avec la magnifique imprévoyance de la charité ; le P. Barré, de l'ordre des Minimes, tourmenté, comme cette noble dame, par le désir d'enseigner les pauvres ; enfin, Adrien Nyel, pieux laïque employé par le bureau de vos hospices à instruire les domestiques et les apprentis, et qui rêvait aussi de former des maîtres d'école vraiment chrétiens. Une lettre de recommandation écrite à l'abbé de la Salle va tout décider. Mais madame de Maillefer qui la donne, et Adrien Nyel qui la porte, ne seront que les instruments de la Providence. L'élu des divins conseils, c'est l'abbé de la Salle.

Le jeune chanoine avait souhaité d'échanger sa prébende contre la paroisse de Saint-Pierre de Reims, mais ni son archevêque ni sa famille n'avaient autorisé ce pieux dessein. Ils attendaient, sans le savoir, les députés de la Providence. A la première ouverture venue de Rouen, la Salle s'étonne et demeure presque froid. Il prévoit des obstacles, il explique les embarras de l'entreprise, il témoigne une sorte de répugnance qui semble invincible. Ni sa naissance, ni son éducation, ni ses relations sociales ne l'avaient préparé à évangéliser les pauvres. Élevé dans une société polie, d'un esprit délicat, d'une conversation agréable, que pouvait-il se promettre dans un ministère si nouveau et si rebutant? L'art de former des maîtres d'école n'avait pas plus d'attrait pour sa nature que celui de catéchiser les enfants du peuple. Ce fut donc comme par degrés et sans prendre d'engagement qu'il se mit à l'œuvre. Il s'agissait de réunir cinq laïques pieux qui faisaient la classe et de leur donner quelques conseils. La Salle consent d'abord à les entretenir dans une maison étrangère, puis il leur ouvre sa propre maison; il les reçoit à sa table, il règle leurs lectures, il préside à leurs exercices de piété; il finit, après deux ans, par en faire ses disciples, ses amis, et comme d'autres lui-même. Le voilà à la tête d'une communauté. Le monde s'en étonne, sa famille le raille, chacun se scandalise et lui reproche sa folie; il ne lui reste que son Dieu, son courage et les conseils d'un ami pour le soutenir. Cet ami a le droit d'être nommé dans cet éloge et d'en partager la gloire, c'est le chanoine Roland. La Salle comptera désormais ses jours par ses épreuves. Les premiers novices qu'il avait réunis, se voyant assujettis à une règle religieuse, s'en vont les uns après les autres. La Salle n'en trouve plus que deux à ses côtés. Un maître et deux disciples, c'est assez pour que l'Institut commence. Voilà le grain de sénevé d'où le grand arbre est sorti.

Soyez attentifs aux développements de l'humble semence. Après l'école de Reims, je vois s'élever celles de Rethel, de Guise et de Soissons; mais leur essor s'arrête tout à coup, le découragement se glisse parmi les Frères, et le pieux fondateur reconnaît lui-même qu'il leur doit des exemples autant que des leçons. Écoute, ô mon fils, la voix de Jésus crucifié: A la croix! à la croix! Ce n'est que par la croix que l'on fonde, ce n'est que par la croix que l'on se perpétue. La Salle renonce à son canonicat; il se dépouille de son patrimoine; il distribue tous ses biens aux pauvres sans en réserver un denier ni pour ses disciples ni pour lui-même; et quand il est réduit à mendier son pain, libre désormais de toute charge comme de tout honneur, il tient son premier chapitre, il rédige ses premières règles, il expose aux regards du monde le costume de son Institut. Ce costume est toujours le même. Tels le XVIIe siècle a vu passer les premiers Frères des Ecoles chrétiennes, tels nous voyons leurs successeurs, avec leur grossière chaussure, leur rabat, leur manteau et leur robe fermée par des agrafes de fer. Passez, chers Frères, passez à travers les peuples, drapés dans ce grave et antique manteau, dernier reste des costumes du grand siècle, qui sied si bien à votre caractère et à votre mission. Passez, vaillants mais radieux si on vous insulte, modestes si on vous acclame, toujours fidèles à l'esprit comme à l'habit du Vénérable la Salle. Vous portez depuis deux siècles, sous cette robe de bure, un cœur qui n'a jamais cessé de battre, et pour l'Église et pour la France, d'un mouvement que rien n'a pu ni interrompre ni ralentir ; et vous demeurez, après tant de révolutions, les chers Frères des Ecoles chrétiennes !

A peine le Vénérable a-t-il revêtu ses saintes livrées, que Dieu bénit les prémices de son œuvre. La communauté s'étend, le noviciat se fonde ; et par un premier mouvement de confiance et de popularité, voici des jeunes gens qui viennent du dehors pour apprendre de notre fondateur l'art d'enseigner les enfants du peuple. Ils veulent demeurer dans le monde, mais ils veulent y vivre en maîtres chrétiens. Que ne fera pas le Vénérable pour favoriser leur vocation ! Il les accueille ; il en forme une communauté nouvelle ; il la discipline et il la soutient par la règle ; il l'anime de son esprit ; il donne aux paroisses de la Champagne des instituteurs séculiers vraiment dignes de la confiance publique. Voilà le premier modèle des Ecoles Normales. Ainsi, le génie de la Salle a devancé notre siècle et deviné nos institutions. Ainsi, la Normandie n'a eu à redouter dans ses disciples ni préjugés, ni antipathie, ni esprit de mesquine rivalité ou de puérile dispute, quand vous leur avez confié, il y a plus de quarante ans, l'Ecole Normale de cette province et le soin de former des instituteurs laïques, mais chrétiens. Pour accepter cette charge avec tant de dévouement, pour la remplir avec tant de succès, il a suffi aux chers Frères de se tourner vers les restes du Vénérable qui reposent au milieu d'eux, et de consulter sa mémoire bénie. Ah! qu'elle prospère et qu'elle fleurisse pour la gloire de Rouen et pour l'exemple de toute la France, cette maison où l'instituteur apprend à devenir l'auxiliaire du prêtre! Là commence cette alliance étroite de l'Ecole et de l'Eglise, qui se continue dans les paroisses de ce vaste diocèse, et qui, donnant à l'instituteur un ami, au prêtre un catéchiste, désespère le démon de la Révolution de semer au milieu de vous la discorde, la ruine et la mort.

J'ai beau suivre l'ordre des temps; ma pensée s'obstine à venir par avance de Reims à Rouen comme pour contempler le Vénérable dans sa seconde patrie, dans cette terre qui fut pour lui la terre de l'hospitalité et du repos. Mais quelque attrait qu'il sente pour une cité où l'appellent tous les vœux, Paris avait pour lui l'attrait du devoir, l'attrait de la croix. Il devait y souffrir sa grande passion, parce que Dieu y avait marqué pour l'avenir le siège de son Institut et le centre de son apostolat universel. Il s'arrache donc à sa chère ville de Reims, à sa famille, à ses amis, aux souvenirs de son enfance et de son sacerdoce; il vient demander à la cité fameuse entre toutes les cités la permission d'instruire gratuitement les ignorants, en leur donnant le moyen de gagner leur vie et de faire leur salut. Paris, qui bénissait le nom de Vincent de Paul, ne devait-il pas accueillir Jean-Baptiste de la Salle? Là où les pauvres avaient déjà tant d'hospices et de secours, n'est-il pas raisonnable de croire que la Salle pourra leur donner sans peine des écoles et des maîtres? Mais le Seigneur nous avertit que ses pensées ne sont pas nos pensées, et qu'il repousse la sagesse des sages et la prudence des prudents du siècle. La Salle ne devait guère rencontrer à Paris que des contradictions. Il alla pendant douze ans du faubourg Saint-Germain au faubourg Saint-Antoine, ouvrant des classes dans les paroisses les plus pauvres et les plus populeuses, fondant un pensionnat en faveur des Irlandais fugitifs, imaginant en faveur des ouvriers une école dominicale, transportant son noviciat de la ville à la campagne, partout en butte à la calomnie ou aux préventions, méconnu par les uns, persécuté par les autres, abandonné de tout le monde. Je ne raconterai pas la suite trop fortunée de ces intrigues où triompha un moment la sottise humaine. C'était le conseil de Dieu d'affermir son serviteur par les épreuves, et de lui faire boire jusqu'à la lie le calice des humiliations. Tout se tourne à la fois contre le Vénérable. Ses amis l'oublient, ses premiers protecteurs meurent ou l'abandonnent; la corporation des maîtres écrivains, tremblant pour son industrie, déchaîne contre lui les hommes puissants; l'autorité ecclésiastique le dépose de sa charge de supérieur; et à peine y est-il rétabli sur les instances de ses Frères, que les procès s'engagent devant la juridiction civile; le Parlement le condamne; c'en est fait, il faut fermer l'école de Saint-Sulpice, il faut transférer à Rouen ce noviciat déjà transplanté tant de fois, et qui va trouver enfin sur vos côtes hospitalières le sol béni où il pourra croître, s'étendre et affermir ses profondes racines.

La Salle est entré dans le port, et il lui est donné de respirer un peu. Ici deux hommes grands par leur nom autant que par leur charge, mais d'un cœur plus grand encore que leur fortune, couvrirent le Vénérable de leur haute et efficace protection. L'un, c'est Colbert; assis sur le siége de saint Mellon et de saint Nicaise, il agrandissait encore par l'exercice de sa charité pastorale la gloire du nom paternel. L'autre, c'est Pontcarré, qui présidait le Parlement de Normandie avec la triple autorité du savoir, du caractère et de la vertu. La Salle a trouvé enfin deux protecteurs qui

ne l'abandonneront jamais. Il loue aux portes de cette ville
la maison de Saint-Yon, et son génie y multiplie les mira-
cles. Ce n'est pas seulement la communauté et le noviciat
des Frères qui fleurissent dans ce noble asile. Le fondateur
y ouvre trois pensions distinctes, l'une aux enfants encore
sages qui sont l'espérance de leurs familles, l'autre aux enfants indociles dont il fallait réformer le caractère et les
mœurs, la troisième aux enfants vicieux et libertins enfer-
més sur la demande de leurs parents et par l'autorité de la
justice. Ne craignez rien de ce rapprochement; toutes ces
pensions ont leur règlement, leurs maîtres, leurs quartiers
séparés; l'ordre y règne comme dans un établissement
unique ; le silence s'y observe comme dans un couvent ; et,
quand le signal se donne, tout marche à la parole. Ne dés-
espérez plus des incorrigibles. Ce que la nature n'a pu
faire, la grâce le tente et l'obtient. La maison de détention
rendra au monde des hommes qui feront oublier par une
vie exemplaire les scandales de leur jeunesse; d'autres en
sortiront pour revêtir l'habit monastique, et le pénitencier
qu'anime le génie de la Salle devient comme la porte du
cloître.

Quand le Vénérable, du fond de sa chère maison de
Saint-Yon, jetait les yeux sur son œuvre naissante, il voyait
avec une douce satisfaction ses Frères, répandus dans les
écoles charitables de Rouen, à Saint-Maclou, à Saint-Godard, à Saint-Eloi, à Saint-Vivien, à l'Hôpital, passer du
service des pauvres au service des enfants, et combattre
avec un égal succès l'ignorance et la misère. Mais le nombre de leurs élèves dépassait leurs forces, leur tâche devenait chaque jour plus rude, et leurs épreuves se multipliaient avec les années. Il fallait lutter avec la faim, le
froid, la maladie, aussi bien qu'avec la calomnie et l'ingratitude. La Salle priait et attendait des jours meilleurs. Il
fallait remplacer tantôt dans une école, tantôt dans un hospice, le Frère qui tombait sous le drapeau. La Salle prenait

le livre ou le tablier et se faisait infirmier ou maître d'é-
cole. Ni le long hiver de 1709, ni la famine qui régna dans
toute la France, n'abattirent un seul instant un si grand
cœur. Aux plaintes de la détresse, il répondait par les vives
remontrances de la foi. « Après tout, écrivait-il à ses disciples, rien n'arrive au monde que ce que Dieu permet ou
ordonne. Dussions-nous mourir de faim, si Dieu nous
trouve soumis, il couronnera au moins dans le ciel notre
vertu et nous rangera parmi les martyrs de la patience. »

A ce mot tombé des lèvres du Vénérable, vous avez deviné le secret de sa vie. Ah! qu'il le garde, qu'il le médite,
qu'il le pénètre toujours davantage au pied de la croix; car
sa patience sera éprouvée jusqu'à la fin; et le démon, après
avoir paru un moment laisser en paix le serviteur de Dieu
et du peuple, revient contre lui plus furieux que jamais.
L'ennemi du genre humain pouvait-il voir sans frémir de
honte et de dépit l'Institut s'étendre du Nord au Midi et
chasser partout, comme au souffle d'un esprit nouveau,
l'ignorance et l'immoralité? Chartres, Calais, Troyes, Dijon,
Versailles, ont remis leurs écoles aux mains des Frères.
Mende, Alais, Grenoble, Marseille, vingt autres villes non
moins chrétiennes, qu'il serait trop long d'énumérer, après
avoir longtemps attendu ces pieux instituteurs, ont joui
enfin de ce qu'elles appelaient une grâce et un bonheur.
Mais le plus grand bonheur de la Salle fut de fonder l'école
de Rome. L'humble Frère qu'il envoie, demeure vingt-qua-
tre ans dans la ville éternelle, sans argent, sans protection,
souvent sans ressources, seul au milieu de toutes sortes de
tentations et de découragements, n'ayant pour se consoler
que sa correspondance avec le Vénérable. Après mille ten-
tatives, après mille instances, il finit par obtenir la direction d'une école. La Salle, en apprenant cette nouvelle,
laisse courir sa plume avec une vive allégresse : « J'ai bien
de la joie, écrit-il au Frère, que vous ayez maintenant une
école du Pape. C'est à quoi j'aspirais. » Quelle ambition!

Ne disons pas qu'elle est modeste, disons plutôt que c'est la plus haute ambition qui soit au monde. C'est l'ambition du disciple qui sollicite l'approbation du maître; mais ce maître est le vicaire infaillible de Jésus-Christ. C'est l'ambition de l'enfant qui sollicite un regard tombé des yeux d'un père, un mot tombé de sa bouche; mais ce père est le père commun de tous les chrétiens.

Avec de tels sentiments, faut-il s'étonner que la Salle ait donné au Saint-Siége des marques si éclatantes de sa fidélité et de son attachement dans des temps difficiles? Comptez-le parmi les adversaires les plus irréconciliables du jansénisme naissant. Cette secte, plus discrète, mais non moins redoutable que le protestantisme, avait gagné dans la noblesse, dans les parlements, dans le clergé même, des hommes célèbres, les uns épris d'une fausse perfection, les autres infatués de leurs mérites passés, tous dominés par ce que Bossuet appelle le chagrin superbe, l'indocile curiosité, la démangeaison de disputer sans trêve et sans fin sur les mystères, comme s'ils eussent été chargés de découvrir au monde les rapports intimes de la nature et de la grâce, et de prononcer sur le merveilleux accord de la providence de Dieu et de la liberté de l'homme, qui ne sera dévoilé que dans le ciel. Quand l'homme s'égare en côtoyant ces abîmes, le Saint-Siége l'avertit, l'éclaire, le condamne au besoin; et le condamné trouve dans l'obéissance la lumière et la paix. Il y a longtemps que saint Paul a jugé d'un mot toutes ces questions : *O altitudo!* ô profondeur! Il y a longtemps que saint Ambroise a tracé dans une ligne toute la règle à suivre : *Roma locuta est, causa finita est;* Rome a parlé, la cause est finie. Rome avait parlé par la bulle *Unigenitus*, et les sectaires prétendaient tenir encore contre la bulle. Pour gagner la Salle à leur cause, que ne firent-ils pas! Flatteries, promesses, menaces, détours adroits, tout fut inutile. Plutôt que de donner un seul gage à l'erreur presque dominante, la Salle se résigne à voir augmenter le nombre de

10

ses ennemis. On reconnaît partout leur main perfide. Ils sèment l'ivraie dans les noviciats, ils fabriquent des libelles, ils suscitent toutes les puissances du jour, tantôt contre la règle, tantôt contre les disciples, tantôt contre la personne du Vénérable. Point de pitié pour sa vieillesse! Point de grâce pour ses services! Partout des préventions qui l'accueillent, des procès qui le ruinent, des amis qui se changent en indifférents, des obligés qui deviennent des ingrats, des fils qui se font des persécuteurs. La croix partout, toujours la croix! Sous quelque soleil qu'il porte sa tente toujours errante et agitée, le démon qui le devance lui a déjà préparé des piéges. Revient-il de Rouen à Paris, c'est pour y trouver de nouveaux embarras et de nouveaux procès. S'éloigne-t-il encore une fois de la grande cité pour visiter ses communautés du Midi et aller goûter à la Chartreuse la paix que les hommes lui refusent, on lui reproche son absence. Non, il ne trouvera pas même le repos dans ces hautes solitudes des Alpes où saint Bruno, sorti comme lui de l'Eglise de Reims, a pu achever sa prodigieuse carrière. Mais à peine a-t-il cédé aux lettres pressantes de ses disciples en venant reprendre à Paris la direction de l'Institut, que son retour irrite ses adversaires. Absent ou présent, il voit que l'édifice chancelle toujours sous sa main; et cependant l'édifice demeure debout, sans cesser de paraître au penchant de sa ruine. Eh bien! qu'un autre s'avance pour le soutenir. Il se démet de sa charge; c'est sa dernière réponse aux injures et aux calomnies. Il propose un autre lui-même; l'élection est unanime, l'élection du frère Barthélemy est sa première joie.

Quand ses vœux sont accomplis, ai-je besoin de vous dire avec quelle facilité le vénérable supérieur devient un simple Frère? Laissez-le jouir de cette humble condition; ce n'est pas à l'ennui des affaires qu'il a cédé, c'est au vif désir de la perfection chrétienne. Ecoutez-le : « Je ne veux plus que penser à la mort et pleurer mes péchés. » Suivez-le : au réfectoire, il prend la dernière place ; en récréation, il se tient parmi les plus obscurs ; en cellule, il attend le son de la cloche et se refuse à sortir sans une permission expresse, toujours demandée, toujours attendue, jamais dépassée d'un seul instant. Son dernier voyage à Paris met dans un nouveau relief son esprit de prière, d'humilité et de mortification. On l'envoie, et il va ; on le rappelle, et il revient. La maison de Saint-Yon réclamait sa présence comme si elle avait eu le pressentiment de sa mort prochaine, et qu'elle eût craint d'être privée de ses derniers adieux et de ses derniers soupirs. Mais le Vénérable pressentait lui-même plus que personne que sa fin approchait ; il l'avait annoncée, il s'y préparait par une pratique plus vive et plus fidèle encore de toutes les vertus. Il ne rentra guère à Saint-Yon que pour y mourir. Ainsi les Frères qu'il aime entre tous les autres auront sous les yeux le spectacle de ses dernières épreuves, et apprendront à son école comment doit mourir le Frère des Écoles chrétiennes. Ainsi cette noble ville de Rouen, par qui le monde a joui de la Salle et de ses œuvres, jouira de la gloire de son tombeau et de la vertu de ses reliques. Mais cette école de la bonne mort, c'est encore l'école de la croix ; mais cette gloire qui vous en revient, c'est la gloire du crucifié. La croix ! toujours la croix ! La croix jusqu'à la dernière parole, au dernier souffle, au dernier battement de ce cœur qui a tant aimé Dieu et les pauvres !

Cherchez dans cette chère maison de Saint-Yon la chambre la plus basse, la plus obscure, la plus voisine de l'étable. C'est là que la Salle écrit dans ses dernières lettres le testament de sa foi, en protestant qu'il veut mourir dans l'obéissance due à l'Église et au Pape ; car pour lui, comme pour saint François de Sales, le Pape et l'Église, c'est tout un. C'est là qu'il ajoute à toutes les infirmités de l'âge toutes les austérités de la pénitence, avec cet air tranquille, doux, souriant, qui ne laisse deviner ni la souffrance ni la mortification. C'est là qu'il apprend, sans s'étonner ni se plaindre, les difficultés que l'on suscite encore à sa communauté. C'est là qu'il entend sans pâlir tomber de la bouche d'un prêtre cette parole qui semble sortir de la bouche d'un juge : « Sachez que vous allez mourir et qu'il vous faudra ensuite comparaître devant Dieu. » Mais la rudesse de l'avertissement ne fait que lui rendre plus chère encore la visite de ce Dieu qui vient à lui sur la terre pour la dernière fois avec l'amour d'un père. Il se revêt du surplis et de l'étole pour le recevoir, il se précipite à genoux en venant à sa rencontre, il fait éclater dans son visage comme enflammé de lumière toute l'ardeur de sa foi : c'était la veille du Jeudi-Saint. L'agonie se prolonge jusqu'au vendredi. Ainsi, le prêtre associé au mystère du cénacle doit être associé au mystère de la croix. Ainsi le Vénérable a souffert jusqu'à la mort, sinon dans son corps, du moins dans son âme, toutes les douleurs de la Passion. Comme son maître, il est mort sur la croix ; comme son maître, il a tout pardonné ; comme son maître, il est allé célébrer les fêtes de Pâques en paradis.

« Le saint est mort ! le saint est mort ! » Voilà le premier cri qui part de la bouche des enfants et qui se répand dans toute la cité. Reims le répète et s'applaudit d'avoir donné naissance à un saint. Paris le redira à son tour, en réparant à force d'hommages les préventions du passé. C'est à Rome de le dire plus haut encore avec une autorité qui n'appartient qu'à elle. Non, Rome dira autre chose ; Rome, nous en avons l'espérance, dira bientôt : « Le saint est au ciel. Bienheureux la Salle, priez pour nous ! »

Après la vie de ce Vénérable, étudions sa règle, et notre confiance dans l'issue de ce procès deviendra plus grande encore. La Salle a perdu sur la terre tous les procès que lui a intentés la justice des hommes. La Salle gagnera à Rome le seul procès qui soit digne de lui, celui de sa béatification. « Bienheureux la Salle, priez pour nous ! »

II.

Le Vénérable la Salle n'est pas seulement un maître, c'est un législateur, c'est le législateur de l'enseignement primaire. Il en a posé les fondements, tracé les limites, fixé la langue, inventé la méthode, formé les maîtres. Toute cette législation est renfermée dans un petit livre d'une modeste apparence, d'un titre exact, d'une pratique sûre. Ecoutez et jugez s'il justifie ce titre qui dit tout : *De la Conduite des Écoles.*

La base de l'enseignement, c'est la religion chrétienne. Ni les lois, ni les institutions, ni les mœurs ne sauraient avoir d'autres fondements dans nos sociétés modernes. L'Apôtre nous en avertit : *Fundamentum aliud nemo potest ponere, præter id quod positum est, quod est Christus Jesus.* Dans l'éducation comme dans le gouvernement des peuples, ne cherchez pas d'autres assises. Vous n'aurez que des illusions, et vous ne laisserez que des ruines. Le Vénérable la Salle a bâti sur la pierre angulaire tout son édifice. C'est sur cette pierre qu'il a trouvé son point d'appui, qu'il s'est tenu debout pour imprimer à tout un monde nouveau le branle et le mouvement, qu'il a donné à ses écoles la force, la vie et la durée. Pour le Christ, il n'y a qu'une place, c'est la première. Là où il n'est pas tout, il finit par n'être plus rien ; et tout croule, s'effondre et s'évanouit comme dans le néant.

Le législateur de l'enseignement primaire a donc été avant tout un évangéliste. Il évangélise encore par ses disciples, et c'est pourquoi il continue de vivre. Il a donné, nous le disons hautement, la place d'honneur dans son programme à l'étude du catéchisme et de la prière, et c'est pourquoi ce programme demeure toujours fécond. Cette étude se fait par tous les sens du corps et par toutes les applications de l'esprit. Les yeux s'élèvent comme d'eux-mêmes vers l'image du Christ qui est le vrai maître de la classe et le roi éternel de l'école ; l'oreille s'édifie au chant des cantiques ; les lèvres s'exercent à affirmer le *Credo* et à réciter le *Pater* ;

la main se forme en reproduisant sur le papier ou sur l'ardoise les belles sentences de l'Ecriture. Voilà le spectacle extérieur et public qu'offrent toutes les écoles du Vénérable la Salle.

Mais la foi du législateur, déchirant d'une main hardie le faible rideau qui nous sépare du monde invisible, invitait les Frères à reposer leurs yeux sur un spectacle plus merveilleux encore. Tantôt il leur disait avec saint François de Sales : « Les anges des petits enfants applaudissent à vos travaux et les présentent au Seigneur ; car ils aiment d'un particulier amour ceux qui les élèvent dans la crainte de Dieu et qui instillent en leurs tendres âmes la dévotion. » Tantôt parlant lui-même avec la grâce et l'onction du saint évêque de Genève : « Vous êtes, disait-il à ses jeunes maîtres, les coopérateurs de Jésus ; et vous participez à l'auguste fonction des anges gardiens dans la culture des âmes. » Il les faisait sortir par avance du temps et du changement ; et, leur montrant dans le ciel la couronne tressée par les petits enfants qu'ils avaient sauvés : « Courage ! s'écriait-il, voilà la vraie et la seule récompense de votre mission. »

Sur cette base inébranlable et sacrée qu'il donne à l'enseignement primaire, le vénérable législateur en détermine nettement l'objet et les limites. Ses vœux sont modestes en apparence ; mais en réalité ce sont les vœux d'un sage pour l'instruction et le bonheur du monde. Lire, écrire, compter : voilà toute la science qu'il prétend donner aux enfants. Mais ces enfants sont des pauvres qu'attend la culture des champs, que les métiers réclament déjà, et qui, même en fréquentant l'école, sont tenus de gagner leur vie à la sueur de leur front. Ce n'est plus du pauvre que je parle, c'est de tout enfant qu'il faut instruire, même de celui que Dieu appellera un jour aux plus hautes dignités de l'État. Le souhait le plus raisonnable que l'on puisse former pour son éducation première, c'est qu'on l'enferme d'abord dans les limites tracées par le Vénérable. N'est-ce donc rien que de savoir lire avec une attention soutenue, une correction élégante, une clarté parfaite? N'est-ce rien qu'une écriture ferme et noble où l'intelligence éclate et où le caractère se révèle? N'est-ce rien que de calculer avec rapidité et précision? Disons plutôt que tout est là, et que la Salle a mis aux mains des enfants la clef de toutes les sciences.

Combien cette sagesse est différente de la folie de notre siècle! Non, on ne saurait trop rappeler le véritable et principal objet de l'enseignement primaire; le reste n'est qu'accessoire et ornement. Non, on ne saurait trop flétrir cette orgueilleuse manie que nous avons de hâter les premières études et de précipiter l'enfant d'une leçon à une autre, comme à travers des abîmes, où l'on prétend lui faire entendre ce qu'il ne sait pas encore lire, où son écriture s'altère avant même d'être formée, où le calcul mal appris se trahira dans l'étude téméraire et précoce des mathématiques, en sorte qu'après avoir confondu dans un pêle-mêle affreux ce qu'il y a de plus élémentaire et de plus élevé, il ne reste souvent à l'homme mûr que l'horreur des livres, le dégoût de l'étude, le souvenir amer autant que confus d'avoir entendu parler de tout sans avoir rien appris. De grâce, séparez donc d'une main plus ferme les études de chaque âge. Mettez des bornes à la vanité qui nous égare et à la précipitation qui nous emporte. Remontez le courant, au lieu de le descendre au gré de l'opinion pervertie; et rendez-nous ces modestes études du véritable enseignement primaire qui ont donné à tant de génies le temps de naître, de croître et de se développer. Bien lire, c'est déjà penser. Bien écrire, c'est se jouer des difficultés de l'orthographe et s'initier aux secrets du style. Calculer, c'est se posséder, c'est réfléchir, c'est raisonner juste. Quand je vois la Salle déposer le bonnet de la Sorbonne pour devenir le plus humble des instituteurs populaires, je le déclare un vrai docteur. Ce qui sortira un jour de ses mains pour remplir l'Ecole polytechnique et l'Institut est incroyable. Le dernier vainqueur de la grande armée, le général Drouot, est devenu à cette école un savant, un héros, un chrétien. Ampère y a cueilli les palmes de son enfance, présage assuré de toute sa gloire.

O sage et profond législateur, non, vous n'avez rien perdu en échangeant la joie de composer les thèses les plus brillantes contre celle de préparer à l'enfant ses premières lectures, ses premières pages, ses premiers calculs. Quand le roi d'Angleterre visite votre humble classe, vous lui montrez les cahiers de vos élèves avec un doux et légitime orgueil. C'était la première fois peut-être que les princes abaissaient leurs regards sur de si petites écoles; mais vos petites écoles méritent bien leur attention, car au jour où la Révolution fermera les universités et les colléges, vos disciples, les uns fugitifs, les autres tranquilles et respectés, prépareront dans leur modeste sphère une génération de soldats, de prêtres, de magistrats, qui feront, dans notre siècle, l'honneur et la recommandation de votre enseignement et de votre Institut.

Pour s'enfermer dans les étroites limites de ce programme, qui sont celles de la sagesse et de la tradition, la Salle a lutté contre la routine de son siècle. Il ne lui fallut ni une énergie moins vive, ni une persévérance moins soutenue, pour fixer la langue de son enseignement. Comme il avait séparé nettement l'instruction primaire de l'instruction secondaire, il sépara avec non moins de bonheur l'école du collége, et la langue française de la langue latine. Rien ne le détourna de cette voie, ni l'usage contraire, ni l'autorité de Des Marais, l'illustre évêque de Chartres, son admirateur et son ami, ni même l'espoir si bien fondé de voir l'élite de ses Frères appelée aux honneurs du sacerdoce. Sous prétexte que la langue latine est la source de la nôtre, et sans prendre garde qu'on ne la parlait plus, on traînait l'enfant pendant quatre ou cinq ans sur les livres composés dans cette langue, étrangère pour lui, dont il ne pouvait deviner

le sens, bien loin d'en apprécier la majestueuse beauté.
Le temps était venu de rompre avec une habitude emprun-
tée aux siècles où le latin était encore la langue universelle.
Quelques savants osaient à peine donner le signal dans les
livres composés pour les plus hautes écoles. Les solitaires de
Port-Royal venaient de publier en français le premier traité
de logique; le dictionnaire de l'Académie commençait ;
mais c'était pour commencer encore et ne jamais finir; et
Fénelon demandait à l'illustre compagnie d'écrire enfin une
grammaire courte, simple, facile, où l'on ne donnerait
guère que les règles générales de notre langue. Non-seulement la Salle partage les vues de l'immortel archevêque,
mais, ce qui est plus rare et plus hardi, il les met en pratique. Il interdit à ses disciples l'étude du latin, et fait de
notre idiome national la langue unique des écoles chrétiennes.

Ainsi triompha la langue française, mais seulement à
l'heure marquée pour son vrai triomphe. Tant qu'elle
demeure, dans sa naïveté, rebelle encore aux règles de la
correction et du goût, ne reprochons pas à nos pères de n'en
avoir pas fait la langue de l'école. Tant que la Renaissance
s'obstine à la retremper aux sources de l'antiquité païenne,
il faut la laisser aux mains des grammairiens et des critiques. Mais le siècle de Louis XIV en fixe à jamais le caractère et les lois essentielles. Elle reçoit, de Corneille et de
Pascal, sa fermeté; de Bossuet, son élan et sa grandeur; de
Racine, sa grâce; de Fléchier et de Fénelon, son harmonie
imitative, sa douceur et son onction. Elle est nette, précise,
élégante, pleine de ressources dans sa souplesse, pleine
de génie dans sa simplicité. Elle a je ne sais quoi d'attrayant,
de communicatif et de contagieux qui lui fera faire le tour
du monde. La Salle la reçoit dans cette perfection, la met
sur les lèvres du peuple et la garde dans ses écoles avec une
jalouse fidélité. Il rédige, il publie, dans cette langue victo-
rieuse, des alphabets, des catéchismes, des traités de civilité

et de politesse; il donne aux préceptes toute leur clarté, aux mots toute leur précision; il fait de la langue française la langue des écoles, comme elle est la langue de l'amitié, des affaires et des cours.

Ce n'est pas seulement dans la langue, c'est encore dans la méthode que la Salle opère une heureuse révolution. Comment enseigner du même coup tant d'enfants assemblés? Jusque-là les leçons des maîtres étaient individuelles; et chaque élève, appelé à son tour auprès d'eux, recevait pendant quelques minutes à peine un enseignement donné à basse voix au milieu de l'inattention ou du tumulte de la classe entière. Ce fut un trait d'un rare jugement que d'avoir senti le vice de cette méthode jusqu'alors dominante autant que détestable; ce fut un trait de génie que d'y substituer la méthode de l'enseignement simultané. Au lieu des répétitions particulières, la Salle dirigea toutes les volontés et tous les esprits vers un but commun, en groupant les enfants selon leur degré d'instruction et de mérite, et en assujettissant les membres de chaque groupe à suivre du regard et du doigt tous les mots de la leçon. Un élève la prononce, les autres la répètent, le livre en main, les yeux sur le livre. Cette leçon, ainsi prononcée et répétée tout à la fois, excite l'attention de chacun et entretient l'émulation générale. Les paroles tombent en cadence avec une régularité harmonieuse, et la mémoire retient tout ce qui a flatté l'oreille. Ce n'est pas tout. Un ordre parfait et toujours croissant règne dans les moindres connaissances. Les lettres aident à constituer les syllabes, les syllabes forment les mots, les mots réunis composent les phrases; et l'élève, au lieu de se heurter brusquement à des difficultés inextricables qui l'auraient découragé pour toujours, va du simple au compliqué et du facile au difficile, avec cette satisfaction que donne le moindre succès, cette ardeur qui le redouble et cette suite qui fait jouir, sans interruption, de tous les progrès accomplis.

Vous reconnaissez à ces détails l'homme de règle et l'homme de pratique. Tout dans cette méthode est à la fois simple et grand. Nous en jouissons depuis deux siècles et nous n'y voyons plus le génie qui l'a inventée, expérimentée, perfectionnée. Ce fut le génie de l'ordre et de la patience. Et si vous me demandez pourquoi on a connu et apprécié si tard des moyens si féconds, je vous avouerai qu'il faut plus que du génie pour mettre tant d'ordre en de si petites choses, et pour montrer tant de patience envers les étourdis, les paresseux, les opiniâtres, les rebelles et les ignorants. Il y faut l'amour qui aide à porter les plus lourds fardeaux. Il faut travailler, donner sa vie, donner son âme. Il faut enseigner pour l'amour du pauvre et pour l'amour de Dieu.

C'est ici le triomphe du législateur. Tant vaut l'homme, tant vaut la loi ; tant vaut le maître, tant vaut la règle. Un maître sans règle ne se survivra pas ; une règle sans maître est plus stérile encore. Il n'en sera pas ainsi de la Salle et de son Institut. Le Vénérable a rencontré des maîtres par milliers pour instruire des enfants par millions. Il leur a proposé le triple joug de la pauvreté, de l'obéissance et de la chasteté, et ils en goûtent depuis deux siècles l'ineffable douceur. Il leur a demandé de joindre à ces trois vœux de religion le vœu de l'enseignement, et depuis deux siècles il a obtenu ce nouveau sacrifice avec autant de facilité que le premier. Sept heures de sommeil et sept heures de classe, quatre heures de prières et deux heures d'étude ; le reste pour la récréation, les repas, et le temps employé à passer d'un exercice à l'autre : voilà le compte de la journée pour la Salle et pour ses disciples ; voilà le compte qu'ils rendront de leur temps dans l'éternité.

Voulez-vous entrer plus avant dans l'esprit de leur Institut ? Les Frères, comme dit la règle, ont un très-profond respect pour les saintes Écritures ; afin d'en donner des marques, ils portent toujours sur eux le Nouveau Testament et ne passent aucun jour sans en faire quelque lecture. Ils font oraison, ils récitent soir et matin plusieurs litanies, ils lisent l'*Imitation de Jésus-Christ*; ils ne sortent, même pour leurs promenades, que le chapelet à la main. Ils fréquentent chaque semaine les tribunaux qui justifient ceux qui s'accusent, et vont s'asseoir à la table sainte avec un désir toujours plus ardent de la sainte communion. Ils vivent en frères, et le nom qu'ils portent leur rappelle sans cesse qu'ils doivent avoir l'un pour l'autre les sentiments d'une amitié réciproque. Cette communauté sainte leur rend une famille mille fois plus nombreuse que celle qu'ils ont quittée. Dieu, qui est leur père, leur fait voir ses lieutenants et ses images dans le supérieur général de l'Institut et dans le directeur de chaque maison particulière. Ils vénèrent comme une mère tendre la sainte compagnie à laquelle ils appartiennent. Enfin ils aiment comme leurs propres enfants ces élèves qui peuplent leurs classes et pour qui leurs entrailles tremblent, s'émeuvent, palpitent, tressaillent, jusqu'à ce qu'ils soient tous engendrés à Jésus-Christ. En deux mots, Dieu à aimer et le pauvre à instruire, voilà toute la pensée de ces maîtres, tout leur programme, toute leur vertu, tout le secret de leur zèle et de leur succès.

C'est pour réussir plus efficacement dans cette grande entreprise qu'ils ont mis en commun leurs prières, leurs études, leurs sueurs, leurs mérites, leur vie, leur mort et leur souvenir. Ils n'étaient pas trois cents le jour où la Salle a quitté la terre; ils sont dix mille aujourd'hui. Ils n'avaient pas dix mille élèves pour pleurer sa mort; il y en a quatre cent mille qui demandent aujourd'hui sa béatification. Le petit livre intitulé: *La Conduite des Ecoles chrétiennes*, que le Vénérable a laissé manuscrit, n'a vu le jour qu'un an après sa mort, et il a paru d'abord sans nom d'auteur. Il est aujourd'hui la loi la plus simple, la plus courte et la plus obéie qu'il y ait dans les deux mondes. La Salle méritera donc d'être appelé un vrai législateur. Il faut tout dire, cette règle est un bienfait public ; et je n'aurai achevé cet éloge qu'après vous avoir montré dans le législateur des Écoles chrétiennes l'un des plus grands bienfaiteurs de l'humanité.

III

Vous avez vu l'homme mettant la main à la charrue pour défricher, comme un sol ingrat, l'âme des ignorants. Vous avez vu selon quelle règle il a confié la semence à cette terre si neuve encore. Maintenant regardez l'arbre et goûtez ses fruits. Après l'homme, après la règle, voici l'ouvrage.

Jamais fondateur n'avait semé parmi plus de larmes et de contradictions ; jamais, dès le lendemain de la mort, moisson ne se leva plus abondante et plus belle sur une tombe à peine refermée. Qui peut douter que le Vénérable ait été introduit dans la gloire des saints ? Il donne à son Institut des protecteurs parmi les magistrats et les ministres qui font le plus d'honneur à la France. Il suffit de citer d'Aguesseau, dont le nom rappelle ce que la justice a de plus religieux, et Fleury, dont la sage politique avait fait de Louis XV le roi bien-aimé. Louis XV approuve l'Institut ; les parlements déposent leurs longues défiances ; les évêques, dès le commencement, si favorables à l'œuvre, redoublent de zèle pour l'affermir ; et le pape Benoît XIII lui donne la consécration canonique en approuvant, par un mot à jamais célèbre, « Une congrégation qui a pour but de prévenir les désordres que produit, surtout parmi les pauvres et les ouvriers, l'ignorance, source de tous les maux. »

Qu'ils aillent donc, ces disciples de la Salle, qu'ils aillent, sur cette parole du Pape, instruire le pauvre peuple, cette portion si précieuse du troupeau de Jésus-Christ, que le divin Sauveur chérissait tant, et qu'à l'exemple du Sauveur ils chérissent eux-mêmes du fond de leurs entrailles. Avignon, Valence, Nantes, Cherbourg, Orléans, Bourges, Angers, Montpellier, cinquante autres villes de renom, s'honorent de les posséder, et toute la France est remplie de leurs progrès et de leurs conquêtes. C'est la foi qu'ils sèment à côté de l'ivraie que jette partout l'incrédulité triomphante; c'est la foi qu'ils vont sauver au milieu même du XVIIIᵉ siècle.

Quand nous prononçons dans la chaire le nom de cet âge fameux, comment oublier la conspiration formée pour détruire le christianisme? Les savants et les lettrés, les grands et les riches, et à leur tête presque tous les princes de la terre, entrèrent dans cet affreux complot. Mais le peuple demeura aux mains du prêtre; le peuple élevé par les Frères des Ecoles chrétiennes demeura chrétien : les corrupteurs de l'esprit humain dédaignaient encore de l'empoisonner. « Ce n'est pas le manœuvre qu'il faut instruire, disait Voltaire, c'est le bourgeois. » Il disait encore avec un air de dédain et de profondeur: « Il est à propos que le peuple soit guidé, mais non qu'il soit instruit: il n'est pas digne de l'être. » Et poussant la raillerie jusqu'au délire: « Le peuple ressemble à des bœufs à qui il faut un aiguillon, un joug et du foin. » Peuple vraiment heureux d'avoir été ainsi méprisé par la philosophie incrédule, tandis que les instituteurs chrétiens lui faisaient sentir l'aiguillon de la vertu, porter le joug de l'Evangile et manger le pain de la vérité éternelle. Heureux Frères qui avez ainsi formé dans le peuple français des élèves en qui le prêtre a trouvé des sauveurs pendant la persécution révolutionnaire! C'étaient les enfants de vos écoles qui suivaient l'Eglise errante au fond des bois, dans l'ombre de la nuit, dans les prisons et jusque sur les marches de l'échafaud. Ils étaient les acolytes de la messe proscrite par la Terreur, les guides discrets de l'exilé, les serviteurs du cachot, les témoins et comme le cortége du juste qui avait livré sa tête plutôt que sa conscience aux bourreaux de la Révolution.

La Révolution supprima les Frères en constatant leurs

mérites, tant ces mérites étaient populaires. Elle disait des
Ecoles chrétiennes qu'un Etat libre ne saurait souffrir aucune corporation, pas même celles qui, vouées à l'enseignement public, ont bien mérité de la patrie. Mais quand
elle fut devenue aussi cruelle envers les personnes qu'elle
était injuste envers les corporations, les disciples de la
Salle parurent devant les persécuteurs dans tout l'éclat de
leur foi, et confessèrent au prix de leur sang le nom de
Jésus-Christ. Ecoutez la fière déclaration du frère Martin
devant le tribunal révolutionnaire d'Avignon : « Je suis un
instituteur voué à l'éducation des enfants pauvres. Si vos
protestations d'attachement au peuple sont sincères, et si
vos principes de fraternité ne sont pas de vaines formules,
mes fonctions me justifient et réclament votre gratitude. »
Ne croyez-vous pas entendre Socrate déclarer que, pour
avoir enseigné la jeunesse d'Athènes, il se condamne à être
nourri au Prytanée aux frais de la république? Socrate but
la ciguë ; le frère Martin tomba sous la guillotine. Athènes
n'avait vu que la mort d'un sage; Avignon vit celle d'un
martyr. Tombez à côté du prêtre, fidèles disciples de la
Salle, demeurez fidèles à l'Eglise, confessez la foi, sauvez la
foi, c'est par la foi que vous mériterez bientôt de restaurer
la France.

L'Institut des Ecoles chrétiennes sortit le premier, parmi
les établissements catholiques, des cendres encore mal
éteintes de la Révolution. Lyon, qui a le génie des entreprises vraiment religieuses, rouvre la première école ; et
c'est le pape Pie VII qui bénit en passant à Lyon cet arbre
à peine replanté dans la terre des bonnes œuvres. Après
Lyon, je réclame pour deux villes de Franche-Comté, pour
Besançon et pour Ornans, un des premiers rangs dans l'histoire de cette restauration de la patrie. Meaux, Rouen, Orléans, demandent des Frères à leur tour. L'abbé Emery les
recommande, Napoléon déclare qu'il les préfère aux autres
instituteurs de son empire. Plusieurs évêques se disputent

les premiers noviciats. Il n'y a qu'une voix parmi les gens
de bien pour saluer dans cette renaissance les mœurs publiques épurées, la foi reconquise, l'ignorance révolutionnaire efficacement combattue, la France remontant comme
un astre à la tête de l'Europe, et se préparant à lui tracer encore le chemin de la lumière, du devoir et de l'honneur.

J'ai mêlé à la restauration des Frères le nom d'un conquérant qui a planté le drapeau de la France sur les portes
de toutes les grandes cités. Mais que sont devenues les conquêtes du glaive ? Comment toute cette gloire s'est-elle sitôt
évanouie ? Et quel fruit en recueillent les générations nouvelles ? Regarde, ô ma patrie, regarde, parmi ces premiers
souvenirs du XIX⁰ siècle, lequel du *conquérant* ou du *Frère
des Écoles chrétiennes* a travaillé le plus efficacement à ta
grandeur et à ta popularité.

Jusqu'où n'iront pas les disciples de la Salle ? Vienne, qui
n'a pu souffrir nos aigles, se félicite de posséder le rabat et
la robe de bure de nos Frères. La Belgique, où les aigles
ont expiré dans les champs de Waterloo, s'est remise presque aussitôt à la suite de la France, en lui empruntant ses
Frères et en copiant leurs méthodes. La Suisse, l'Angleterre, la Prusse, tous les peuples qui se piquent le plus de
s'appartenir, rendent involontairement à la France le même
hommage et lui payent le même tribut. L'Irlande, qui n'a
jamais connu nos armes, connaîtra du moins nos écoles.
Naples et Turin les ont gardées, malgré l'importun souvenir d'une domination passagère ; les Frères obtiennent et
conservent partout le droit de cité.

Passez les mers, entrez dans un autre continent. Ce n'est
pas seulement l'Algérie qui appelle les Frères par centaines
pour concourir, avec le soldat, le prêtre et le laboureur, à
l'œuvre de la civilisation. Bourbon, dont le nom demeure
dans la géographie comme dans l'histoire, en dépit de l'oubli dont la Révolution veut l'accabler, juge que l'apostolat
des Frères peut seul assurer la prospérité de la colonie. Tunis,

autre rivage vraiment français, puisqu'il a vu mourir saint Louis, a aussi son école; et on y parle la langue de Joinville et du saint roi dans le style de Louis le Grand. Cette langue, grâce aux Frères, est entendue à Madagascar, dans l'île Maurice, aux Seychelles, jusque dans les Indes Orientales. Smyrne a été pour eux comme une station d'où ils ont pu mesurer le champ promis à leurs pacifiques conquêtes. Ils enseignent aujourd'hui à Constantinople, à Alexandrie, au Caire. Juifs, musulmans, hérétiques de toutes sortes, tous les enfants viennent frapper à la porte de leurs écoles. Les Frères ouvrent, et c'est l'Église qu'on salue, c'est la France qu'on bénit. L'Eglise, comme son divin Maître, dit par la bouche des Frères : « Laissez venir à moi les petits enfants. » La France attire, gagne, conquiert par le génie de sa propagande chrétienne l'admiration de toutes les races. Reprochez-lui d'avoir moins de comptoirs que l'Angleterre, moins d'émigrés que l'Allemagne, moins de navigateurs que la Hollande. Elle vous laisse l'or, le sol, l'empire des mers; mais quelle est la mauvaise fortune qui lui ôtera l'empire des âmes? Le monde a-t-il vu deux la Salle ou deux Vincent de Paul? Où sont les peuples qui viennent disputer avec un succès marqué, sous quelque soleil lointain, à nos Frères les écoles, à nos Sœurs les malades, à nos missionnaires l'exil, la prison et le martyre ?

Le nouveau monde peut être, comme l'ancien, appelé en témoignage pour décider d'où sortent les bienfaiteurs de l'humanité. Là encore, c'est la Salle qui a ouvert au Canada la première classe du pauvre; c'est dans la langue de la France et du grand siècle que l'on enseigne les petits enfants de Montréal. Citerai-je les villes qui ont formé des écoles sur le modèle des écoles du Canada? Québec, Baltimore, New-York, ont voulu les bâtir et les doter. Elles fleurissent par centaines, elles comptent des élèves par milliers; elles demeurent, à travers des espaces immenses de terre et de mer, les obligées de la France qui produit les Frères,

11

les tributaires de l'Eglise qui les discipline et qui les conserve dans l'esprit de leur Institut, les clients du Vénérable
la Salle, à qui il faut rapporter tout le zèle de cette propagande merveilleuse, tout l'honneur et tous les fruits de ces
fondations qui peuplent l'univers. Comme le génie de la
sculpture a rendu heureusement cette belle pensée dans le
monument que l'Eglise va bénir! Qu'ils sont bien placés
aux pieds du Vénérable, ces enfants, de figure si différente,
qui représentent tous les peuples de la terre! Voilà l'hommage du siècle présent, voilà l'espoir du siècle futur. Crois-
sez, grandissez, multipliez-vous, instruisez-vous à la bonne
école, jeunes peuples à qui l'avenir appartient. Puissent vos
destinées couler plus pures et plus heureuses que les nôtres! Nous nous consolons de nos disgrâces en songeant à
vos triomphes. Et en contemplant cette fontaine à qui vous
servez de parure, que pouvons-nous souhaiter, sinon qu'elle
demeure dans sa limpidité, sa fraîcheur et son abondance,
l'image toujours fidèle de votre vie et de votre bonheur?

Mais, après ces pages empruntées à l'histoire des deux
mondes, il faut lire les dernières pages de notre propre
histoire et y contempler dans un éclat inattendu le nom de
la Salle et l'ouvrage de ses mains. Ce n'est plus seulement
le Frère qui prie, ni le Frère qui enseigne, c'est le Frère
qui se mêle aux batailles et qui devient le bienfaiteur des
mourants et des morts. Avec toute la foi du religieux et tout
le dévoûment de l'instituteur, voici tout le courage du soldat. Au premier bruit de cette guerre qui allait mettre aux
prises la France et l'Allemagne, les Frères sont prêts à donner leur vie pour la France; et le Frère Philippe, cet autre
la Salle, peut en toute vérité répondre d'eux. De Besançon
à Rouen et de Lille à Paris, leurs classes se transforment
en casernes, leurs dortoirs en ambulances, toutes leurs
maisons en autant d'asiles ouverts nuit et jour aux blessés,
aux malades, aux égarés. Là, il ne leur reste plus que l'honneur d'y servir et tout au plus la permission d'y dormir de-

bout, tant les rangs y sont pressés, tant la maladie est prompte à y remplir les vides de la mort. Le Frère Philippe anime d'un bout de la France à l'autre tous ces soldats à la tâche, et tous ces soldats font leur devoir. La Lorraine, la Champagne, la Bourgogne, la Franche-Comté, la Normandie, la Bretagne, toutes les provinces envahies, leur rendent le même témoignage. Ils ont distribué pendant cinq mois, dans trois cents écoles devenues des hospices, des vivres, des vêtements, des remèdes à toute une armée malade, affamée, presque nue, réduite par le froid plutôt que par la fortune des armes aux dernières extrémités de la misère humaine. Les uns allaient de porte en porte quêter des secours; d'autres pansaient les blessures de nos soldats; d'autres les préparaient à mourir; d'autres prenaient soin de leur sépulture; tous leur donnaient, après des soins si divers, des larmes dans leur tombeau.

Mais c'est sur le champ de bataille qu'il faut voir ces héros improvisés. S'il y a eu parmi nos recrues à peine enrôlées sous le drapeau quelque défaillance ou quelque hésitation, l'histoire pardonnera beaucoup à des jeunes gens qui essuyaient pour la première fois le feu de l'ennemi, et à qui tout manquait à la fois, les chausssures, les munitions, les armes, tout, excepté la volonté de bien faire. Quant aux Frères, nous ne présentons pour eux ni excuses, ni circonstances atténuantes. Pas un n'a reculé, pas un n'a pâli, pas un n'a cédé, même un seul instant, aux émotions inattendues du premier feu. Partout où le combat s'engage, les Frères sont à leur poste. Ne leur demandez pas de se tenir à distance et de s'assurer si la balle ennemie ne peut les atteindre. Ne faut-il pas braver la balle pour relever sans délai ceux qu'elle a frappés? Ils ne marchent pas, ils volent, ils accompagnent partout aumôniers, infirmiers, chirurgiens. Si les brancards viennent à manquer, ils offrent leurs bras pour emporter les morts. Si, au mépris de la convention de Genève, et malgré le brassard qui les distingue, la fusillade éclate dans leurs rangs, leurs rangs n'en seront que plus serrés et plus fermes. Le frère Néthelme est blessé à mort dans cet héroïque emploi de brancardier; c'en est assez pour que vingt Frères réclament l'honneur de le remplir. D'autres meurent à Besançon, à Clamecy, à Vendôme. Le dernier combat est celui de Saint-Pierre-la-Cluse, aux portes de la France. C'est là que le frère Rédempteur s'emploie comme Tobie à creuser la fosse des soldats, là qu'il reposait sa tête fatiguée sur le brancard de la mort, là qu'il tombe enfin, criblé comme par l'ennemi sous les coups de la peste. « Vous marchez dans la mort, » dirait Bossuet avec un accent sublime. « Non, c'est dans la gloire, » répondrait Corneille avec un accent plus sublime encore. Il a fallu inventer des fonctions et créer un mot pour peindre ces tragiques journées et ces dévouements jusque-là inconnus! Ce mot, l'armée le prononce avec respect, la langue l'adopte, et le voilà entré dans nos dictionnaires avec toutes les allures des mots les plus sublimes: c'est le nom de *brancardier*.

Nos épreuves ont beau se prolonger, rien ne lassera tant de courage, tant de persévérance, tant d'héroïsme. Après la guerre étrangère, voici la guerre civile avec toutes ses horreurs, et le second siége de Paris mille fois plus affreux que le premier. Les Frères n'ont pas reculé devant les balles de l'Allemand, ils ne reculeront pas devant les injures et les brutalités de la Commune en délire. Ils vont recueillir à Belleville et à Longchamps les blessés de l'émeute, et ils leur prodiguent tous leurs soins comme à des frères malheureux. N'importe, toujours des menaces pour leurs personnes, toujours des incendies pour leurs écoles, toujours des emprisonnements, toujours la mort; et ce qui est plus cruel que la mort, c'est de mourir des mains d'un Français. Tel est le sort du frère Justin au sortir de la prison de Mazas. Glaive du Seigneur, quand donc cesserez-vous de frapper? La France a gagné sur ses propres enfants sa douloureuse et suprême bataille; mais les maladies contractées dans les ambulances déciment les Frères comme la balle ennemie; mais les Frères ne cessent pas de se dévouer, les Frères ne cessent pas de mourir.

Qu'un tel dévouement excite l'admiration des deux mondes, je ne m'en étonne pas. La ville de Boston avait offert un prix au plus brave; ce prix, l'Académie française le décerne aux Frères des Ecoles chrétiennes, déclarant qu'il sera comme la croix d'honneur attachée au drapeau du régiment. Dirai-je qu'une autre croix fut attachée sur la robe du Frère Philippe dans la grande salle de la maison de Paris transformée en ambulance? Cette croix, chacun la cite, mais personne ne l'a vue, tant le Frère Philippe a pris soin de la dérober aux regards. Mais on a vu le Frère Philippe à Rouen, à Paris, à Rome, tout préoccupé d'une autre gloire, tout enflammé de zèle pour la cause du Vénérable. A cette pensée, il sent sa jeunesse se renouveler comme celle de l'aigle, et il va porter aux pieds du Souverain Pontife les vœux de sa congrégation, qui sont ceux de l'univers entier. Il visite à Rouen Saint-Yon et la place Saint-Sever; il jouit par avance du monument qui s'élève aujourd'hui, et son cœur se plaint que les expressions lui manquent pour remercier dignement et le grand Cardinal qui a conçu ce dessein, et l'artiste éminent qui l'exécute, et la ville qui en a reclamé la première gloire, et les souscripteurs dont les offrandes provoquées dans toutes les langues, reçues dans tous les pays, donnent à cette œuvre un caractère si spontané, si populaire, si universel.

Sortez maintenant, sortez de ce monde, brave et généreux Philippe, vous que Pie IX interpellait si gracieusement, comme Jésus interpellait l'apôtre dont vous portez le nom, vous que l'on peut appeler le second père de l'Institut. Partez; la troupe des jeunes Frères qui sont tombés au champ d'honneur vous attend, la palme à la main, sur les collines éternelles; et avec ces palmes cueillies dans les champs du Bourget, de Patay, de Loigny, de la Cluse, ils forment au-dessus de votre tête comme un arc de triomphe pour vous introduire dans la cité de Dieu. Mais vous n'acceptez ces palmes bénies que pour les offrir vous-même au Vénérable comme à l'auteur de tant de foi, de courage et de dévouement. Mais en le contemplant dans la gloire des saints, vous demandez que l'Eglise la proclame, que tout l'Institut puisse l'invoquer bientôt, et que les deux mondes qui en sont remplis puissent dire d'une même voix: «O bienheureux la Salle, priez pour nous. »

C'était le vœu du Frère Jean-Olympe, ce digne successeur du Frère Philippe ; et Dieu, ce semble, l'avait élevé jeune encore à la dignité de supérieur général pour lui donner bientôt cette joie filiale. Il se faisait de la fête de Rouen comme un prélude heureux des fêtes de la béatification. Mais je retrouve encore ici un mot du Pape pour peindre ses trop courtes destinées. Pie IX a dit de lui ce que l'on a dit d'Innocent IX : *Ostensus, non datus.* Dieu nous l'a montré plutôt qu'il ne nous l'a donné. O cher Frère, enlevé à l'amour de votre vénérable compagnie, vous aviez souhaité de m'entendre dans cette solennité payer à votre père le tribut de nos sincères louanges. Que pouvais-je refuser aux derniers vœux d'un ami mourant? Je sens combien je suis resté au-dessous de ma tâche ; mais combien je me console en pensant que je salue dans votre nom un nom cher à toute la Franche-Comté! J'accepte l'humiliation d'avoir mal rendu les vœux de nos religieuses montagnes, pourvu qu'il soit bien constaté que nos villes et nos bourgades bénissent la vie, la règle, les œuvres du Vénérable la Salle, et qu'au jour de sa béatification, toute la nation comtoise, qui a donné aux Frères tant de recrues et qui lui a confié tant d'écoles, répondant aux acclamations de la nation normande, ne fasse avec elle qu'un cœur et qu'une âme pour s'écrier: « O bienheureux la Salle, priez pour nous. »

En attendant que votre radieuse image monte comme un

astre au firmament de l'Église, ô Vénérable la Salle, montez sur le piédestal que cette cité vous élève, et laissez éclater sur l'univers entier les doux et consolants rayons d'une si pure gloire. Le sculpteur qui a fait parler le bronze sous son ciseau était digne de rendre en un si grand style votre vie, votre règle et votre ouvrage. Ce regard si tendre révèle la charité du maître ; ce noble front, le génie du législateur ; ce bras à demi étendu appelle, rapproche, rassemble, protége dans les deux mondes tous les enfants auxquels vous avez ouvert les écoles de la science et de la vertu. Chantez, enfants, chantez autour de ce monument cet humble qui prend place parmi les grands de la terre. Ce n'est pas seulement la science du temps que la Salle vous a donnée, c'est la science de Dieu, la science qui ne tarit jamais. Le livre qu'il vous a appris à lire se fermera, mais le livre des cieux s'ouvrira à tous vos regards. La plume qu'il vous a mise à la main sera brisée ; mais vous recevrez une palme radieuse, vous compterez dans la langue des anges, vous approfondirez, en volant de sphère en sphère, le grand dessin et la profondeur incommensurable de l'espace. Buvez, buvez les eaux de la grâce à cette fontaine sacrée de l'enseignement chrétien que le vénérable la Salle a comme abaissée devant vous ; un jour vous boirez, comme la Salle et comme Vincent de Paul, aux fontaines intarissables de la gloire éternelle ! C'est la grâce, c'est la gloire que je souhaite, avec la bénédiction de Son Eminence.

Nous n'avons pas besoin de dire à ceux qui viennent de lire ce discours que la majesté seule du saint lieu pouvait empêcher les applaudissements d'éclater. M. l'abbé Besson avait su trouver des accents nouveaux pour célébrer les vertus et les œuvres du Vénérable de la Salle ; il fallait un orateur tel que lui pour traiter d'une façon si neuve et si éloquente un sujet que les historiens semblaient avoir épuisé.

Ainsi, dirons-nous avec un rédacteur de l'*Univers*, enfant de Rouen, M. Loth, frère du professeur de théologie, ainsi de la bouche de son éloquent panégyriste, comme du cœur de tous les assistants, le Vénérable de la Salle recevait, pour lui et pour les siens, un hommage digne de lui. « Rien n'a manqué à la glorification de son Institut, depuis le tableau de l'étonnante propagation d'une œuvre si modeste à ses débuts, qui prospère aujourd'hui dans les deux mondes par le dévoûment de dix mille Frères, jusqu'à la touchante histoire du *brancardier* (mot nouveau pour un genre de dévoûment nouveau), tué sous les murs de Paris par une balle prussienne. Mais il fallait pour terminer dignement un tel éloge, l'annonce d'une gloire plus haute que celle que les hommes peuvent décerner par leur admiration et leur reconnaissance. L'orateur a fait entrevoir le jour où celui à qui Rouen élève une statue serait porté par l'Eglise sur ses autels. Confiant dans les vertus héroïques du Vénérable, il s'est plu à espérer qu'après avoir perdu tous ses procès devant la justice humaine, il gagnerait la cause de sa canonisation devant Dieu et devant l'Eglise, et que ceux qui l'honoraient en ce moment de leurs hommages pourraient bientôt l'invoquer dans leurs prières. En présence des deux prélats les plus dévoués à la cause du Vénérable, cet espoir n'était qu'un hommage rendu à leur zèle, une anticipation des remerciements que ses deux patries de naissance et d'adoption, Reims et Rouen, leur devront pour la nouvelle gloire qu'elles recueilleront de la sienne. »

La cantate de M. Gounod a mis fin à la première partie de la cérémonie. Cette cantate, composée pour la solennité par le célèbre musicien, est une œuvre éminemment religieuse. M. Gounod a pris pour texte les paroles du psaume XL et s'est appliqué à en rendre la sévère beauté. Il a produit un choral d'un effet grandiose, écrit en vue d'une masse d'exécutants et puissamment orchestré. On a admiré surtout la fugue qui arrive graduellement à l'acclamation et qui contraste avec l'austérité de l'exposition. Il faut savoir gré à ce maître, qui a doté la musique moderne de tant d'œuvres admirées, d'avoir consacré à la gloire du Vénérable des pages pleines de science et d'inspiration.

Nous ne pouvons reproduire la musique ; lisons le psaume, qui pourrait être regardé comme l'histoire anticipée du Vénérable de la Salle :

« *Beatus qui intelligit super egenum et pauperem.* Heureux, s'écrie le Psalmiste, celui qui comprend les besoins du pauvre et de l'indigent! Le Seigneur le délivrera dans les jours mauvais.

« Que le Seigneur le conserve et lui donne une longue vie, qu'il le rende heureux sur la terre, et qu'il ne le livre pas à la fureur de ses ennemis.

« Tous mes ennemis parlaient en secret contre moi ; ils conspiraient pour me préparer des douleurs et des maux.

« L'homme avec qui je vivais en paix, l'homme en qui j'avais confiance et qui mangeait mon pain avec moi, celui-là même a fait éclater sa trahison contre moi.

« Mais vous, Seigneur, ayez pitié de moi ; relevez-moi, et je leur rendrai ce qu'ils méritent.

« C'est en cela que j'ai connu votre amour pour moi, c'est que mon ennemi ne pourra se réjouir à mon sujet.

« Vous m'avez pris sous votre protection à cause de mon innocence, et vous m'avez affermi pour toujours devant vous.

« Béni soit le Seigneur Dieu d'Israël dans tous les siècles! Ainsi soit-il! »

N'est-ce point là le Vénérable de la Salle, avec son amour du pauvre et de l'indigent, avec les tribulations qu'il a endurées, avec les triomphes remportés par son Institut, avec les hommages qu'il reçoit sur la terre et les honneurs qui lui sont préparés dans le ciel ?

La cantate de M. Gounod, accompagnée par la musique du 23e de ligne, a terminé la première partie de la cérémonie.

VIII

LA PROCESSION.

Après la messe, on se disperse jusqu'à la seconde partie
de la fête, qui doit commencer à deux heures et demie de
l'après-midi. Rouen présente alors une physionomie des
plus animées : ce sont les étrangers qui se renseignent sur
les restaurants, c'est la foule des campagnes environnantes
qui regarde les boutiques et les magasins, ce sont les prêtres
et les Frères qu'on rencontre à chaque pas et que tout le
monde accueille sympathiquement, ce sont les enfants des
Ecoles, les jeunes gens des pensionnats tenus par les Frères
qui marchent par groupes, d'un air joyeux, sous la conduite
de leurs maîtres.

Pourquoi ne dirions-nous pas que nous avons eu la
curiosité de voir ce qui se passait chez les Frères, et qu'à
l'Ecole normale, où nous eûmes l'honneur de faire la connaissance personnelle du Frère Lucard, l'un des historiens
du Vénérable, nous reçûmes une hospitalité dont la frater-
nelle simplicité nous charma sans nous étonner? Chez
les Frères, on est bientôt comme chez soi; au bout de
quelques instants, on se sent de la maison, et l'on se prend
même à recevoir les visiteurs au nom de ce bon et cher
Frère Lucard, qui ne sait plus qui entend, et qui pour
être à tous est presque obligé de n'être à personne.

L'Ecole normale de Rouen, dirigée par les Frères, est

l'une de nos écoles les plus renommées : là se forment des instituteurs laïques qui ne voient point dans les Frères des rivaux et des adversaires, mais des émules et des amis. Aussi, dans tout le département de la Seine-Inférieure, l'instruction primaire fleurit, et les maîtres laïques savent inspirer, comme les maîtres congréganistes, le respect de la religion à leurs élèves : laïques et religieux concourent à la même œuvre chrétienne et patriotique ; l'accord règne entre tous. Mais ce n'est pas de ces sortes d'écoles laïques que veulent les prôneurs de la science incrédule ; laïque, pour eux, signifie sans religion et sans Dieu : il est heureux pour la France que leurs doctrines ne soient pas encore maîtresses de l'enseignement.

Pendant qu'une partie des invités à la fête recevaient une gracieuse et large hospitalité à l'Ecole normale, le petit et le grand séminaire en accueillaient d'autres. Rouen se trouvait tout transformé en une vaste hôtellerie, et l'on ne voyait partout que visages joyeux, que figures amies, on n'entendait que des paroles sympathiques : la fête était universelle.

Au numéro 24 de la rue Saint-Nicolas, dans la maison centrale des Frères de Rouen, une cordiale réunion confondait les membres des Conférences de Saint-Vincent de Paul de Rouen et ceux des autres villes accourues à la solennité, avec les membres des Cercles catholiques de Rouen, de Dieppe et d'autres localités. Là se trouvait M. Baudon, président général de la Société de Saint-Vincent de Paul, qui dirige cette Société depuis tant d'années et qui a su la maintenir dans son esprit à travers tant de difficultés et d'épreuves.

C'était une véritable fête de famille, et de famille chrétienne.

Au dessert, de nombreux toasts ont été portés : par M. E. Baudry, au Pape, au cardinal de Bonnechose, archevêque de Rouen, et à son clergé ; par M. Guillou, aux délé-

gués des Sociétés étrangères; par M. Vermont, aux Frères
et à la Liberté d'enseignement; par M. le curé de Saint-
Gervais, à l'armée, et par M. de Chilly, lieutenant au
20ᵉ bataillon de chasseurs à pied, aux catholiques d'Alsace
et de Lorraine.

Mais voici que la grande procession va commencer. Dès
deux heures, les groupes se massent sur la place qui s'étend
devant la belle église de Saint-Ouen, l'un de ces chefs-
d'œuvre que le moyen-âge a légués au siècle présent pour
lui montrer que la religion est bien l'inspiratrice des arts
et du génie. La place présente un coup d'œil magnifique,
avec les centaines de bannières qui flottent au vent. C'est
une confusion ordonnée, un mouvement de va-et-vient
charmant, un bruissement joyeux, mais tranquille, qu'on
ne remarque que dans ces fêtes où la religion se mêle à la
joie populaire et la tempère heureusement.

La procession s'ébranle.

En tête, les chasseurs à cheval.

Puis l'excellente musique du 24ᵉ de ligne.

Puis la députation des Ecoles de Rouen. Ici les Ecoles
laïques marchent fraternellement avec les Ecoles tenues
par les Frères; après un Frère accompagnant son école,
vient un instituteur laïque accompagnant la sienne; tous
rendent hommage au grand bienfaiteur de l'instruction
primaire; il peut y avoir émulation, il n'y a pas jalousie, il
n'y a pas antagonisme. Ne vise-t-on pas au même but? Ne
reçoit-on pas la même inspiration religieuse et patriotique?

Cette succession d'Ecoles laïques et d'Ecoles congréganistes est un spectacle touchant.

Voici l'Ecole de la paroisse Saint-Gervais, tenue par les
Frères;

Une autre Ecole de la même paroisse, dirigée par
M. Caule;

Les Ecoles des Frères de Saint-Godard, de Saint-Vincent,
de Saint-Vivien, de l'Hospice;

Le pensionnat de M. A. Denis;

L'Ecole des Frères de Saint-Sever;

Une autre Ecole de la même paroisse, dirigée par M. Delaruelle;

Les Ecoles des Frères de Sainte-Madeleine, de Saint-Patrice, de Saint-Ouen;

Une autre Ecole de Saint-Ouen, dirigée par M. Choquet;

L'école de la paroisse Saint-Maclou;

L'école de Notre-Dame-Saint-Lô;

Le pensionnat de Notre-Dame.

A la suite des écoles de leurs paroisses respectives, marchent les sociétés de jeunes gens avec leurs bannières; nous distinguons les sociétés de Saint-Gervais et de Saint-Romain.

Puis viennent les députations des écoles du département : Barentin, Darnetal, Sotteville, Elbeuf, Yvetot, Bolbec, Fécamp, Dieppe, le Havre, s'avançant avec leurs bannières qui les font reconnaître.

Ensuite les députations des écoles des autres départements : les Andelys, Bernay, Lisieux, Amiens, Dreux, Beauvais.

En tête des députations des écoles de la Seine-Inférieure et des autres départements, marche la musique de l'établissement d'Issy. Après avoir vu passer la musique du 24ᵉ, on admire la bonne tenue de ces jeunes tambours et de ces musiciens imberbes qui exécutent des marches avec une remarquable précision et un superbe entrain.

Voici des députations de divers pensionnats :

Le pensionnat du *Vénérable de la Salle,* de Bordeaux;

Le pensionnat de Longuyon;

Le pensionnat d'Orléans;

Le pensionnat de Reims;

Le pensionnat de Dreux;

Le pensionnat de Beauvais.

Le pensionnat de Longuyon a succédé à un autre pensionnat, situé sur la terre devenue prussienne, celui de

Beauregard, près de Thionville, que les vainqueurs n'ont pas voulu tolérer. Il s'avance à la suite de la bannière aux armes de Lorraine, enserrées dans une couronne d'épines, avec une croix brisée qu'entoure une guirlande de myosotis, comme pour dire à la vieille patrie : Ne m'oubliez pas. Un frémissement sympathique accueille cette bannière qui rappelle de si récentes et cruelles douleurs. Chassés de leur ancien pensionnat, les Frères se sont établis à Longuyon, et les enfants ont suivi leurs maîtres. Le vainqueur, en les éloignant, n'a fait que rattacher plus fortement à la France les cœurs des vaincus.

Viennent ensuite les députations des écoles de Paris.

En tête, la musique si renommée de Saint-Nicolas, dont les fanfares alternent avec celles d'Issy et du 24ᵉ de ligne;

Les élèves de Saint-Nicolas de Paris;

Les élèves de Saint-Nicolas d'Issy;

L'école commerciale Saint-Paul du faubourg Saint-Antoine;

Le pensionnat de Passy.

Ce pensionnat, qui est là tout entier, fait défiler devant les spectateurs une centaine de bannières rappelant tous les pays où les Frères ont des écoles et des élèves.

On voit ainsi passer la Belgique, l'Italie, l'Autriche, l'Angleterre, le Canada, les Etats-Unis, le Chili, l'Equateur, le Vénézuéla, le Pérou, la Cochinchine, la Perse, Siam, la Turquie, la Nouvelle-Calédonie, Haïti, l'île de la Réunion (Bourbon), etc., presque tous les pays de la terre.

On remarque un jeune Haïtien, à la figure presque noire, qui porte fièrement la bannière de son pays.

Il y a un drapeau qui aurait pu être porté, et qui ne paraît pas. Disons qu'il reste encore deux écoles dirigées par les Frères en Prusse.

N'oublions pas de signaler, parmi les députations des écoles de Paris, les pensionnaires qui marchent sous la conduite des Frères Maristes, qui ont ainsi voulu témoigner de leurs sentiments de confraternité, et dont les élèves se font remarquer par leur excellente tenue.

A la suite du pensionnat de Passy, viennent quelques députations des écoles étrangères à la France.

Puis s'avancent :

L'Ecole normale de Beauvais, dirigée par le Frère Eugène ; elle est là au grand complet, formant un groupe imposant, dont une partie se détachera tout à l'heure pour exécuter des chants qui seront fort appréciés.

L'Ecole normale de Rouen, dont le directeur, le Frère Lucard, a si fortement contribué à la fête du jour.

Les Sociétés d'anciens élèves des Frères.

L'Institution ecclésiastique d'Ecouis.

Les Institutions Guernet, Marc-Leroi, Leroy-Petit, Patry frères.

Deux classes du petit séminaire de Rouen.

Après le défilé des enfants et des jeunes gens, celui des hommes.

Voici les délégués des Cercles catholiques d'ouvriers de Dieppe, du Havre, de Rouen et de Caen.

Les membres de l'*Union catholique* de Rouen.

Les députations des Sociétés de secours mutuels : la *Fraternité* de Ry, *Saint-Martin* d'Oissel, l'*Union*, le *Saint-Esprit*, l'*Emulation chrétienne* de Darnetal, Sotteville, Bolbec et Rouen ; la Société de *Saint-Joseph*.

Les *Sauveteurs*, dont la poitrine chargée de médailles raconte le courage et le dévoûment.

Les comités des Cercles catholiques.

Une nombreuse députation d'Amiens, précédée de la fanfare du Cercle catholique de Notre-Dame, et présidée par M. le baron de Morgan.

La Société des jeunes gens de Saint-Pierre de Chaillot, de Paris, sous la conduite d'un vicaire de la paroisse, M. l'abbé Colas.

Les conférences de Saint-Vincent de Paul.

Un étendard aux couleurs et aux armes de la famille de la Salle; près de lui, un groupe touchant composé d'enfants portant des couronnes, d'une vénérable dame et d'un bon vieillard, M. et Mme Prosper de Muizon, de Reims, derniers survivants de la famille. La vue de ce groupe, par les souvenirs qu'il rappelle et par l'édification qu'il porte, produit une religieuse émotion.

L'étendard des Frères suit immédiatement celui du Vénérable. Il est aux mains du Frère directeur de Moulins, et présente la croix et la légende de l'Institut. Cet étendard est couvert d'un crêpe, en signe du deuil que porte l'Institut de son dernier supérieur général.

Ici, un grand nombre d'instituteurs laïques de la Seine-Inférieure marchent sous les ordres de M. Leroy, ancien instituteur et inspecteur des établissements de bienfaisance.

Puis voici les Frères, ces bons, ces admirables Frères, toujours à la peine, rarement à la joie. Ce jour est leur récompense : leurs yeux sont pleins de larmes, leur visage modeste et grave est illuminé d'un céleste sourire. Passez, fils du Vénérable Jean-Baptiste de la Salle, enfants soumis et dévoués de la sainte Église, amis du peuple, instituteurs de ces pauvres enfants. Passez, sublimes ignorantins qui avez répandu à flots l'instruction sur le monde, qui avez ouvert trente mille écoles gratuites, qui avez formé tant d'hommes éminents dans le sacerdoce, la magistrature, l'armée, le commerce, l'art et l'industrie; passez, escortés de tous les ignorants que vous avez éclairés, de tous les pauvres que vous avez recueillis, de tous les orphelins que vous avez élevés; passez, hommes de Dieu, bénis de la France et de l'Église! Ce jour vous paie de toutes les ingratitudes et vous entoure d'une auréole ineffaçable.

Telle est la première partie de l'immense cortége qui se

rend de la place Saint-Ouen à l'église Saint-Sever, située de l'autre côté de la Seine.

La seconde partie s'ouvre par la musique municipale, à la suite de laquelle s'avancent :

Le clergé, composé des élèves du grand séminaire, des chanoines, des prêtres de la ville et de plus de trois cents autres, tous en habits de chœur.

Nosseigneurs les évêques :

Mgr Bataille, évêque d'Amiens.

Mgr Duquesnay, évêque de Limoges.

Mgr Grolleau, évêque d'Evreux.

Mgr Bravard, évêque de Coutances.

Mgr Rousselet, évêque de Séez.

Mgr Gignoux, évêque de Beauvais.

Son Eminence le cardinal de Bonnechose, archevêque de Rouen, accompagné de ses vicaires généraux, MM. Legros et Delahaye.

A la suite des prélats marchent les différents représentants de l'autorité, qui ont voulu prendre place dans le cortége.

Mgr Langénieux, archevêque de Reims, empêché par un léger mal de pied de se joindre à la procession, attendait le cortége sur la place Saint-Sever.

Les chasseurs à cheval ferment le cortége, dont la tête touche l'église de Saint-Sever, avant que les derniers groupes aient quitté la place de Saint-Ouen.

Les troupes font la haie.

Mais, derrière les troupes, une foule immense de curieux, sur un parcours de deux kilomètres, se pressent sur les trottoirs, à toutes les fenêtres; nous voyons des curieux plus hardis qui se tiennent sur les toits.

De l'église Saint-Sever, où le Vénérable avait été inhumé en 1719, et d'où son corps a été transporté dans la chapelle

12

de l'Ecole normale, derrière l'autel, le cortége se rend sur la place où la statue du Vénérable va apparaître aux regards de tous.

La société havraise des anciens élèves des Frères, en arrivant sur la place, incline trois fois sa riche bannière devant le monument, et les bannières qui suivent imitent ce signe de respect et d'honneur.

A. Falguière, Statuaire.   (Direc. art. de M. E. Mathieu.)   E. de Perthes, Architecte.

Monument érigé à Rouen par souscription nationale au Vén. J. B. de La Salle,
Fondateur de l'Institut des Frères des Écoles Chrétiennes.

Paris-Auteuil, imprimerie des apprentis catholiques-Roussel.

IX.

L'INAUGURATION.

Le cortége a défilé devant l'église Saint-Sever ; les groupes se massent en ordre sur la place Saint-Sever, entre l'estrade où se trouvent les autorités et l'immense tribune élevée pour permettre à un plus grand nombre de spectateurs de voir la cérémonie.

Ici un incident frappe tous ceux qui en sont témoins.

Lorsque les premiers groupes du cortége arrivèrent sur la place, le voile qui couvrait la statue et qui ne devait être ôté qu'en présence des évêques, fut soudainement poussé d'un coup de vent, et, se retirant de lui-même, resta pendant derrière la statue, présentant aux spectateurs les traits vénérables de Jean-Baptiste de la Salle, qui semblait sourire à ce pieux hommage rendu à sa mémoire, à son œuvre et à ses chers fils de l'Institut des Ecoles chrétiennes.

Laissons la parole à la *Semaine religieuse* de Rouen :

« La statue, dit-elle, domine toute cette scène grandiose Le ciel est d'une pureté transparente, le soleil l'éclaire de ses plus chauds rayons. Auprès de la statue, à droite, une vaste estrade remplie de tout ce que notre département compte d'illustrations dans la magistrature, l'armée, l'administration, les sciences, les lettres, les arts, le commerce et l'industrie ; à gauche, l'estrade réservée aux chanteurs et aux musiciens. En face, a Seine, qui roule paisiblement ses eaux limpides, les navires des différentes nations pavoisés de brillantes couleurs, le quai et le bel alignement de ses hautes maisons, les monuments de notre vieille cité qui montrent leur faîte majestueux, la Métropole avec ses tours antiques et sa flèche élancée, Saint-Ouen avec sa couronne ducale, le clocher harmonieux de Saint-Maclou, les tours de Saint-Laurent, de Saint-Godard, du Beffroi ; à l'horizon, le blanc clocher de Saint-Gervais et les collines étagées en amphithéâtre, chargées de maisons, de bouquets d'arbres, de massifs de verdure, toute cette couronne gracieuse qui entoure la cité-reine de la Normandie et qui part des fonds touffus de Canteleu jusqu'aux plateaux verdoyants de Bonsecours ; cette scène est immense, variée, pleine de lumière et de vie ; elle défie toute description et vous tient sous l'enchantement. Dieu! que la Normandie est belle! que Rouen est admirable par ce soleil d'été et en cette fête solennelle!

« Autour de Monseigneur le Cardinal et des Évêques on distingue : M. le général Lebrun, commandant en chef du troisième corps d'armée, et les généraux de division et de brigade de Braüer, Merle et d'Ornant ; M. le premier président Neveu-Lemaire, MM. les présidents de chambre, conseillers, procureurs et avocats généraux de la Cour d'appel, en robe rouge ; M. Lizot, préfet de la Seine-Inférieure, son conseil de préfecture et son secrétaire général, M. de Gironde ; MM. le général Robert, Pouyer-Quertier, de Bagneux et Nétien, députés à l'Assemblée nationale: M. de Germiny, trésorier payeur général ; M. Deltour, inspecteur de l'Académie de Paris et chef du cabinet du ministre de l'instruction publique, délégué par M. Wallon ; MM. d'Orgeval et Ernouf, sous-préfets des arrondissements de Dieppe et de Neufchâtel ; MM. d'Iquelon, de Girancourt et du Barry de Merval, conseillers généraux ; M. Matinée, proviseur du Lycée, et un grand nombre de professeurs ; MM. Malathiré, Delamare et Dieutre, adjoints ; MM. Nepveur et Michel Durand, conseillers municipaux; les membres du Comité de souscription; MM. Falguière, sculpteur de la statue ; de Perthes, l'architecte du monument, et M. Legrain, sculpteur. »

Ne craignons pas les répétitions, et citons encore le *Nouvelliste de Rouen*. Nous avons vu cette fête magnifique, mais un seul spectateur ne peut se rendre compte de tous les détails et de toutes les impressions; il est bon d'écouter les divers témoins :

« A trois heures, dit le *Nouvelliste*, les deux fractions de cet immense cortége (qui se composait d'au moins dix mille personnes) se réunissaient au pied du monument, où les membres du comité de souscription s'étaient groupés pour recevoir et conduire à la tribune d'honneur, richement décorée, les nombreux dignitaires à la présence desquels la fête empruntait tant d'éclat. D'autres tribunes voisines recevaient les invités et les étrangers.

« Les maisons élégamment pavoisées, les fenêtres remplies d'assistants, le bruit éclatant des musiques militaires qui accompagnent si bien les fêtes populaires, les oriflammes des associations religieuses précédant ou accompagnant un grand nombre de prêtres en habit de chœur, et la phalange sévère des Frères des Ecoles chrétiennes, surtout la pourpre des évêques et de la haute magistrature, les riches uniformes et les armes d'une nombreuse escorte formaient véritablement un ensemble grandiose.

« On recherchait et on se faisait désigner les dignitaires étrangers, les fonctionnaires supérieurs qui, au premier rang, entouraient Mgr de Bonnechose, cardinal-archevêque de Rouen; les évêques invités, le général Lebrun, commandant en chef du troisième corps d'armée, et les généraux de division et de brigade de Braüer, Merle et d'Ornànt; M. le premier président Neveu-Lemaire, MM. les présidents de chambre, conseillers, procureurs et avocats généraux de la cour d'appel en robe rouge; M. Lizot, préfet de la Seine-

Inférieure, son conseil de préfecture et son secrétaire général, M. de Gironde ; MM. le général Robert, Pouyer-Quertier, de Bagneux et Nétien, députés à l'assemblée nationale ; M. de Germiny, trésorier payeur général ; M. Deltour, inspecteur de l'Académie de Paris et chef du cabinet du ministre de l'instruction publique et délégué par M. Wallon ; MM. d'Orgeval et Ernouf, sous-préfets des arrondissements de Dieppe et de Neufchâtel ; MM. d'Iquelon, de Girancourt et du Barry de Merval, conseillers généraux ; M. Matinée, proviseur du lycée et un grand nombre de professeurs ; MM. Malathiré, Delamare et Dieutre, adjoints ; MM. Nepveur et Michel Durand, conseillers municipaux ; les promoteurs et les principaux souscripteurs de l'OEuvre du monument, les Frères des Écoles chrétiennes avec le digne directeur de l'École normale, le Frère Lucard, une députation des anciens élèves de cette institution au milieu desquels se trouvaient, très-fiers de ce titre, MM. Falguière, sculpteur de la statue, de Perthes, l'architecte du monument, et leur digne auxiliaire M. Legrain, sculpteur.

« Tout autour du monument, les écoles de Rouen, de la Seine-Inférieure et des départements étrangers, les enfants des écoles d'Issy, de Saint-Nicolas, des Écoles normales, les délégués de Passy, des écoles Saint-Paul et Preux, les Cercles d'ouvriers, les sociétés de bienfaisance, la musique du 24e et la musique municipale.

« Ce qu'on admirait surtout, c'était la députation des écoles étrangères ; quarante-deux nations étaient représentées là par autant de bannières, citons au hasard : l'Italie, le Brésil, les Etats-Unis, l'Angleterre, le Mexique, la Perse, le Canada, le Pérou, la Cochinchine, l'Algérie, l'Ile de la Réunion, la Turquie, la Nouvelle-Calédonie, l'Autriche, l'empire Siamois, le Chili, le Vénézuéla, l'île d'Haïti, dont l'oriflamme était portée par des noirs. Un seul drapeau manquait, et l'on devine lequel.

« Au bas de l'estrade, une triple rangée de chaises contenait encore un grand nombre de notabilités. On nous montre M. l'abbé Morin, officier de la Légion d'honneur, aumônier de l'École militaire à Paris, dont on se rappelle la belle conduite à la guerre d'Italie et à Metz, le Frère Libanos, directeur de l'école internationale de Passy, un établissement considérable qui donne asile à plus de 900 enfants de tous les pays du monde, etc.

« Dans une estrade à part étaient placés les chanteurs qui devaient exécuter une seconde fois la cantate de Gounod, et la musique du 28ᵉ.

« Dès midi une foule énorme envahissait les rues adjacentes et se pressait à toutes les fenêtres, sur les toits même, partout enfin d'où l'on avait l'espérance de voir s'accomplir la grande cérémonie de l'inauguration, d'où l'on croyait pouvoir saisir les témoignages d'admiration et de reconnaissance que les orateurs autorisés par leur caractère public avaient été appelés à rendre au souvenir du Vénérable de la Salle.

« On aura une idée de l'affluence et surtout de l'empressement lorsqu'on saura que les fenêtres de la place étaient louées jusqu'à 60 francs. Pour nous, plus de 40,000 personnes étaient présentes. »

Le moment solennel était arrivé.

Un silence profond règne sur la place Saint-Sever, et l'inauguration proprement dite commence par un discours de M. Letendre de Tourville, président du Comité, qui s'adresse ainsi au cardinal de Bonnechose :

« Monseigneur,

« Le comité formé par Votre Eminence a l'honneur de lui présenter le monument élevé au Vénérable de la Salle.

« C'est à vous, Monseigneur, qu'est due la réalisation de cette pensée d'un hommage public rendu au digne prêtre qui, après avoir distribué ses biens aux pauvres, s'est donné lui-même tout entier, en se faisant l'instituteur dévoué de leurs enfants et en leur léguant cet Institut des Frères des Écoles chrétiennes où se continue son œuvre bienfaisante plus d'un siècle et demi après sa mort.

« Animé par votre zèle, fort de votre appui, aidé de vos conseils et de votre goût éclairé, le comité a terminé sa tâche. Bientôt un voile va tomber et laisser voir le chef-d'œuvre qui consacre le souvenir du Vénérable de la Salle.

« Aux pieds de la statue du saint prêtre, sont groupés des enfants, symbole de la multitude innombrable de ceux qui, chaque jour, lui doivent le bienfait de l'éducation. La source pure où, grâce à lui, tant de générations ont puisé les connaissances qui font les hommes instruits, les citoyens utiles et les chrétiens fidèles, n'a-t-elle pas sa vive image dans cette fontaine dont les eaux jaillissantes vont arroser cette place jusque-là si aride et qui s'imposait à notre choix? C'est près d'ici, en effet, que le Vénérable de la Salle avait fondé la maison-mère de son Institut et qu'il a passé les dernières années de sa vie ; c'est plus près encore que reposa longtemps sa dépouille mortelle : tels ont été les titres de notre ville à lui rendre un solennel honneur. Aussi la cité où il avait pris naissance, et dont nous saluons ici le plus illustre représentant dans la personne de son Pontife, nous applaudira-t-elle de l'avoir devancée : elle sait que, pour le chrétien et surtout pour le prêtre, la mort est le véritable couronnement de la vie et que la tombe l'emporte sur le berceau.

« C'est ce que le Conseil municipal a si bien compris, lorsque, dans sa libéralité éclairée, il a donné au comité les moyens de fonder ici le monument que nous venons inaugurer.

« A son généreux concours, s'est joint celui du Conseil général ; mais bientôt, ne se renfermant plus dans les limites d'une grande ville, d'un vaste département ni même de la France entière, les souscriptions sont arrivées nombreuses, et des diverses parties du monde, dont l'emblème figure autour du piédestal. L'œuvre a pris ainsi un caractère presque universel, j'ose le dire, en même temps que national. Chaque contrée, en effet, où les Frères des Ecoles chrétiennes ont porté le bienfait d'une bonne et solide éducation, a voulu apporter sa pierre au monument de leur Vénérable Fondateur.

«Il ne reste maintenant, pour donner à ce noble travail des hommes sa parfaite consécration, qu'à invoquer sur lui la bénédiction de Dieu. Le comité, à la tête duquel l'amitié demi-séculaire de Votre Eminence m'a fait l'honneur de me placer, vous demande donc par ma voix, Monseigneur, que votre main, sans cesse ouverte pour donner, ou levée pour bénir, fasse descendre sur cette œuvre la bénédiction toute-puissante que vont appeler avec vous les prières de vos illustres collègues dans l'épiscopat, celles d'un nombreux clergé et les vœux de ce grand concours de magistrats éminents, de vaillants officiers et soldats et de personnes de tout âge et de toute condition qui se pressent autour de vous dans cette pieuse cérémonie.»

Après ce discours, accueilli par les vifs applaudissements de tous ceux qui ont pu l'entendre, M. Nétien, maire de Rouen et député à l'Assemblée nationale, a pris la parole à son tour et s'est exprimé en ces termes :

«Monseigneur,

«Messieurs,

« Lorsque le conseil municipal de Rouen émit un avis favorable sur la proposition d'ouvrir une souscription d'où devait sortir le beau monument qui s'élève sous nos regards, il obéit à cette conviction, qu'aucuns services ne sauraient donner plus de titres à la reconnaissance et aux hommages publics que ceux qui ont pour objet l'éducation de la jeunesse. De plus, il se montra fidèle aux traditions établies

par la conduite de ses prédécesseurs, qui ont accepté et honoré, sans distinction de caractère et d'origine, tous les
auxiliaires qui leur sont venus en aide dans cette tâche de
répandre l'instruction, partie réellement la plus noble des
attributions confiées à l'administrateur.

« L'ignorance intellectuelle et morale n'est-elle pas, en
effet, la source la plus féconde de l'erreur, du désordre et
de la souffrance ? Aussi, me pardonnerez-vous de rappeler
que l'édilité rouennaise a toujours mis au premier rang de
ses devoirs les mesures à prendre pour la combattre. Dans
les régions supérieures de l'enseignement, elle a cherché à
suppléer, par la création de cours nombreux de lettres et
de sciences, à l'absence des institutions académiques dont
l'État ne dotait pas notre population, pourtant si nombreuse,
si active et si sérieusement intelligente.

« Dans le domaine de l'enseignement secondaire, il lui a
suffi de répondre, par des développements matériels, aux
besoins que faisait naître la prospérité soutenue de son
lycée, qui n'a pas été jugé indigne de porter le nom de Corneille. Enfin, elle s'est appliquée surtout à intro duire d'in-
cessantes améliorations dans son important service de l'instruction primaire.

« Mais ici le champ livré à notre action devient si vaste,
qu'il est impossible de se trouver satisfait des résultats obtenus ; aussi, le conseil municipal entreprend-il en ce moment même une investigation approfondie pour reconnaître
la situation de ses établissements primaires, tout prêt à
combler les lacunes qu'il aura reconnues dans ce service.
Je puis donner, pour exemple des desseins qu'il forme en
sa faveur, la belle construction auprès de l'église Saint-
Clément.

« Par votre paternelle initiative, Monseigneur, l'intéressante population de ce quartier venait de recevoir le bienfait des secours religieux ; nous sommes heureux de pouvoir
mettre aussi l'instruction première à la portée de ses enfants.

« Mais n'est-ce pas un devoir pour moi, lorsque je parle
ainsi de ce que fait l'administration municipale de Rouen
en faveur de l'enseignement public, de constater devant
vous, Messieurs, qu'elle a toujours été secondée, dans sa
mission, par de nombreux et fervents zélateurs de l'instruction de l'enfance. N'est-ce pas un honneur, en quelque sorte,
pour notre budget, d'inscrire les dotations scolaires fondées
par les Vallée, Dufossé, Quesnel, de Saulcy, Mac-Cartan,
Pillore, Hauguet, Vautier, Legouy? Je voudrais que la
crainte de blesser leur modestie ne me défendît pas de prononcer les noms de ceux de nos concitoyens qui viennent
d'ériger ou qui construisent à cette heure même, avec tant
de libéralité, les deux écoles de Saint-Vincent, l'école, l'a-
sile et la crèche de Saint-Paul?

« Je n'hésite pas à signaler ces donateurs à votre estime et
à votre gratitude, même en présence de l'effigie du Vénérable
de la Salle. Comment craindrais-je, en leur adressant un
éloge, de paraître amoindrir le mérite et les services de celui qui s'est fait une place si élevée parmi les grands bienfaiteurs de l'humanité? Il me semble, au contraire, que je
viens de relever, à son honneur, un nouveau sujet de
louange, puisque je montre qu'il n'est point passé dans
notre capitale normande, en opérant ce grand bien qui vaut
à sa mémoire l'hommage de cette imposante solennité, sans
y faire naître une émulation fructueuse pour la propagation de l'œuvre des institutions primaires!

« Peut-être devons-nous encore à l'exemple de son dévoûment, qui nous semble si bien dégagé de toute visée étrangère à l'amélioration des intelligences et des âmes humaines, le sentiment juste qu'inspire au conseil municipal
de notre ville et à sa population tout entière une égalité si
parfaite de traitement et de faveur envers toutes nos écoles,
qu'elles soient laïques ou religieuses. En aucun lieu, je le
crois, les deux ordres d'institutions ne suivent leur voie
parallèle dans une harmonie aussi constante et aussi com-

plète : ils rivalisent, sans doute, mais seulement dans les efforts que chacune s'impose pour obtenir la meilleure moisson.

« Excellents, d'ailleurs, sont les résultats d'une émulation si bien comprise des deux parts, car nous avons grandement à nous louer de la direction donnée à nos enfants, aussi bien par leurs maîtres religieux que par leurs instituteurs laïques; et c'est ainsi que tous se rendent vraiment dignes d'obtenir de l'administration et du conseil municipal la même reconnaissance et la même sollicitude.

« Je le disais donc avec raison : l'édilité rouennaise a été fidèle à ses traditions d'impartiale justice, en donnant un accueil favorable au projet d'honorer les vertus et la mission du vénérable fondateur des Frères de l'École chrétienne ; elle comprend, d'ailleurs, qu'il était impossible, à moins d'ignorer ou de fausser l'histoire de l'enseignement populaire en France, de méconnaître que l'abbé de la Salle y apparaît, et avec un incomparable éclat, comme le premier des libérateurs de l'enfant des classes pauvres, par la dispensation de l'instruction première ! Voilà pourquoi le conseil municipal a regardé comme souverainement rationnel qu'il fût glorifié au sein même de la population laborieuse à laquelle il avait consacré sa vie et qui fut le dépositaire de sa tombe !

« Et, si l'inspiration du comité fut bonne, Messieurs, ses membres ont trouvé leur récompense dans le succès de leur œuvre; grâce au talent de l'artiste qui mérita d'être préféré, parmi d'excellents rivaux, pour exécuter ce projet, la ville de Rouen se trouve dotée d'un monument destiné à compter parmi les plus belles des productions qui assurent la suprématie du génie artistique à notre pays.

« Monseigneur,

« Cette solennité a réuni des populations nombreuses et des députations envoyées de toutes parts; des personnages.

placés à la tête des administrations et des autorités publiques ont tenu à s'y rendre; les plus hauts dignitaires du sacerdoce ont voulu relever, par leur présence, l'hommage rendu au vénérable créateur des Frères instituteurs partis de Saint-Yon. Cette intéressante et honorable assistance trouvera dans la parole de Votre Éminence l'approbation et le prix de son empressement. Permettez cependant que le représentant de la cité, pour remplir entièrement le devoir que lui imposait cette fête, la remercie et qu'il salue, avec gratitude et respect, ceux qui ont bien voulu devenir, en ce jour, les hôtes de la ville de Rouen. »

Les applaudissements qui ont particulièrement accueilli les passages où M. Nétien rendait hommage aux Frères et à leur vénérable Fondateur, montrent quels étaient les sentiments de l'immense auditoire, qui tenait compte au magistrat municipal des nécessités de position pour lesquelles il croyait devoir en quelque sorte justifier le concours prêté par la municipalité à l'érection du Monument.

M. Lizot, préfet de la Seine-Inférieure, se lève alors, et il se fait un profond silence qui permet de l'entendre mieux que les orateurs précédents.

Nous regrettons de ne pouvoir reproduire littéralement cette belle improvisation, qui a soulevé dans l'auditoire, à de fréquentes reprises, d'éclatantes manifestations d'admiration et de sympathie; nous sommes heureux, du moins, de pouvoir la mettre à peu près intégralement sous les yeux de nos lecteurs qui n'ont pu en voir que des fragments dans les journaux.

    « Éminence,
    « Messeigneurs,
    « Messieurs,
    « Je viens bien tard : après l'émouvant panégyrique dont les accents retentissent encore au fond de nos cœurs, après

les éloquentes allocutions que vous venez d'entendre, il semble que tout a été dit. Et quelles paroles, d'ailleurs, pourraient rendre la puissante leçon qui se dégage de cette manifestation éclatante du sentiment public? Cependant, Messieurs, l'administration a tenu à honneur de revendiquer sa part dans cet hommage solennel rendu à l'une des gloires les plus pures du pays; il lui a paru que, dans un département où l'enseignement de la doctrine chrétienne compte ses services par ses bienfaits, elle avait un devoir de reconnaissance à remplir envers celui qui fut le créateur de cette institution féconde. C'est ce devoir que je viens accomplir en ce moment.

« Ce que fut l'œuvre du Vénérable de la Salle, Messieurs, on vous l'a dit : ce que fut cette vie de dévouement, d'abnégation, de charité, vous le savez.

« L'homme dont un artiste éminent a reproduit les traits avec tant de bonheur, je puis dire avec génie, pour la postérité, était de la race des fondateurs. Sa foi, ses vertus, son zèle l'avaient, non moins que son intelligence, son esprit d'initiative et sa volonté, prédestiné à la mission que la Providence lui avait départie.

« Le double échec subi par deux hommes qui ont été ses précurseurs dans la carrière, le bienheureux Fourier et le père Barré, avait prouvé combien il était difficile d'instituer sur des bases durables une congrégation spécialemeut vouée à l'instruction gratuite des enfants du peuple. L'honneur et le succès de cette œuvre lui étaient réservés, et il réussit à établir son ordre dans des conditions de sagesse et de force telles, que la Révolution fut à peu près impuissante à l'ébranler et qu'il se releva plus vivace après les *mauvais jours*. (Acclamations.)

« Ah! c'est que la pensée dont le Vénérable de la Salle s'était fait l'initiateur répondait à une nécessité sociale ! C'est qu'en s'efforçant d'arracher les déshérités de la fortune aux étreintes de l'ignorance, de la misère et du vice, il

avait touché du doigt les plaies qui rongent nos classes laborieuses! Grâce à Dieu! ses exemples ont porté leurs fruits:
la tradition de ses vertus s'est continuée parmi ses successeurs; et son enseignement, avec ses bonnes et saines inspirations, s'est perpétué dans ces établissements que la langue
populaire nomme *les Écoles des Frères*, et que nous appel-
lerons, nous, *les Écoles de la charité!* (Bravos prolongés.)

« C'est là qu'à côté de l'éducation de l'esprit, se donnent
ces notions morales dont les jeunes cœurs retiennent la
bienfaisante empreinte. C'est là que l'enfance apprend à connaître ces vérités éternelles sans lesquelles la vie de l'homme
s'écoulerait, inconsciente d'elle-même, dans les ténèbres et
dans la nuit. C'est là que l'on s'efforce de prémunir les
jeunes générations contre les maladies morales de notre
temps, et surtout contre ce mal dominant qui consiste à
mépriser tout ce qui est respectable, à méconnaître toute
supériorité sociale, à nier toute subordination, à détester
ceux qui s'élèvent, leur élévation fût-elle des plus légitimes, enfin à attaquer la Religion et ses ministres : la Religion, parce qu'elle est une grande école de respect; ses
ministres, parce que, parlant aux hommes de leurs devoirs
avant de leur parler de leurs droits, ils entretiennent ou
ravivent le sentiment d'une hiérarchie nécessaire. »

(A ce moment une triple salve d'applaudissements reten-
tit, et pendant plus d'une minute couvre la voix de l'orateur).

«Ainsi, Messieurs, instruction, amélioration, tel est le double objet de cette branche féconde de l'instruction populaire.
— Et quels sont les moyens mis en œuvre par ces dévoués
missionnaires pour inspirer à leurs élèves le respect d'autrui et pour leur enseigner en même temps le respect d'eux-
mêmes? Est-ce une de ces disciplines rigoureuses qui, s'imposant par leur sévérité même, assouplissent et soumettent
les esprits sans ébranler et sans toucher les cœurs?

« Non, Messieurs, c'est l'humilité, c'est la persévérance,
c'est la patience, c'est la douceur et la bonté! — Il y a deux

siècles qu'un de nos grands penseurs dont on peut toujours, avec profit, invoquer le témoignage, s'écriait : « Toute « autre science est dommageable à celui qui n'a pas la « science de la bonté. » Ah! je vous le demande, cette science, qui la possède au même degré que les disciples de l'homme que nous glorifions aujourd'hui?

« Ai-je besoin d'ajouter que leurs cœurs sont toujours ouverts aux inspirations viriles de la charité, aux suggestions élevées du patriotisme? Ai-je besoin de vous rappeler que, dans une dernière et fatale guerre, les champs de bataille les ont vus mêlés à nos soldats malades ou blessés, prouvant ainsi que, dans les élans de leur foi ardente et toute française, ils ne séparent jamais Dieu et la Patrie !

(Là encore les bravos éclatent de toutes parts, et pendant longtemps interrompent l'éloquent magistrat.)

« Voilà, Messieurs, ce qu'a fait le Vénérable de la Salle, voilà quels sont ses titres à la reconnaissance publique, et voilà pourquoi l'initiative prise par ses pieux successeurs de lui élever un monument digne de lui a rencontré dans le monde tout entier cet immense écho. Non, Messieurs, non les nations qui, comme la France, savent garder la mémoire de leurs bienfaiteurs et le culte de leurs gloires, ne sont pas de celles qui sont condamnées à l'abaissement et à la déchéance ; et cet hommage imposant rendu au Fondateur des Frères des Écoles chrétiennes portera avec lui cet enseignement suprême, qu'un peuple s'honore toujours en honorant le souvenir de ceux qui ont bien mérité de leur pays et de l'humanité. »

Ces derniers mots soulèvent une nouvelle explosion de bravos; et, par deux fois, M. le préfet doit s'incliner devant la foule qui l'acclame. On sent bien que les sentiments qu'il vient d'exprimer sont ceux de cette foule immense qui l'entoure et qui l'écoute avec avidité : M. Lizot, en se faisant l'organe éloquent et courageux de ces sentiments, a produit une impression qui ne sera pas l'un des moins profonds souvenirs de cette journée.

Après M. le Préfet, M. Deltour, chef du cabinet et délégué du Ministre de l'instruction publique, a prononcé ce discours :

« Éminence, Messeigneurs, Messieurs,

« Jusqu'au dernier moment, M. le Ministre de l'instruction publique avait conservé l'espoir d'assister à cette fête. Retenu loin d'ici par d'impérieux devoirs, il regrette sincèrement de ne pouvoir joindre sa voix à celle des éminents prélats, des magistrats respectés qui honorent aujourd'hui la mémoire d'un grand homme de bien, d'un grand apôtre de l'instruction populaire. Comme la ville de Rouen, comme l'Église de France, le gouvernement et la patrie tout entière ont à payer au Vénérable de La Salle une dette d'admiration et de reconnaissance. Cette dette, M. Wallon l'eût acquittée avec l'autorité de ses hautes fonctions et plus encore avec celle de son nom, de ses talents et de ses vertus. Son humble interprète aura du moins le mérite de reproduire la pensée du Ministre avec la sincérité d'affections communes et de communes convictions.

« Messieurs, si le Vénérable de La Salle pouvait revivre et être témoin des honneurs dont vous entourez aujourd'hui sa vie et son œuvre, son âme en serait profondément troublée. Né dans une condition brillante, il a cherché l'obscurité des rangs les plus humbles ; riche, il a choisi la pauvreté, et presque l'indigence ; savant, il s'est fait le modeste instituteur de l'enfance, et il a trouvé dans son cœur le talent sublime de s'abaisser jusqu'au niveau des plus ignorants. Enfin, par le costume qu'il a choisi pour lui-même et pour ses chers disciples, il s'est déclaré le frère de tous les déshérités d'ici-bas, de tous ceux que trop souvent l'orgueil du monde dédaigne et oublie. Et cependant, comme aux grands

de la terre, on lui élève une statue ; et ses traits, comme
ceux des souverains et des conquérants, vont être contem-
plés chaque jour par la population d'une ville entière. Messieurs, rassurez-vous! Vous n'avez point offensé les vertus
chrétiennes du Vénérable de La Salle. Ce monument est une
éloquente leçon, digne du saint prêtre ; fait du denier du
pauvre, comme de l'or du riche, de la reconnaissance des
Français et des catholiques, comme de la vénération des
étrangers et des dissidents, il est, dans notre âge troublé,
un signe consolant ; il nous apprend que c'est la vertu et
l'amour qui réunissent et réconcilient les hommes; il nous
apprend que la gloire n'est plus seulement pour les héros
brillants de la guerre et de la conquête, mais que notre siècle sait enfin découvrir et honorer les héros longtemps mé-
connus de la charité et de l'instruction, comme les héros
de la science et de l'industrie.

« Messieurs, ceux qui ont lu la vie du Vénérable de La
Salle racontée dans un beau livre par un de ses plus dignes
disciples, ou qui ont entendu son éloquent panégyriste, ne
seront pas étonnés de ce nom de héros donné au fondateur
de l'Institut des Frères des Écoles chrétiennes. Il a été héros
par le dévouement et le sacrifice, il l'a été par la conception
d'une grande pensée, par la persévérance infatigable à la
poursuivre à travers les contradictions et les épreuves, par
une sublime confiance en Dieu qui lui a tenu lieu de toutes
les ressources purement terrestres. «Si mon œuvre vient des
« hommes, avait-il dit, elle tombera ; si elle vient de Dieu,
« les efforts des hommes contre elle ne la détruiront pas. »
Que de succès, même de son vivant, sont venus justifier
cette parole! Que d'écoles créées sur tous les points de la
France ! Que de maîtres formés par ses leçons et animés par
ses exemples ! Que de noviciats, modèles de nos écoles normales ! Que d'écoles dominicales et de pensionnats, germes
de notre enseignement professionnel et commercial ! Quelle
efficacité dans cette lutte contre l'ignorance, « source de

« tous les désordres et de tous les maux, » suivant la belle
expression d'un souverain pontife inscrite sur ce monument ! Et quelle perpétuité dans l'œuvre de l'abbé de La
Salle, qui a survécu aux révolutions et à la haine de passions aveugles, qui vit et fleurit plus que jamais dans l'esprit qu'il lui a donné, dans ses règlements, dans ses méthodes, dans la bure vénérée et dans le dévouement de ses
disciples, dans ce peuple innombrable d'enfants qui puisent
chaque jour à cette source le savoir et la piété !

« Messieurs, membre de l'Université, représentant du Ministre de l'instruction publique, je n'éprouve aucun embarras à donner ces éloges au Vénérable de La Salle et à ses
disciples, qui, d'ailleurs, Dieu merci, comptent parmi nos
maîtres. Je n'entends point par là méconnaître le mérite et
le dévouement des instituteurs laïques, dont nous appre-
nons chaque jour à estimer les utiles services. Grâce à Dieu,
ils donnent, eux aussi, en grand nombre, d'excellents exemples, ceux d'une vie de famille sévère et digne dans sa modestie, vraiment chrétienne par la pratique simple et ferme
des devoirs du citoyen et des vertus domestiques. Pourquoi
verraient-ils dans les Frères des Écoles chrétiennes des rivaux et des adversaires, au lieu de chercher en eux des
collaborateurs et des amis ? Le champ à défricher est assez
vaste pour leurs efforts réunis ; aux uns et aux autres il
reste encore assez de conquêtes à faire sur l'ennemi commun : l'ignorance et le mal. Qu'importe la diversité des
voies, si l'effort est inspiré par un semblable amour de l'enfance et du bien ? Qu'il y ait donc émulation, non rivalité !
Que de part et d'autre on poursuive sagement et lentement
le progrès ! Qu'on ne sépare jamais l'éducation de l'instruction ! Qu'on ravive l'esprit d'obéissance et de respect, trop
affaibli, hélas ! de nos jours. Qu'on cultive avec délicatesse
chez les enfants tous les sentiments élevés de l'âme, l'amour
de la famille, l'amour de la patrie, l'amour de Dieu ! «Dieu
et la patrie, » aujourd'hui plus que jamais, telle doit être

notre devise ! Les Frères des Écoles chrétiennes ont prouvé noblement, dans nos récents malheurs, qu'ils savent se dévouer et au besoin mourir pour ce double devoir. De leur côté, combien d'instituteurs de nos villages et de nos villes réalisent modestement cette belle parole : *L'enseignement est un sacerdoce* ! Combien parmi eux mériteraient que le Vénérable de La Salle, dont je salue encore, en terminant, les traits respectés, les avouât pour ses enfants ! »

Ce discours est accueilli par de nouveaux applaudissements.

Alors, la musique du 24 entonne une marche triomphale. C'était le moment où l'on devait découvrir la statue ; on a vu que le vent s'était heureusement chargé d'exécuter d'avance cette partie du programme.

L'abbé de la Salle, dit la *Semaine religieuse* de Rouen, apparaît grave et doux entre ses deux enfants ; un rayon lumineux éclaire sa belle tête souriante ; la foule éclate en applaudissements enthousiastes ; le soleil de la gloire s'est levé sur l'homme de Dieu, si modeste et si bienfaisant ; il prend place parmi les héros de la patrie. L'Eglise et la France l'acclament par la bouche des Pontifes, du clergé, du peuple, réunis dans un même élan d'amour. Sa statue est dressée. Son nom, porté d'âge en âge, vivra jusqu'à l'éternité !

Dans un coin de l'estrade nous avons vu un homme à la figure mâle et inspirée qui s'est pris à pleurer. C'était Falguière, le sculpteur. Dieu seul sait ce qui s'est passé alors dans ce brave cœur d'artiste. Il a reçu sans doute du ciel la plus douce récompense ; mais nous aussi nous lui disons : Bravo et merci !

A cette heure émouvante, il fallait des chants. Les sociétés musicales et les enfants ont entonné alors un chant vraiment populaire, aux paroles françaises, à la musique entraînante et bien rhythmée : le salut du peuple à son bienfaiteur Jean-Baptiste de la Salle. Accompagné par la musique du 28e de ligne, ce chant brillant, coloré, enthousiaste, qui fait le plus grand honneur à M. Charles Vervoitte, a produit une vive impression. C'était bien le dernier mot de l'élan universel. Simple et large, plein de souffle et de grandeur, il restera populaire.

En voici les paroles, qui sont de M. l'abbé Loth :

> Salut, apôtre de l'enfance !
> Salut, ô prêtre du Seigneur !
> Entends notre reconnaissance,
> Et reçois l'encens de nos cœurs.
>
> Un peuple immense te proclame
> Bienfaiteur de l'humanité ;
> Car Dieu qui, consuma ton âme
> Des ardeurs de sa charité,
> Te suscita dans notre France
> Pour semer ses enseignements,
> Et du fléau de l'ignorance
> Préserver les pauvres enfants.
>
> Salut, apôtre de l'enfance !
> Salut, ô prêtre du Seigneur !
> Entends notre reconnaissance,
> Et reçois l'encens de nos cœurs.
>
> Tu pris comme unique symbole
> La croix, le salut des humains.
> Tu fis briller son auréole
> Jusqu'aux pays les plus lointains ;
> Et tu formas à ton exemple
> Des apôtres de Vérité ;
> De l'Eglise qui les contemple,
> O Père, ils ont bien mérité.
>
> Salut, apôtre de l'enfance !
> Salut, ô prêtre du Seigneur !

Entends notre reconnaissance,
Et reçois l'encens de nos cœurs.

Pontifes, prêtres et fidèles,
Unis à tes pieds en ce jour,
Au chant des hymnes solennelles
Et dans l'élan du même amour,
Nous saluons ta douce image,
Qui brille au fond de la Cité.
Ton nom vénéré d'âge en âge
Vivra jusqu'à l'éternité.

Salut, apôtre de l'enfance!
Salut, ô prêtre du Seigneur!
Entends notre reconnaissance,
Et reçois l'encens de nos cœurs.

On exécute aussi le chant de la cantate de M. Gounod, déjà chantée à la cathédrale. Cette fois, aux exécutants de la messe se joignent les cent voix des élèves des Écoles normales de Beauvais et du pensionnat de Passy, et comme le respect du saint lieu ne retient plus l'élan des auditeurs, les bravos et les applaudissements éclatent de toutes parts.

Les chants cessent. Son Éminence le cardinal de Bonnechose, dont la figure rayonne de bonheur, se lève, et prononce d'une voix forte et vibrante, au milieu d'un silence religieux, les paroles suivantes, qu'interrompent à diverses reprises de chaleureux applaudissements :

Qui se humiliaverit, exaltabitur.
(S. Math. XXIII, 12.)

« Le christianisme seul peut donner le spectacle dont nous sommes témoins.

« Un homme, né dans un rang distingué, riche des biens de l'intelligence et des biens de la fortune, renonce à tout pour se faire pauvre, pour embrasser une vie de travail obscur, pour se faire petit avec les petits, pour ensevelir à jamais sa vie dans les écoles du peuple ; et voilà qu'après cent cinquante ans passés sur sa tombe, une des plus grandes cités de France élève en son honneur un de ses plus beaux monuments, dresse sa statue dans les airs, et voit se grouper autour d'elle les pontifes de l'Eglise, les chefs de notre vaillante armée, les représentants de la magistrature et de l'administration, les députations des pays les plus éloignés, et les flots d'une population tout entière acclamant son bienfaiteur par des chants de joie et de reconnaissance !

« D'où vient cette merveille, Messieurs? Qu'était donc cet homme? et qu'a-t-il fait?

« De la Salle a-t-il été un de ces conquérants qui ont fait trembler l'univers et devant qui la terre se taisait ? A-t-il légué à la postérité des chefs-d'œuvre d'art? Ou, durant les jours de sa vie mortelle, a-t-il charmé ses contemporains par son éloquence et sa poésie? Non, de la Salle fuyait le bruit et l'éclat, comme il fuyait la richesse et les plaisirs. Il s'est attaché à faire silencieusement le plus grand des chefs-d'œuvre, c'est-à-dire à faire des hommes. Il s'est employé tout entier à instruire et à élever des enfants ; et il a choisi les plus délaissés, les plus dépourvus des moyens d'arriver à leur développement intellectuel et moral. L'instruction, l'éducation du peuple, voilà ce qu'a voulu le Vénérable de la Salle.

« Voilà ce qu'a toujours voulu et encouragé l'Eglise ; mais ses prêtres, partagés par le ministère apostolique, n'ont pas toujours le temps de se livrer complétement à cette tâche qui demande tant de suite et d'application. Le Vénérable de la Salle s'est affranchi de tout ce qui pouvait le distraire de cette grande mission ; et il a fondé cet Institut dont les membres, entièrement libres des engagements du monde, libres aussi des devoirs du sacerdoce, consacrent leur vie entière au soin des enfants des classes populaires.

« Vous savez avec quel zèle ils s'en acquittent. Vous savez

quelle est leur abnégation, leur existence laborieuse, modeste et édifiante. Vous savez aussi par quelles bénédictions Dieu féconde leurs efforts. Multipliés au delà de toute espérance, ils sont dans presque toutes nos villes et souvent dans nos campagnes, en Italie, en Allemagne, en Belgique, en Asie, en Afrique et en Amérique. Les délégués des écoles fondées en ces diverses contrées vous entourent et en font foi. Et partout où Dieu les a répandus, on voit les familles s'empresser d'envoyer leurs enfants dans leurs établissements, dont l'enceinte est toujours trop étroite pour les recevoir.

« Mais quels que soient les succès dont Dieu couronne leurs efforts, on voit partout les Frères des Ecoles chrétiennes, humbles, pauvres, retirés du monde, évitant ses applaudissement et ses joies, demeurer inviolablement fidèles aux règles et à l'esprit de leur pieux fondateur.

« Voilà pourquoi Dieu veut le glorifier aujourd'hui; et comme de la Salle est grand devant lui, il veut le montrer grand aussi devant les hommes. Voilà pourquoi le bronze reproduit aujourd'hui sa noble figure et vous la fait admirer entourée de ces enfants qu'il a tant aimés.

« Nous sommes heureux que Rouen, qui depuis près de deux siècles lui est si redevable, ait trouvé le moyen d'acquitter ainsi, quoique faiblement, sa dette. Que dis-je? Ce monument n'est pas exclusivement le nôtre. Si nous en avons pris l'initiative, de tous les points de la France, de toutes les parties du monde on y a concouru.

« Constantinople et Smyrne, comme Paris et Rome, comme Alger, Québec, Philadelphie et New-York, ont envoyé leurs souscriptions pour faciliter notre œuvre.

« La voilà debout maintenant sur cette même place que de la Salle traversa tant de fois pour se rendre à son cher noviciat de Saint-Yon; tout près de cette maison qu'il habita et où il rendit tant de services aux familles de cette province, qui voudraient la voir se rouvrir à leurs enfants; sur cette rive de la Seine, d'où il semble contempler notre cité remplie de ses écoles et appeler encore sur elle les bénédictions du ciel.

« Salut, vénérable prêtre, dont le cœur brûlait d'une charité si vive pour l'enfance, que les fidèles continuateurs de vos œuvres en sont encore embrasés ! Salut, grand citoyen, qui avez compris que tout l'avenir de la patrie est dans l'éducation chrétienne des jeunes générations ! La religion, l'Eglise et la France vous bénissent et vous glorifient.

« Puissent nos contemporains apprécier de plus en plus vos bienfaits ! Puissent les bénédictions de Dieu multiplier de plus en plus votre famille spirituelle ! Puissent les Frères des Ecoles chrétiennes, toujours dignes de leur père, recevoir bientôt la consolation la plus douce à leur piété filiale, celle de le voir placé sur nos autels pour y recevoir l'hommage et les invocations du monde catholique ! »

De nouveaux applaudissements accueillent ces dernières paroles. Sur un signe fait par le Cardinal, les eaux jaillissent de la bouche des dauphins et entourent le monument de leurs nappes symboliques. La joie populaire se fait jour, les applaudissements éclatent de nouveau en même temps que les fanfares ; l'enthousiasme est général.

Alors Son Eminence a procédé à la bénédiction de la fontaine, dont elle a fait le tour en l'aspergeant d'eau bénite, au chant grave et religieux des psaumes. Puis la musique municipale a envoyé les acclamations de ses fanfares comme le salut de la cité à la statue inaugurée.

Ensuite, les Archevêques et les Evêques, mitre en tête, s'avancent sur le devant de l'estrade ; et là, sous un ciel splendide, ayant en face d'eux toute la cité, et dans leur cœur toute la France, comme le dit si bien la *Semaine religieuse* de Rouen, ils donnent solennellement leur bénédiction pontificale, en chantant tous ensemble les paroles liturgiques et en étendant en même temps les mains sur la foule recueillie et vivement émue.

« Ne serait-ce que pour assister à une pareille scène, disait près de nous un spectateur, cela vaudrait la peine de venir de loin et de subir les trois heures de soleil et de chaleur étouffante que je viens d'endurer. »

Après la bénédiction, le *Te Deum* est entonné par les prélats, et continué par le clergé ; et la procession se reforme dans le même ordre pour se diriger vers la cathédrale, en passant par le quai Saint-Sever, la rue de la République, la rue des Bonnetiers et le parvis Notre-Dame, au son des cloches de la Métropole célébrant l'allégresse publique. Nous avons, pendant que le cortége se rendait par la porte de pierre à l'église Métropolitaine, pu contempler, du pont de fer suspendu que nous traversions, le défilé qui se déroulait le long du quai : c'était magnifique; ceux-là seuls qui ont vu ce spectacle peuvent bien se le représenter. Une foule immense, les maisons présentant à toutes les fenêtres des groupes de têtes humaines, des spectateurs jusque sur les toits; dans tous les yeux l'allégresse et la sympathie, et les brillantes fanfares des musiques qui font partie du cortége, et les bannières riches et variées qui conduisaient ces phalanges gracieuses de plus de six mille enfants, et les uniformes éclatants des troupes, et les blancs surplis des lévites et des prêtres, et les ornements majestueux des pontifes, et par-dessus tout un élan universel.

On dit que les loges maçonniques de Rouen avaient donné pour mot d'ordre de faire le vide autour du Monument et sur le passage de la procession : le mot d'ordre n'a pas été exécuté, car, sur le seul pont de fer, qui a été interdit pendant plusieurs heures de la journée, et qu'on ne peut traverser qu'en payant, on a constaté le passage de plus de 38,000 personnes, et partout la foule était immense.

Et tout s'est passé dans le plus grand ordre : presque pas de police; la troupe était là pour l'honneur, non pour le maintien de l'ordre, et les soldats disaient qu'il n'avaient rien à faire. Cent mille étrangers sont venus le 2 juin à

Rouen; il n'y a pas eu une seule arrestation opérée! Nous demandons s'il en serait de même dans une fête maçonnique.

Cependant un orage se formait lentement. On avait pu craindre qu'il n'éclatât pendant l'inauguration du monument, et il avait semblé alors se dissiper. Quand la procession se remit en marche, les nuages s'amoncelèrent de nouveau ; l'horizon s'assombrit, des tourbillons précurseurs de la tempête soulevaient des nuages de poussière. On commençait à craindre. Dieu suspendit la marche de l'orage, et la procession arriva sans accident sur le parvis de Notre-Dame.

Là, devant cette foule immense qui l'entourait, Son Eminence le Cardinal de Bonnechose se détacha du cortége des évêques et donna encore une fois sa bénédiction épiscopale.

A peine le Cardinal rentrait-il dans la cathédrale, que la pluie se mit à tomber en larges gouttes; l'orage éclata et l'on entendit les grondements du tonnerre.

La cathédrale était remplie d'une autre foule qui avait devancé le cortége. Le clergé y rentra au chant de ce psaume si bien approprié à la fête, le *Laudate pueri,* dont le premier verset était repris en chœur après chacun des autres versets.

Enfants, louez le Seigneur, louez le nom du Seigneur !
Que le nom du Seigneur soit béni dès maintenant et dans tous
les siècles.
Enfants, louez le Seigneur, louez le nom du Seigneur !
Depuis le lever du soleil jusqu'à son coucher, le nom du Sei-
gneur doit être loué.
Enfants, louez le Seigneur, louez le nom du Seigneur !
Le Seigneur est élevé au-dessus de toutes les nations, et sa
gloire est au-dessus des cieux.
Enfants, louez le Seigneur, louez le nom du Seigneur !
Qui est semblable au Seigneur notre Dieu, qui habite au haut
des cieux, et qui abaisse ses regards sur les choses les plus
humbles dans le ciel et sur la terre?
Enfants, louez le Seigneur, louez le nom du Seigneur !

Il tire l'indigent de la poussière, il relève le pauvre de son fumier.

Enfants, louez le Seigneur, louez le nom du Seigneur!

Il le place avec les princes, avec les princes de son peuple.

Enfants, louez le Seigneur, louez le nom du Seigneur!

Il donne une famille à celle qui était stérile, et la mère se réjouit de ses enfants.

Enfants, louez le Seigneur, louez le nom du Seigneur!

Après le chant de ce psaume, les archevêques et les évêques donnèrent encore une fois leur bénédiction solennelle, et la cérémonie religieuse se trouva terminée.

L'orage ne dura guère et le ciel redevint bientôt serein. Le Vénérable de la Salle, qui avait obtenu du ciel que la pluie restât suspendue pendant la belle fête dont il était l'objet, avait obtenu aussi que la soirée fût rafraîchie, non gâtée. Ce beau jour ne pouvait finir par une déception, et la ville ne tarda pas à reprendre sa physionomie joyeuse et animée.

X.

LE BANQUET.

A sept heures du soir, un banquet de cent vingt couverts réunissait dans le jardin de l'Ecole normale les prélats et de nombreux invités. On avait improvisé, au fond du jardin, une salle décorée avec goût, où le feuillage et les fleurs se mêlaient gracieusement aux tentures de pourpre et aux torsades d'or.

Les honneurs de cette réunion étaient faits par le cher Frère Lucard et par les principaux dignitaires de l'Institut, qui recevaient leurs hôtes avec une cordialité touchante. Ces hôtes n'étaient autres que les divers représentants de l'autorité, que nous avons déjà eu l'occasion de nommer et qui ont honoré toute cette fête de leur concours. M. Nétien, empêché, s'était fait excuser; il était représenté par M. Cusson, secrétaire général de la mairie. M. le comte de Bagneux, député, s'était joint à ses collègues de l'Assemblée nationale. On remarquait plusieurs représentants de la presse religieuse de Paris, l'*Univers*, le *Monde*, l'*Union*, la *France nouvelle*, etc.

Pendant le dîner, présidé par Son Eminence le Cardinal de Bonnechose, l'excellente musique du 28ᵉ, sous la direction de son habile chef, M. Bardey, a fait entendre l'Hymne à Pie IX et divers autres morceaux de son riche répertoire. Exécutés avec une remarquable perfection, ces morceaux jetaient au milieu du banquet leurs fraîches et joyeuses mélodies.

Rien de plus cordial et de plus fraternel que cette réunion qui groupait à côté des chefs de la magistrature, de l'armée et de l'administration, et des laïques de diverses conditions, les chefs de la hiérarchie ecclésiastique, les prêtres et les humbles Frères des Ecoles chrétiennes.

Vers la fin du repas, M. Decorde, vice-président du Comité du monument, a ouvert la série des toasts en portant, au nom du Comité, la santé du Cardinal de Bonnechose et du général Lebrun. Nous sommes heureux de pouvoir reproduire ici ce toast dans son intégrité :

« Eminence,

« Si le Comité de la souscription au monument du Vénérable de la Salle voit aujourd'hui son œuvre terminée, c'est à l'organisation que vous lui avez donnée, c'est au puissant appui que vous lui avez si généreusement prêté qu'il doit, avant tout, son succès. Interprète de ses sentiments, je viens vous exprimer toute sa gratitude. Grâce à vous, Monseigneur, grâce à la haute direction que vous avez imprimée à nos travaux, nous avons pu élever un monument durable, œuvre magistrale des artistes éminents qui l'ont conçue et exécutée, utile à la cité qui en est aujourd'hui dotée, et qui perpétuera chez nos descendants la mémoire du prêtre modeste qu'il faut compter certainement parmi les plus grands bienfaiteurs de l'humanité.

« La première pensée de cette œuvre a été, en effet, une pensée de reconnaissance pour les services rendus. C'est à cette pensée que nous devons d'avoir rencontré dans toutes les classes de la société, non-seulement en France, mais à l'étranger, ce concours empressé de souscripteurs qui, sans distinction d'opinions ni de rangs, sont venus nous apporter leur offrande et nous fournir ainsi les moyens matériels d'exécution.

« C'est à cette pensée que se sont associés, pour nous aider de leur autorité et de leur exemple, l'administrateur éclairé qui dirige avec tant de sagacité et de bienveillance les affaires de ce riche département et l'administration municipale, dont les sympathies, acquises dès le principe à notre œuvre, nous ont permis, en triomphant de quelques résistances, d'élever, auprès des lieux mêmes où de la Salle a fondé son Institut, le monument glorieux que lui doivent les générations qui profitent de son enseignement.

« Vous me permettrez donc, Monseigneur, d'ajouter aux remerciements, que le Comité est heureux d'adresser à Votre Éminence, ceux qu'il doit aussi à M. le préfet et à M. le maire. Leur concours sympathique témoigne de l'union féconde qui existe dans notre cité entre les représentants de l'autorité civile et les ministres de la religion. Leur assistance à cette fête, les discours qu'ils y ont prononcés montrent l'intérêt qu'ils attachent les premiers aux progrès d'un enseignement qui sait en même temps instruire l'enfance et la moraliser.

« Je le dis avec bonheur dans ces lieux si pleins du souvenir de l'abbé de la Salle et où reposent ses restes vénérés, devant ces disciples du saint fondateur dont la modestie, à l'exemple de leur maître, égale le dévoûment: ils peuvent être fiers de l'éclatante manifestation d'aujourd'hui. La glorification du fondateur, c'est la glorification de l'œuvre. L'œuvre vaut par ses principes et par sa règle ; elle vaut aussi par la science, par le désintéressement et par le zèle de ceux qui se sont consacrés à son développement.

« Mais qu'on ne s'y trompe pas : en exaltant les uns, je n'entends pas abaisser les autres. Vous renieriez mes paroles, chers Frères, si vous croyiez que l'on pût y voir la pensée de méconnaître d'autres services et d'autres dévoûments. Nos maîtres laïques concourent avec vous à combattre l'ignorance. Ils sont, comme on l'a si bien dit, non point vos rivaux, mais vos émules. Eux aussi ils s'inspirent de la pensée de votre fondateur, et ils mettent en pratique sa méthode et ses leçons.

« Il y a quelques jours, dans la séance de distribution des prix de l'OEuvre des militaires, le brave et loyal chef du 3e corps d'armée, en caractérisant, comme ils le méritent, les services rendus à la Société et au monde entier par l'Institut des Frères des Ecoles chrétiennes, disait qu'il tiendrait en grand honneur de prendre sa place au milieu des admirateurs de l'abbé de la Salle, au jour de l'inauguration solennelle de sa statue. Il a aujourd'hui tenu sa promesse. Pouvait-il acquitter plus noblement la dette de l'armée envers le saint fondateur ?

« Quelle classe de la société, en effet, pourrait ne pas se dire tributaire de l'enseignement donné par les Frères de la doctrine chrétienne, ou n'a point à compter parmi ses membres quelque élève instruit par leurs leçons ? Il n'y a guère plus d'une année, aux obsèques du Frère Philippe, qui, pendant trente-six ans, dirigea d'une main si habile et si sûre le développement de cet enseignement, Son Excellence M. le ministre de l'instruction publique s'était fait représenter par un fonctionnaire supérieur de son administration. On ne saurait oublier le juste tribut de regrets et d'éloges que paya, dans cette circonstance, au digne continuateur de l'OEuvre de de la Salle, le représentant autorisé du ministre. En se faisant également représenter à notre cérémonie par un haut fonctionnaire de l'Université, éloquent interprète de ses convictions et de sa pensée, le chef éminent de l'instruction publique en France affirme de nouveau la sollicitude de son administration pour une OEuvre qui dispense à 400,000 enfants l'instruction nécessaire et qui les forme, ce qui est plus difficile encore, à l'honnêteté et à la vertu.

« Le comité est profondément touché de cette marque de sympathie de M. le ministre. Il prie l'honorable représentant de son Excellence, de se faire auprès d'elle son interprète pour lui en exprimer sa reconnaissance.

« Merci encore à Nos Seigneurs les Evêques qui, en répondant à l'appel de Votre Eminence, ont ajouté, par leur présence, à l'éclat de cette solennité. Une ville pouvait avoir quelques titres à disputer à Rouen l'honneur qui lui revient aujourd'hui. Mgr de Reims, en représentant à cette fête du Vénérable l'importante cité qui fut son berceau et le premier témoin de ses travaux et de ses sacrifices, nous fait voir qu'une seule pensée réunit les deux villes, celle d'honorer plus dignement la mémoire du grand bienfaiteur de l'enfance.

« C'est à Votre Eminence, Monseigneur, qu'est dû cet appel si bien entendu de tous, cette manifestation imposante qui laissera dans les cœurs les souvenirs les plus durables. Grâces vous en soient rendues : c'est là pour tous ceux qui ont coopéré à ce grand acte de reconnaissance et de justice l'approbation la plus haute de leur œuvre et la récompense la plus douce de leurs efforts. »

D'unanimes et énergiques applaudissements ont accueilli ce discours.

Alors M. le général Lebrun s'est levé, et avec cet accent ému et loyal qui caractérise toutes les paroles de l'illustre soldat, il a dit :

« Monseigneur,

« Messieurs,

« Je ne prendrais pas la parole après le beau discours que vous venez d'entendre, si je n'éprouvais le besoin d'accomplir un devoir, en vous proposant un toast que vous accueillerez sans nul doute avec faveur.

« Ce n'est plus un orateur, c'est un soldat qui n'a que quelques mots à vous dire ; soyez-lui indulgents.

« Aux bons Frères, à ces hommes de Dieu qui nous ont

grandement honorés en nous conviant à nous asseoir aujourd'hui à leur table. A ces amis dévoués du soldat, comme
ils sont les amis dévoués de l'enfant et du pauvre. A ces
Frères, si simples, si humbles et pourtant si vaillants, à ces
glorieux *brancardiers* du champ de bataille, ce nom dont
on les a si justement décorés ce matin et qui leur restera.
Ah! je le sais bien, leur modestie se dérobe à tous les honneurs de ce monde; et pourtant, qu'ils le veuillent ou s'y
refusent, c'est bien à eux qu'appartiennent tous les honneurs de cette belle journée. Qu'ils en reportent la gloire
au saint fondateur de leur Institut, le Vénérable de la Salle,
c'est leur droit, et je n'y contredirai pas; mais ce que je
pense d'eux, j'avais pour devoir d'oser le leur dire. Vous ne
m'en blâmerez pas (Bravos prolongés).

« A présent, Messieurs, à ces dignes Prélats, à NN. SS.
les Archevêques et Evêques venus dans cette grande et belle
cité normande pour y rehausser par leur présence l'éclat
de la solennité qui vient de faire notre admiration à tous.

« A Son Eminence le Cardinal, notre vénéré et cher Archevêque, à qui nous devons d'avoir pu présenter à ces Prélats et nos respects et nos remercîments.

« Enfin, Messieurs, à l'alliance *de la Croix et de l'Épée*, à
l'union intime, indissoluble, à la communauté de dévouement et d'efforts de ceux qui sont à la tête du clergé, de la
magistrature, de l'administration et de l'armée, comme
moyen de relèvement pour la patrie, cette sainte aspiration
qui vit dans nos cœurs à tous, cet unique objet de toutes nos
ambitions. »

Une triple salve d'applaudissements répond à ces chrétiennes et patriotiques paroles.

Son Eminence se fait ensuite l'interprète de Mgr l'Archevêque de Reims, forcé de partir, et qui lui a exprimé à quel
point il avait été touché du caractère de la cérémonie et de
l'attitude recueillie de la population. Son Eminence ajoute:

« Nous voyons avec regret finir cette belle journée qui laissera dans nos cœurs une si douce et si durable impression. Mais je ne puis me séparer de vous sans adresser d'abord à Dieu de vives actions de grâces pour les bénédictions qu'il a daigné répandre sur notre pieuse entreprise. J'éprouve en même temps le besoin de vous remercier, vous, nos vénérables collègues, du bienveillant concours que vous nous avez prêté pour rehausser l'éclat de cette solennité. Veuillez agréer aussi l'expression de notre gratitude, M. le général commandant en chef le 3ᵉ corps, MM. les généraux et officiers de la garnison de Rouen, MM. les magistrats, M. le préfet, M. le maire et les membres de l'administration municipale, qui avez témoigné pour cette œuvre tant d'intérêt et de sympathie. On a pu voir combien l'enfance vous est chère, dans tout ce que vous avez fait pour honorer avec nous la mémoire de celui qui a dépensé sa vie tout entière afin de faire participer les jeunes générations au plus précieux de tous les trésors, le bienfait d'une éducation chrétienne. Semblable à cette fontaine qui lui sert de piédestal, de la Salle répand, par la bouche de ses innombrables disciples, l'influence régénératrice de cette doctrine pure et sublime qui se fait toute à tous pour éclairer les âmes, les vivifier et y développer les germes de toutes les vertus. C'est là, croyons-le bien, c'est dans une éducation solidement chrétienne, que doit être le relèvement de notre chère patrie. Vous l'avez compris, Messieurs, votre présence en ces lieux le dit assez haut. Nous en sommes vivement touchés et reconnaissants, et nous demandons à Dieu, qui tient nos destinées entre ses mains, qu'il vous accorde la grâce de voir, durant de longues années encore, le progrès successif de la jeunesse contemporaine dans les voies de la vérité, de la justice et de la véritable civilisation. »

Ces paroles sont accueillies par de vifs applaudissements.

Après quelques mots de remercîments spécialement adressés par le général Lebrun à Son Éminence, M. Pouyer-

Quertier, avec sa verve ordinaire et son élocution animée,
a rendu hommage au zèle et au dévoûment du Comité.
« C'est au comité, dit-il, qu'on doit le monument élevé à
l'homme de bien qui, appelant notre attention sur une
œuvre sainte, nous a appris à élever l'enfance dans le respect
de Dieu et de la famille, ces bases indestructibles du sentiment chrétien et du véritable patriotisme. C'est surtout,
après les épreuves que nous venons de subir, qu'on appré-
cie dans toute son étendue la noble mission léguée par le
Vénérable de la Salle à ses dignes successeurs. »

M. le général Robert, vice-président du conseil général,
se fait ensuite l'interprète de ce Conseil :

« Le Conseil général de la Seine-Inférieure, dit-il, s'est
associé par le vote d'une large subvention à l'édification
du monument élevé au Vénérable de la Salle. Il s'est depuis
longtemps associé à son œuvre en fondant et en entretenant
avec une constante sollicitude l'Ecole normale de Rouen.

« J'obéis donc à un devoir, en l'absence du président du
Conseil général, M. Ancel, éloigné de nous par un deuil
récent et cruel, en venant, au nom du Conseil général, dire
ici quelques mots de cette excellente Ecole, et en vous demandant pour elle, Eminence, et à vous, Nosseigneurs les
Évêques, vos bénédictions, gage de la protection divine, et
à vous tous, Messieurs, des vœux de prospérité et de progrès
continus.

« Nous ne pouvons oublier que nous sommes en ce moment les hôtes de l'Ecole normale. Nous ne pouvons choisir
un moment plus solennel pour rappeler les services rendus
par elle depuis tant d'années à l'instruction primaire de
notre cher département. »

Le général fait ici un éloquent éloge de l'Ecole, de son
directeur actuel, le Frère Lucard, de ses prédécesseurs, des
excellents résultats de son enseignement, toujours à la
hauteur des progrès intellectuels. Il fait aussi l'éloge des

instituteurs que l'Ecole envoie dans les communes et qui se montrent pleins de zèle, de capacité, de dévoûment consciencieux à leurs devoirs. Il ajoute :

« Les départements voisins nous envient cette Ecole en lui demandant parfois des instituteurs. Sa prospérité est intimement liée à la prospérité et au développement de l'instruction populaire dans la Seine-Inférieure.

« Permettez-moi de vous signaler une coïncidence remarquable dont la pensée m'est suggérée par le souvenir de l'admirable discours que nous avons entendu, ce matin, à la cathédrale en l'honneur du Vénérable. N'est-il pas certain que cet homme de Dieu fut en pratique et en vérité le véritable fondateur en France de la liberté de l'instruction primaire? Eh bien! dès demain, aujourd'hui, peut-être, l'Assemblée nationale va commencer la deuxième délibération de la loi sur l'enseignement supérieur, cette loi depuis si longtemps attendue et devenue si nécessaire.

« Puissent nos arrière-neveux recueillir de cette liberté nouvelle des résultats aussi féconds que ceux obtenus par l'institution des Ecoles chrétiennes, et par l'expansion bienfaisante de cette liberté si laborieusement acquise par le dévoûment du Vénérable de la Salle!

« Un mot encore, Messieurs, permettez que je relève cette noble devise que vient de faire, aux applaudissements unanimes de cette assemblée, M. le général Lebrun : *l'alliance de la Croix et de l'Epée.* Oui, la Croix et l'Epée doivent être unies pour le bien de la patrie et de la société. D'où vient, Messieurs, cette union qui s'impose pour ainsi dire d'elle-même entre le Soldat, le Prêtre et le Frère? Une des causes principales, c'est qu'ils pratiquent à un plus haut degré la vertu de l'obéissance. C'est qu'à l'encontre de l'école de la révolte et de l'orgueil qui s'écrie : Je ne servirai pas, *non serviam,* nous disons, eux et nous : Je servirai, je sers. Eux, en pratiquant cette vertu, ils servent la patrie, parce qu'ils servent Dieu; et nous, soldats, serviteurs de la loi et du devoir, nous servons Dieu, parce que nous aimons la patrie ! (Bravos.)

« Et maintenant, Messieurs, je reviens à ma pensée première en vous demandant de boire à la prospérité de l'Institut des Ecoles chrétiennes, et en particulier à la prospérité de l'excellente Ecole normale de la Seine-Inférieure. »

Un tonnerre de bravos a accueilli ce discours.

On allait se séparer quand M. Pouyer-Quertier s'est levé de nouveau pour prononcer un nom qui était sur toutes les lèvres, et pour payer un juste tribut d'admiration et de reconnaissance à M. Falguière, l'artiste éminent qui a fait si heureusement revivre dans le bronze les traits et l'expression du Vénérable de la Salle. Il a serré les mains de l'artiste qu'on avait fait arriver jusqu'à lui et lui a adressé les plus chaudes félicitations au milieu des larmes et de l'émotion de l'assemblée.

Alors a éclaté encore une fois le chant composé en l'honneur du Vénérable par M. Ch. Vervoitte; et, vers neuf heures, on s'est séparé aux accents de cette musique populaire.

Dans toute la ville régnait la même cordialité; les établissements d'éducation fêtaient leurs hôtes, les amis recevaient leurs amis. C'était partout un échange de félicitations et de gratitude.

Le soir, la salle des Augustins et l'Ecole normale ont été brillamment illuminées.

Une foule joyeuse et sympathique a environné jusqu'à minuit le monument du Vénérable de la Salle, qui était entouré d'un cadre de lumières et des gracieuses décorations de la journée. Le socle était chargé de couronnes déposées par les diverses députations.

La population du quartier Saint-Sever a particulièrement fait fête au Monument. Dans tous les groupes qui se formaient, on n'entendait que des éloges et des félicitations.

La place Saint-Sever, couverte de monde, présentait un aspect animé et paisiblement joyeux. On se sentait au soir
d'une fête religieuse; on en goûtait encore le recueillement
et les bienfaits.

Ajoutons quelques traits qui achèveront de donner la physionomie et le caractère de cette belle fête.

Les témoignages de gratitude envers les bons Frères ont
été nombreux et consolants. On a vu des officiers de l'armée
chercher dans le cortége des Frères ceux auxquels ils devaient le bienfait de leur première instruction, et les entourer des marques de la plus vive sympathie.

Une cinquantaine de Rouennais, anciens élèves du cours
supérieur dirigé par le Frère Jéromin, actuellement à
Amiens, lui ont offert, ainsi qu'à la députation d'Amiens,
un banquet fraternel. Les sentiments de reconnaissance
envers l'œuvre des Ecoles chrétiennes se sont manifestées
dans cette charmante réunion de la manière la plus touchante.

Deux anciens élèves de l'Ecole normale ont fait les frais
du voyage de leur ancien maître, sous-directeur dans le département de la Nièvre, et ont été autorisés à le loger et à le
nourrir pendant son séjour à Rouen.

L'attitude des élèves des Frères a été d'ailleurs, pendant
toute la journée, l'objet de l'admiration de la ville. Malgré les fatigues de la cérémonie, le soir, soixante élèves du
pensionnat de Beauvais portaient un cierge à la procession
du Saint-Sacrement de la paroisse de Saint-Ouen.

Un détail touchant a signalé l'arrivée de la musique de
l'institution Saint-Nicolas de Paris. Les jeunes exécutants
se sont fait entendre à la gare ; se rendant aussitôt à la place
de l'Hôtel-de-Ville, il se sont rangés près du monument de
Jeanne d'Arc, cette gloire si pure de la France qui attend,
elle aussi, à Rouen, une statue digne d'elle, et ils ont exécuté, aux applaudissements de la foule, plusieurs morceaux

de choix : c'était, encore une fois, l'alliance de la religion et du patriotisme.

Ces jeunes musiciens ont aussi donné une aubade aux vénérables hôtes du palais archiépiscopal.

Nous pouvons donc terminer le récit de cette fête en disant, avec le *Nouvelliste de Rouen* :

« C'est dans de telles circonstances ou jamais que tous les genres d'éclat sont à bon droit déployés. La pompe des hauts dignitaires de l'épiscopat et de la haute magistrature; l'or des croix et des uniformes, les étincelles des armes, le retentissement des chants religieux et l'harmonie entraînante des symphonies militaires, accompagnent bien les splendeurs nationales. Mais ce qui surtout les rend fécondes et ce qui donnait en réalité à celle-ci son vrai caractère, c'était le sentiment visible de fierté et de pieuse satisfaction empreint sur tous les visages, la dignité de l'attitude des plus humbles, et, chez tous les assistants, ce courant d'enthousiasme et de profonde sympathie qui s'était si vite communiqué à tous les assistants.

« Vous tous, disait M. Villemain, vous tous qui êtes
« grands par la situation, les titres, la fortune ou le génie,
« réunissez-vous souvent avec le peuple devant une belle
« œuvre ou une belle action, et vous verrez que, le plus
« souvent, son cœur et son intelligence se trouveront en
« communion parfaite avec les vôtres. »

LA PRESSE

Il nous semble que le récit de l'inauguration de la statue du Vénérable de la Salle sur la place de Saint-Sever de Rouen ne serait pas complet, si nous ne donnions une idée des jugements portés par la presse sur cette fête, sur le Vénérable qui en été l'objet, et sur les Frères, dont elle était le triomphe et la récompense.

En tête et avant tout, plaçons le témoignage rendu par Mgr Mercurelli, secrétaire des Brefs du Pape aux Princes, qui, en remerciant le très--honoré Frère Irlide, le nouveau supérieur général de l'Institut, de lui avoir envoyé la gravure du monument, écrit « qu'il a été enchanté de l'hon-« neur rendu au mérite du bienfaiteur de l'humanité; « qu'il trouve sa gloire relevée même par le retard qu'on « a mis à élever le monument ; car enfin, ce n'est que la « reconnaissance et l'amour de tout l'univers qui l'a érigé, « quand le bienfait répandu partout pendant un siècle et « demi a dû nécessairement exciter ces sentiments. Rien de « plus noble! »

M. Poujoulat s'exprime ainsi dans l'*Union* du 5 juin :

« Il y a près de deux siècles, lorsque Jean-Baptiste de la Salle traversait souvent la place Saint-Sever, à Rouen, pour aller à son cher Saint-Yon, il ne pensait pas qu'un jour, sur cette place, s'élèverait un monument consacré à sa gloire.

« La gloire ! il n'y songeait pas, il n'y songea jamais ; il allait et venait humblement, toujours occupé de son œuvre, fuyant le monde et l'éclat, cherchant la solitude et le silence, se dévouant à l'enfance pauvre avec un indomptable courage. Il espérait sans doute quelque chose pour lui dans le Ciel pour prix de ses rudes et persévérants efforts, mais certainement il ne demanda jamais rien à la terre. S'il eût entrevu dans le lointain des temps des statues en son honneur, peut-être son humilité eût-elle tremblé et se fût-elle arrêtée sur le chemin de son œuvre. Le modeste fondateur de l'Institut des Ecoles chrétiennes ne connut que les difficultés et les épreuves ; ce fut le sujet de sa persistante énergie ; et quand il quitta ce monde, il ne savait pas la grandeur de ce qu'il avait fait. C'est l'histoire de toutes les choses dont l'inspiration vient d'en haut. Elles ont un développement nécessaire à travers les âges, et leur succès s'étend en raison même de leur vérité. Un moment vient où les grands et saints fondateurs reçoivent de publics hommages au nom de tout un peuple ; ces hommages n'ajoutent rien à leur nom ; la terre ne peut rien pour eux, mais un pays s'honore en leur décernant de solennels témoignages. La fête du 2 juin, à Rouen, a été assurément la fête des Ecoles chrétiennes, une sorte de glorification de l'œuvre des Frères] ; mais c'est surtout notre temps que nous félicitons, ce temps dont nous avons si souvent à nous plaindre.

« Il y a plus d'une manière de se relever devant les nations quand on a subi les défaites et les hontes ; tout ne se résout pas sur un champ de bataille et à coups de canon ; on peut gagner des batailles dans l'ordre moral, on peut commencer à reprendre sa taille par l'intelligence et le goût de ces intérêts supérieurs sans lesquels la décadence est irrémédiable. La fête du 2 juin à Rouen proclame la nécessité de combattre l'ignorance et le vice qui en est l'inévitable compagnon ; elle déclare que l'éducation seule fait l'homme, que l'éducation chrétienne est la seule bonne. Elle apprend à ceux qui l'ignorent que le bien opéré par les enfants du Vénérable de la Salle est incalculable, que la civilisation n'a pas de meilleurs ouvriers, qu'ils se sont avancés de rivage en rivage jusqu'aux bouts de l'univers, et qu'ils occupent le premier rang par la puissance du bien en ce monde. Et tout cela est constaté, non-seulement par d'illustres représentants de l'Eglise autour du monument de l'abbé de la Salle , mais par les représentants du gouvernement, de la cité et de l'armée, et par un enthousiasme populaire, explosion de reconnaissance envers un si utile et si méritoire apostolat. Ces acclamations, ces visages radieux, ces fleurs, cette musique, ce tressaillement d'une grande cité, tout cet ensemble de splendeur, de coutentement et de cordialité est comme une expression visible d'un élan vers le bien.

« Il y avait là comme une représentation de la catholicité et du genre humain; c'est l'obole du monde chrétien qui a contribué à faire le monument, et les bannières de toutes les contrées du globe se sont trouvées là comme pour s'incliner devant le grand homme dont l'heureux génie s'est fait sentir partout. Le Vénérable de la Salle est le bienfaiteur de l'immense famille humaine; il fallait bien qu'elle eût auprès de cette statue ses envoyés; les fils les plus éloignés étaient venus chercher leur père. Nous aimons que l'on ait donné au monument la forme d'une fontaine; l'éducation des Ecoles chrétiennes est un flot qui coule, une source qui ranime et qui féconde. C'est une eau sans bourbier, parce que la doctrine y reste pure; la lumière s'y joue. Une Ecole chrétienne est vraiment une fontaine publique où chacun peut venir puiser; c'est un don permanent; le dévoûment a quelque chose de l'eau elle-même qui ne se lasse pas de couler. Les sources les plus pures sont celles qui partent des plus hauts sommets : quelles hauteurs sont comparables à ces hauteurs du génie chrétien d'où partent les plus nobles inspirations qui puissent faire battre le cœur de l'homme, et les plus salutaires, les plus belles institutions que le monde ait connues?

« Le 2 juin est donc une bonne et glorieuse date à inscrire, non-seulement dans les archives de l'Institut des Frères et dans les annales de Rouen, mais encore dans l'histoire de notre pays. C'est comme un vote national qui décrète la nécessité de l'éducation chrétienne pour refaire une société. La France est arrivée à une heure solennelle où elle a son choix à faire pour vivre ou pour mourir; un combat se livre où l'esprit révolutionnaire déploie une sauvage énergie ; le combat est soutenu très-vaillamment par les catholiques ; et, tant que l'opinion sera libre, elle se prononcera pour le bien. Elle est vivante et courageuse, elle dit ce qu'elle veut ; or, elle ne veut pas que Dieu soit chassé de l'école et que la peste de l'athéisme porte la mort dans les âmes ; elle ne veut pas que le souffle de la vraie vie soit absent du cœur d'un peuple, et que la France, si grande autrefois, tombe dans l'abîme fangeux de la dissolution. L'opinion libre demande une éducation chrétienne pour tout restaurer; la fête du 2 juin est comme une séance où le pays lui-même a pris la parole. Cette fête nous fera honneur ; le récit en sera connu de toutes les contrées où sont établis des Frères des Ecoles chrétiennes, ce qui veut dire dans tout l'univers. On saura aux deux bouts de la terre que la France vaincue et humiliée, en attendant que la Providence lui envoie un grand gouvernement, a des coups d'aile pour remonter à ces hauteurs morales où se préparent de meilleures destinées. »

Le même jour, le *Constitutionnel*, rendant compte de la fête, reproduisait le discours de M. Deltour, délégué du Ministre de l'Instruction publique, et, après avoir constaté que le toast du héros de Bazeilles, le général Lebrun, *à l'union de la Croix et de l'Epée*, avait été « littéralement écrasé d'applaudissements, » terminait ainsi son récit :

« En somme, journée excellente, — excellente pour les

disciples de l'abbé de La Salle sur la fondation duquel elle projette un nouvel éclat ; excellente pour les intérêts intellectuels et moraux engagés dans cette fête brillante ; excellente enfin pour la grande cité industrielle et manufacturière qui sait unir dans un même culte ces deux conditions de tout développement civilisateur : la tradition et le progrès. »

Le *Petit Moniteur universel* du 6 juin publiait cet article qu'il intitulait : *Un Socialiste de notre école* :

« Il y a quelques jours, nous avons revendiqué pour le parti conservateur le secret, le monopole du véritable progrès social. La ville de Rouen vient précisément, avec la plus grande solennité, d'élever une statue à un socialiste de notre école.

« Il y a aujourd'hui deux siècles à peu près, un homme d'un rang distingué, d'une grande fortune, profondément affligé de l'ignorance intellectuelle et morale des masses, résolut de consacrer à l'instruction des enfants du peuple son intelligence, ses richesses et sa vie.

« Il s'appelait Jean-Baptiste de la Salle, et c'est à lui que la France est redevable des principes de son enseignement primaire.

« C'est le propre des œuvres de mérite et d'avenir d'être combattues à leur berceau. Voulant frapper un grand coup, de la Salle vint à Paris, qui était déjà devenu le foyer des grandes choses ; mais ceux auxquels il allait créer une concurrence d'autant plus redoutable que le nouvel enseignement était gratuit, ne tardèrent pas à lui susciter des obstacles, à lui intenter des procès et il se vit chassé de la capitale.

« Rouen l'accueillit mieux et ne tarda pas à s'en louer.

« La maison qu'il y fonda vit accourir à sa voix de nombreux et dévoués disciples, et devint en peu de temps le centre d'une immense société d'instituteurs.

« Depuis lors, l'œuvre de Jean-Baptiste de la Salle a sans cesse progressé; de France, elle s'est répandue dans l'Europe entière et de là dans toutes les contrées du monde, toujours conforme et fidèle à la pensée de son fondateur, l'instruction, l'éducation du peuple !

« C'est à ce grand bienfaiteur de l'humanité, à cet ami des classes ouvrières, qu'une statue vient d'être élevée dans la ville de Rouen.

« C'est une dette de justice et de patriotisme qui vient d'être acquittée là.

« Dans son remarquable discours, l'abbé Besson a eu droit et raison de le rappeler, « quelle que soit dans les des-
« tinées de la France, l'infidélité de sa fortune, il est une
« attribution qu'on ne peut lui enlever : celle des grandes
« et généreuses missions. » Les disciples de de la Salle sont appelés partout pour vaincre l'ignorance. Que les nations invoquent d'autres supériorités : l'Angleterre a ses comptoirs, la Hollande ses colonies, l'Amérique son esprit d'entreprise. La France garde le monopole des conquêtes de l'humanité et des voies ouvertes à l'esprit de civilisation.

« Mais le monde entier, qui a reçu les bienfaits de l'œuvre fondée par de la Salle, a tenu à prendre part à la consécration de sa gloire. Des soucriptions sont arrivées de tous les points du globe, et l'on a pu admirer, dans le cortége de l'inauguration, des députations d'un grand nombre d'écoles étrangères.

« Quarante-deux nations étaient représentées là par autant de bannières; citons au hasard : l'Italie, le Brésil, les Etats-Unis, l'Angleterre, le Mexique, la Perse, le Canada, le Pérou, la Cochinchine, l'Algérie, l'île de la Réunion, la Turquie, la Nouvelle-Calédonie, l'Autriche, l'empire Siamois, le Chili, le Vénézuéla, l'île de Haïti, dont l'oriflamme était portée par des noirs. Un seul drapeau manquait, et l'on devine lequel.

« En concourant à l'érection du monument élevé à de la

Salle, le conseil municipal de Rouen, a dit en son nom le maire lui-même, « a obéi à cette conviction, qu'aucuns « services ne sauraient donner plus de titres à la recon- « naissance et aux hommages publics que ceux qui ont « pour objet l'éducation de la jeunesse. L'édilité rouen- « naise, a ajouté M. Nétien, a compris qu'il était impos- « sible, à moins d'ignorer ou de fausser l'histoire de l'en- « seignement populaire en France, de méconnaître que de « la Salle y apparaît, et avec un incomparable éclat, comme « *le premier des libérateurs de l'enfant des classes pauvres*, par « la dispensation de l'instruction première ! Voilà pourquoi « le conseil municipal a regardé comme souverainement « rationnel qu'il fût glorifié au sein même de la population « laborieuse à laquelle il avait consacré sa vie et qui fût « le dépositaire de sa tombe ! »

« Il n'est pas en France un homme de cœur qui ne doive applaudir à de si nobles paroles, à des sentiments si libéraux!

« Ce ne sont sans doute pas les défenseurs de l'instruc- tion obligatoire qui refuseront d'honorer le premier dispen- sateur de l'instruction primaire aux classes pauvres, de l'honorer dans son souvenir et dans la personne de ses con- tinuateurs !

« Ces continuateurs, «Frères des Écoles chrétiennes », le peuple les connaît ; et, en dépit des attaques que dirigent contre eux certains esprits plus aveugles que méchants, le peuple les aime ; il les estime et les respecte aussi.

« Ne les a-t-il pas vus sur les champs de bataille porter secours aux blessés, enterrer les morts, et, souvent vic- times de cette touchante mission, illustrer le nom de *bran- cardiers* ?

« Le peuple a raison de les appeler *Frères*; nul plus qu'eux ne mérite ce nom.

« Nous le répétons, en terminant, l'œuvre de Jean-Bap- tiste de la Salle est un progrès social, et M. le préfet de la

Seine-Inférieure a constaté, en fort bons termes, un grand fait historique en affirmant que, si cette œuvre a recueilli tant de succès et de gloire, « c'est que la pensée dont le « Vénérable de la Salle s'était fait l'initiateur, répondait à « une nécessité sociale ; c'est qu'en s'efforçant de soustraire « les déshérités de la fortune aux entreprises de l'igno- « rance, de la misère et du vice, il avait touché du doigt « les plaies qui rongent les classes laborieuses. »

Le *Français* du 5 juin compare l'enseignement des Frères à l'enseignement qui repousse la religion :

« Certains démocrates, qui se disent grands partisans de l'enseignement populaire, ont cependant pour premier article de leur programme l'expulsion des instituteurs con- gréganistes. S'imaginent-ils qu'ils peuvent impunément ainsi se priver de la partie la plus dévouée, la moins am- bitieuse du personnel enseignant ? Si quelques-uns le croyaient, nous appellerions leur attention sur les plaintes que contenait, à ce sujet, l'un des derniers numéros du *Journal de Genève*. A Genève on a chassé les Frères des Écoles chrétiennes, et voici qu'aujourd'hui, de l'aveu même du journal protestant, on manque partout d'instituteurs. Un des correspondants de cette feuille fait un tableau dé- solant de l'état des écoles. Les maîtres manquent. Le peu qu'on en a laisse beaucoup à désirer sous le rapport de la qualité. Les plus intelligents, dont l'ambition est éveillée, se hâtent de quitter l'enseignement primaire. Telle classe a vu se succéder, depuis le commencement de l'année, cinq ou six professeurs différents. D'autres n'en ont pas du tout. Le *Journal de Genève*, sans oser avouer clairement la cause principale du mal, pousse un cri d'alarme. Voilà donc le service rendu à la cause de l'instruction populaire par les partisans de l'enseignement laïque! Au moins saurons-nous voir, dans ce qui se passe en Suisse, un avant-goût de ce

qui nous attendrait le jour où le laïcisme triompherait en
France ? »

La *Revue de l'Enseignement chrétien* s'exprime ainsi dans
sa livraison de juin :

« L'abbé de la Salle semble, du haut de la fontaine qui
lui sert de piédestal, répandre sur le peuple les bienfaits de
l'Institut et laver sans cesse les souillures que la civilisation moderne s'efforce de jeter sur les corps et sur les âmes
des ouvriers. Quelle source de catéchisme dans le monde,
que celle qui sort des lèvres vivantes de plus de dix mille
Frères !

« La cérémonie de la bénédiction des eaux et de la statue,
a été précédée d'une chaude et entraînante allocution du
cardinal de Bonnechose, dont les premières paroles sont
pour nous la conclusion de la fête du 2 juin. « Le christia-
« nisme, s'est écrié le cardinal, peut seul donner le spec-
« tacle dont nous sommes témoins. » Et ce christianisme,
dirons-nous, quoi qu'il arrive, aux heures de nuages et de
pluie, donnera de ces radieux spectacles jusqu'à la fin du
monde. »

On lit dans le *Journal des Instituteurs*, du 6 juin :

« Le *Journal des Instituteurs*, qui s'honore de représenter
avant tout l'enseignement donné par les laïques, n'éprouve
aucun embarras à rendre compte d'une solennité qui a été
un éclatant hommage à la mémoire du vénérable fondateur
de l'Institut des Frères des Ecoles chrétiennes. Les sentiments qui nous animent dans l'appréciation des rapports
qui doivent exister entre les établissements laïques et les
instituts congréganistes ne sont ignorés de personne : ils
sont ceux qui inspiraient le premier grand-maître et ses
collaborateurs, Georges Cuvier, Ambroise Rendu, Guéneau
de Mussy, Ampère, l'abbé Emery, Poinsot, etc., etc., quand
le fondateur de l'Université visait, dans le décret de 1808,

15

les statuts des Frères des Ecoles chrétiennes et conférait
l'existence civile à l'institut relevé de ses ruines ; ils sont
ceux qu'exprimait si bien et avec tant d'autorité, l'année
dernière, un éminent homme d'Etat : «Ici, disait M. Drouyn
« de Lhuys dans une solennité scolaire, à Bayeux, aucune
« trace d'un déplorable antagonisme entre l'enseignement
« laïque et l'enseignement congréganiste. Loin de se con-
« trarier et de se combattre, ils s'entr'aident et se complè-
« tent réciproquement. La judicieuse impartialité de votre
« autorité municipale a compris que ces deux éléments
« devaient concourir au bien général. Ce sont les deux
« branches d'un même arbre, les deux sources d'un même
« fleuve, les deux régiments d'un corps d'armée destinés
« à combattre un ennemi commun. »

Qu'on nous permette de reproduire ce que nous écrivions
le 3 juin, dans la *France Nouvelle*, au retour de cette fête
que nous n'oublierons jamais, et avant de faire le compte
rendu plus complet de ce que nous avions vu.

« *Les chers Frères*, disions-nous, voilà les mots qui résu-
ment nos impressions d'hier, l'impression produite par la
belle fête que Rouen et la France entière viennent de consacrer à honorer la mémoire du Vénérable Jean-Baptiste de
La Salle, fondateur de l'Institut des Frères des Ecoles chrétiennes,

« Ils étaient là, eux, à l'honneur, comme ils sont partout
à la peine, ces Frères que le peuple aime et qu'il se plaît
tant à appeler les chers Frères ; ils étaient là, avec leurs enfants, avec des députations nombreuses venues de toutes
les parties de la France, avec leurs bannières sur lesquelles
sont inscrits les noms des pays où ils ont des écoles, c'est-à-
dire de presque tous les pays du monde, et un cardinal et
huit évêques, le préfet du département, le général commandant le département, les autorités civiles et militaires, la
magistrature, s'unissaient à la foule immense des habitants de Rouen et des étrangers venus de toutes parts pour

rendre hommage à leur vénérable fondateur et à ces fils
dévoués qui soutiennent si admirablement son œuvre.

« C'était la glorification du Vénérable de la Salle, c'était
la récompense des Frères, c'était l'affirmation unanime de
la nécessité de joindre l'enseignement religieux à l'instruction et de mettre Dieu et la Religion à la tête des écoles populaires, comme de toutes les écoles. M. le préfet de Rouen,
dans un langage élevé, sympathique, courageux et chrétien,
a fait ressortir magnifiquement les enseignements de cette
fête, la vertu et les œuvres du Vénérable dont la statue
allait être solennellement inaugurée sur l'une des places
de Rouen, et tout ce que le patriotisme reconnaissant doit
aux chers Frères des Ecoles chrétiennes. »

Avant de faire entendre les quelques voix discordantes
qui ont essayé, mais en vain, de troubler ce concert d'hommages si bien dus au Vénérable de la Salle et à ses disciples,
écoutons la voix d'un poète. C'est M. Louis Veuillot, qui
nous le présente :

« Depuis plus de trente-cinq ans, dit-il dans l'*Univers*,
M. Claudius Hébrard s'est fait humblement, dans les lettres
chrétiennes, une place qui ne sera pas sans gloire. Il a été
le poète très-sensé, très-honnête et quelquefois très-élo-
quent des bonnes œuvres. S'il avait eu autant d'ambition
qu'il a de talent, il aurait pu pousser assez loin sa fortune et
donner à sa muse une couronne que les muses ont rarement
dédaignée, je veux dire une couronne d'or. Mais, en vérité,
ce ne sont pas ses affaires. Il est positivement désintéressé;
tellement poète en ce point, je veux dire quant à l'or et
quant à l'argent, qu'il semblerait ne pas appartenir à la
race. Il en est cependant, et par l'inspiration et par le cœur,
et même par la langue. Il fait de bons vers, bien nets, bien
rimés, coulants et harmonieux et qui disent quelque chose.
C'est même leur seul défaut. Pour tout avouer, il est classique de forme et de fond. Peut-être qu'il ne le sait pas. Il

est classique d'instinct, voilà son travers. Jamais il ne va chercher midi à quatorze heures; jamais il n'a recours à l'étrange ni à l'excentriqne. Cela ne lui vient pas ainsi. Il voit les choses conime elles sont, il les dit comme il les voit. S'il voulait les dire autrement, il croit peut-être qu'il n'y parviendrait pas; et s'il y parvenait, il est bien capable de croire qu'alors ils se moquerait de lui-même. C'est ainsi qu'il est parvenu à rimer trente-cinq années, sans attrapper profit ni renom. Se figure-t-on un homme, un poète, qui en plein dix-neuvième siècle a fait des vers, et même de bons vers, pendant « cinq lustres complets surchargés de trois ans » et qui n'est ni placé, ni classé, ni connu, ni même chevalier de la Légion d'honneur. M. Claudius Hébrard est cet homme-là. Que d'autres sont montés à tous les honneurs de la profession littéraire et poétique, honneurs plantureux et rendant de bons écus, sans avoir jamais fait une couple de ces vers honnêtes et bien nés qu'on trouve fréquemment chez lui! car c'est ainsi qu'il les fait et les donne, non pas tous, sans doute, mais en quantité. On a bien la permission de négliger un peu une pièce que l'on ne vend pas. Que d'autres vendent très-cher des pièces rembourrées ! Lui, il livre pour rien de vrais vers. Il n'a pas fait une pièce où il n'en ait mis en grand nombre, qui passeraient avec hon-neur au juste trébuchet de Boileau; je dis des vers francs, sonores, sans lacunes ni alliage, et qui se tiennent robuste-ment debout, méprisant la béquille et l'adjectif; des vers de poète et non de rimeur.

« Ces vers de qualité distinguent un *salut poétique* qu'il vient d'adresser *à la statue* du Vénérable de la Salle, érigée à Rouen. *Salut poétique* vous semble un peu vieux et n'est plus guère à la mode. Que voulez-vous? Claudius Hébrard a de ces simplicités. Il est poëte, il fait des « saluts poé-« tiques. » J'avoue que cela n'est plus porté. On choisit aujourd'hui des titres d'un autre style. Mais les vers n'en sont pas moins frappés de main de maître; et si Corneille se trouvait à la cérémonie, où probablement on en lira d'autres, ce sont ceux de M. Hébrard qu'il préférerait.

Enfin ! ton jour arrive, apôtre populaire ;
Serviteur des petits, travailleur sans salaire :
Ignorantin de nom ; instituteur parfait,
Dont l'œuvre est une gloire et la gloire un bienfait.
Le monde acclame en toi le saint et le grand homme ;
Aujourd'hui c'est *Rouen*, demain ce sera *Rome ;*
On t'offre un piédestal en attendant l'autel.

« Toute la pièce est de ce ton et va de ce train ; le ton ample ne faiblit pas, le train rapide et pur ne déraille pas. Au bout de sa course, où il a recueilli sans bruit et sans éclat beaucoup de naïfs applaudissements qui ne pèseront pas à sa conscience, et quelques honorables suffrages dont sa modestie a voulu se contenter, M. Claudiùs Hébrard arrive au terme, aussi jeune de cœur qu'à l'époque éloignée où il est parti, espérant peut-être un destin plus fastueux, mais au fond moins désirable et moins beau. Qu'importe le laurier quand on a vécu et travaillé de manière à conserver la paix de l'âme, la jeunesse de la foi, et rendu immortel dans son cœur l'amour du beau et du bien ? Attaché à ses fonctions volontaires de poëte et de chanteur des OEuvres et des fêtes de l'ouvrier chrétien, il a eu sa belle part dans la popularité la moins bruyante, mais la plus saine que pût offrir le temps où il a vécu ; il a répandu de bonnes idées, il a chanté la famille, le travail, l'ordre. Ses vers ont consolé beaucoup de douleurs, calmé beaucoup de révoltes, et n'ont jamais servi de clairon dans les barricades, ni de bourre aux fusils de la guerre civile. S'il n'a pas mené grand bruit parmi les hommes, il ne se reprochera jamais d'avoir élevé la voix parmi eux. Il a plus recueilli la joie d'avoir fait bien que celle d'avoir bien fait ; c'est la meilleure part, non point celle que recherchent d'ordinaire les poëtes, mais celle qu'il a voulue avant tout, et que doivent vouloir surtout les chrétiens. Foin du reste ! et d'ailleurs, le reste est-il perdu ?

Après cette [appréciation d'un maître, on ne nous pardonnerait pas de ne point reproduire la pièce entière. Aussi bien le poëte la présente-t-il lui-même avec une modestie qui l'honore, dans une lettre qu'il adresse au très-cher Frère Libanos, directeur du pensionnat de Passy :

« Très-cher Frère,

« Poëte assidu et dévoué, depuis trente-cinq ans, de la plupart des Œuvres créées ou dirigées par les bons Frères des Ecoles chrétiennes, je ne pouvais rester muet quand triomphe, aux acclamations du monde entier, le vénéré fondateur dont ils continuent si bien parmi nous la mission utile, intelligente et sainte.

« Je vous serais reconnaissant, cher bon Frère, de vouloir bien agréer, pour vous et pour la congrégation tout entière, dont vous résumez avec tant d'éclat les qualités aimables, les solides vertus, l'hommage respectueux des humbles vers que voici. Je m'estimerai heureux et fier, s'ils vous paraissent dignes d'être déposés sur le piédestal, chargé de couronnes, de l'illustre et bien-aimé de la Salle, et s'ils vous apportent une nouvelle preuve de mon affectueux dévoûment.

« Vous avez été, cher bon Frère, un des premiers à sourire aux débuts de ma muse ; à l'encourager, à l'applaudir ; je n'ai plus à envier à Homère la bonne fortune de posséder un Mécène, un Mécène chrétien, ce qui vaut mieux encore, car, entre deux cœurs ayant la même foi, l'amitié commencée sur la terre peut se continuer, au-delà de cette vie, dans un monde meilleur, où l'on ne se sépare plus. »

Laissons donc parler le poëte :

SALUT POÉTIQUE A LA STATUE DU VÉNÉRABLE DE LA SALLE

Enfin ! ton jour arrive, apôtre populaire ;
Serviteur des petits, travailleur sans salaire :
Ignorantin de nom ; instituteur parfait,
Dont l'œuvre est une gloire et la gloire un bienfait.
Le monde acclame en toi le saint et le grand homme ;
Aujourd'hui c'est *Rouen*, demain ce sera *Rome ;*
Et pour te consacrer doublement immortel,
On t'offre un piédestal en attendant l'autel.

Tu vas vivre à jamais dans le bronze et le marbre,
De grain de senevé tu deviens le grand arbre,
Suspendant à tes fruits des enfants par milliers,
Docteurs de l'alphabet valant des bacheliers.
Le Pauvre, par tes soins, du savoir à tout âge
Reçoit, à don gratuit, la dose à son usage ;
Suffisamment instruit pour s'assurer partout
Une existence honnête et quelque épargne au bout.

Ta méthode nous vaut des chrétiens et des hommes,
Double race amoindrie à l'époque où nous sommes ;
Le lettré fuit son temps, passe à l'antiquité,
Et le païen domine en pleine chrétienté.
Tel n'est point ton élève, à tes leçons docile :
Il voit le but pratique, il s'attache à l'utile ;
Aux devoirs de son rang se vouant tout entier,
Il sait peu de latin, mais il sait son métier.
Métier, son gagne-pain, l'espoir de son ménage,
Que son goût ennoblit, que l'apprenti partage ;
Métier, titre d'honneur pour l'artisan qui veut
Qu'on sache ce qu'il *vaut* en voyant ce qu'il *peut.*

Ainsi tu l'as compris, ami de l'humble classe ;
Tu dis au travailleur : prie, agis, fais ta place ;
Le Catéchisme en tête et l'outil dans la main.
On est sûr du présent, sûr de son lendemain.

Si le malheur est lourd, la foi donne courage;
Si le labeur est dur, le cœur aide à l'ouvrage;
N'est-ce rien de se dire, en son humble réduit :
D'autres profiteront du peu que j'ai produit?...
Lutter et vaincre, asseoir ou forcer la fortune,
C'est la loi du devoir, c'est la tâche commune ;
Tout l'art de *mériter* vient, pour chacun de nous,
De la part que chacun prend dans l'œuvre de tous.
D'un grand peuple telle est l'ordonnance sublime :
Hiérarchie en tout, obéissance, estime,
Entente réciproque et solidarité,
Non dans l'instinct jaloux, mais dans la charité.

Pressez-vous donc en foule, autour de sa statue,
Vous tous, grands isolés que l'ignorance tue ;
Fils du peuple, ouvriers, adultes, jeunes gens,
Sachant le prix de l'âme et la valeur du temps.
Saluez dans LA SALLE un maître incomparable,
Discernant du savoir l'élément secourable,
Afin de vous former des professeurs adroits
Limitant vos besoins sans négliger vos droits.
Lire, écrire, compter, honorer sa patrie,
Posséder sa grammaire, aider son industrie,
Aimer Dieu, son prochain, sa famille, son toit,
C'est savoir ce qu'il faut, c'est faire ce qu'on doit.
Lisez devant vos sœurs, vos filles et vos mères,
Sans vous charger l'esprit d'abus ou de chimères;
Faites de votre plume un bon outil de plus,
Et ne comptez vos gains qu'en comptant vos vertus.
Ainsi croîtra chez nous l'école bien comprise,
Fondement de l'État, colonne de l'Église,
Pépinière sans fin de robustes chrétiens,
De maîtres-ouvriers, et de bons citoyens.

Et maintenant triomphe, édifie, illumine,
Puissant propagateur d'une œuvre en tout divine;
Providence du pauvre, Ange de son berceau,
Patron de sa jeunesse, espoir de son tombeau.
Viens repeupler la France, ivre d'erreurs nouvelles,
De générations à tes leçons fidèles;
Que dans chaque commune, au presbytère uni,
Le nom de ton école à jamais soit béni!

Le savant, comme Icare, abuse de ses ailes ;
Vainement dans l'espace il pousse ses nacelles,
L'air manque à sa poitrine et son œil curieux
S'éteint sans avoir vu ni mesuré les cieux.
C'est ton humble bon sens qu'il faut à notre époque ;
On veut du *radical*, on vit dans l'équivoque ;
Tout se fait à demi, tout sent l'improvisé ;
Le possible est gênant, l'impossible est aisé ;
A toi, régulateur du temps et des idées,
D'assujettir au frein ces foules débridées
Qui, sur le champ de course appelé le Progrès,
Pour savoir plus de *grec* oublîraient le *français.*
A toi de replacer sur sa base normale
Ce vieux peuple effaçant sa marque originale ;
Et trop pressé souvent d'emprunter chez autrui
Les lois, les mœurs, les arts qu'il peut créer chez lui.

Rouen ! noble cité ! quelle place est la tienne,
Dans l'histoire de France et l'histoire chrétienne !...
LA SALLE et JEANNE D'ARC, la force et la bonté,
Ont conquis dans tes murs leur immortalité.
Sur ton sol, de partout, une gloire s'éveille ;
Là, chantait *Boïeldieu*, là, s'inspirait *Corneille* ;
Et dans ton auréole on peut voir resplendir :
Un artiste, un poète, un apôtre, un martyr.
Honneur à toi ! d'avoir rajeuni par tes fêtes,
Tant de fiers souvenirs compensant nos défaites !
Et d'amener le peuple à réserver ses fleurs,
Non pour ses faux amis, mais pour ses bienfaiteurs.
Ton exemple a déjà, dans des cités rivales,
Ressuscité le goût de nos grandeurs morales ;
Sur la France, avant peu, s'étendra de nouveau,
De trophées et d'autels le radieux manteau.
Sur ce vœu retournons, tant minime soit-elle,
A la place où nous veut la sagesse éternelle,
De LA SALLE en ce jour le succès nous le dit :
On est d'autant plus grand qu'on s'est fait plus petit.

Les francs-maçons de Rouen, qui avaient voulu faire le vide autour du monument, n'étaient parvenus qu'à montrer leur impuissance et leur petit nombre ; ils avaient

en même temps prouvé une fois de plus que sous leur belle
devise ; *Liberté, égalité, fraternité,* il ne faut entendre que
la liberté de ne pas croire et d'agir à sa guise, que l'égalité
qui abaisse tout à son niveau au lieu d'élever en haut ce
qui est en bas, et que la fraternité trop bien chantée par le
chansonnier de la bourgeoisie incrédule, libre penseuse et
libre viveuse :

> Les gueux
> Sont des gens heureux,
> Ils s'aiment entre eux :
> Vivent les gueux!

S'ils faisaient de leur devise une vérité, est-ce qu'ils
n'auraient pas été les premiers à fêter l'homme qui a inauguré chez nous la liberté de l'enseignement primaire et qui
a tant fait pour la vraie liberté de l'ouvrier et du pauvre,
en lui donnant par l'instruction le moyen de se procurer
une existence indépendante, par l'éducation morale, le
moyen de s'affranchir de ses passions et de toutes les tyran-
nies qu'entraîne la mauvaise conduite? Est-ce qu'ils ne devraient pas être les premiers à exalter cet homme qui s'est
rabaissé jusqu'au pauvre pour le relever jusqu'à lui, et qui
a voulu que ses disciples portassent de grossiers habits et
menassent une vie de privations et de labeurs, afin que le
peuple vît bien en eux des égaux qui ne cherchent que
son bien et son bonheur? Est-ce qu'ils ne devraient pas être
les premiers à aimer et à faire aimer ces véritables *frères* du
peuple, qui ne prêchent pas la fraternité en parole, mais
en action, qui traitent l'enfant du pauvre comme un petit frère dont Dieu leur confie l'éducation, et qui, dans
toutes les circonstances, se montrent si dignes de ce beau
nom que le peuple, lui, juste appréciateur du mérite et du
dévoûment, leur donne avec reconnaissance et affection?
Le mot d'ordre des loges maçonniques de Rouen est la condamnation de la franc-maçonnerie, dont il dévoile les in-
tentions secrètes et le véritable esprit.

La franc-maçonnerie, la libre-pensée de Paris et d'ailleurs n'a pas tenu une autre conduite que celle de Rouen. Elle n'a pas osé insulter directement l'homme qui était l'objet de la fête ; c'eût été trop imprudemment heurter l'opinion publique et dévoiler le but secret de la secte ; mais elle a profité de l'occasion pour insulter l'Eglise catholique, que cet homme aimait par-dessus tout, et dans l'esprit de laquelle il avait puisé toute son ardeur pour le bien, tout son dévoûment pour l'enfance. Elle n'a pas osé crier directement contre les Frères, que des milliers et des milliers de bouches populaires acclamaient comme les plus dévoués et les plus sincères amis du peuple ; mais elle s'est vengée de ce respect forcé que lui imposaient les circonstances, en essayant de tourner contre l'infaillibilité de l'Eglise et contre le clergé catholique les épreuves que le Vénérable de la Salle eut à subir pour établir ses écoles populaires.

Si ces hommes du *Siècle*, du *Gaulois*, de l'*Echo du Nord* et des journaux du même esprit (il est inutile de tout nommer) avaient lu l'histoire du Vénérable, soit dans le beau livre du Frère Lucard, soit dans celui de M. Ravelet, soit même dans les nombreuses notices qui ont été récemment publiées, ils auraient tenu un autre langage ou ils auraient gardé le silence ; ils n'eussent pas osé dire que les services rendus par le Vénérable Jean-Baptiste de la Salle ont été rendus malgré l'Eglise et malgré le clergé.

« Le fondateur des écoles chrétiennes, dit le *Siècle*, fut proscrit, ruiné, excommunié ; l'Eglise ne lui pardonnait pas ce grand crime : il voulait instruire les enfants du peuple. » Et il pose ce dilemme : « Ou l'Eglise se trompait en persécutant le fondateur des Ecoles chrétiennes, ou elle se trompe en le béatifiant. »

Il y a là un dilemme dont il n'est pas difficile de sortir, car :

1° Jean-Baptiste de la Salle n'a pas été *proscrit*, et la preuve, c'est que, de son vivant, il fonda des écoles à Reims, à Rethel, à Guise, à Laon, à Paris, à Chartres, à Troyes, à Avignon, à Marseille, à Rouen, partout avec l'approbation épiscopale, et à Rome, avec la permission des Papes.

2° Jean-Baptiste de la Salle n'a pas été *ruiné*; il ne pouvait l'être, puisque, avant d'entreprendre la fondation de son œuvre, il avait lui-même vendu tous ses biens et en avait distribué le prix aux pauvres.

3° Jean-Baptiste de la Salle n'a pas été *excommunié*, c'est un fait matériel facile à constater, et le *Siècle*, qui devrait s'assurer des choses avant de parler, devrait savoir que, dès le commencement, le Vénérable obtint de l'archevêque de Reims l'approbation pour sa congrégation naissante; que, dans le cours de ses fondations, il eut pour protecteur et pour auxiliaire Mgr Colbert, archevêque de Rouen, et que, enfin, quelques années seulement après sa mort, son institut fut approuvé par le pape Benoît XIII avec les plus grands éloges.

Il est vrai qu'il rencontra de sérieuses difficultés sur son passage : faut-il apprendre au *Siècle* que les persécutions qu'il eut à subir lui vinrent des jansénistes, répudiés par l'Eglise, des instituteurs laïques, jaloux de ses écoles gratuites, et des philosophes, qui commençaient à se montrer et qui ne voulaient pas d'un enseignement religieux ?

L'Eglise ne s'est donc pas trompée en persécutant le fondateur des Ecoles chrétiennes, puisqu'elle ne l'a pas persécuté; si elle le béatifie, comme nous l'espérons, elle n'aura pas besoin de revenir sur une erreur qu'elle n'a point commise et de désavouer un crime qui n'est pas le sien, car il faut vraiment une ignorance ou une mauvaise foi peu commune pour accuser d'hostilité contre l'instruction des enfants du peuple cette Eglise catholique qui a suscité tant d'ordres enseignants, qui exhorte continuellement ses prêtres à enseigner le peuple, qui a fondé autant d'écoles que de paroisses et qui a été la plus ardente, la plus persévérante protectrice de la science et de l'instruction.

Ainsi le *Siècle* fait fausse route en cherchant à incriminer l'Eglise à propos de la statue que la ville de Rouen vient d'ériger en l'honneur du Vénérable de la Salle. Au reste, quand il s'agit de statues, il devrait savoir garder un silence prudent.

L'un des squares de la ville de Paris, où viennent s'ébattre les enfants du peuple, est souillé de la présence d'une statue grimaçante, élevée par le zèle du *Siècle* et grâce aux sous tirés au peuple par une souscription dirigée, au fond, contre la religion catholique. Il s'agissait de glorifier Voltaire, le plus grand ennemi de cette religion. Etait-ce donc parce que cette glorification était une protestation contre l'esprit *obscurantiste* de l'Eglise et du clergé et un hommage rendu à l'un des plus ardents propagateurs de l'instruction populaire ?

Nous ouvrons la correspondance de Voltaire, publiée par ses amis, et nous voyons qu'il écrit à son ami Damilaville, le 19 mars 1766 : « Il est à propos que le peuple soit « guidé, *et non qu'il soit instruit ;* IL N'EST PAS DIGNE DE « L'ÊTRE. »

Au même Damilaville, il écrit le 1er avril de la même année : « Il me paraît essentiel qu'il y ait des gueux igno- « rants. Si vous faisiez valoir comme moi une terre, si vous « aviez des charrues, vous seriez bien de mon avis. »

Et à Tabareau il écrit, le 3 février 1769, que les gens du peuple sont des « bœufs auxquels il faut un joug, un aiguil- « lon et du foin. »

Voilà comment l'homme à qui le *Siècle* a fait ériger une statue aimait l'instruction populaire, et le *Siècle* qui sait cela et qui sait que, depuis bientôt dix-neuf cents ans, l'Eglise et le clergé travaillent à l'instruction populaire, le *Siècle* ose reprocher à l'Eglise et au clergé de regarder comme un grand crime de vouloir instruire les enfants du peuple !

Charlatans, qui ne conservent une certaine influence sur

le peuple qu'en le trompant et en calomniant la religion.
Mais le peuple commence à voir clair. Voltaire a dit :
« Mentez, mentez, il en restera toujours quelque chose. »
C'est vrai ; mais si jusqu'à présent il est resté des mensonges
voltairiens de déplorables préjugés contre l'Eglise, le temps
arrive où il n'en restera plus que le mépris pour les men-
teurs et pour leur maître.

Nous venons de rappeler un nom que nous avons eu plus
d'une fois occasion de citer dans le cours de ce volume,
celui de M. Ravelet, rédacteur en chef du journal le *Monde*.
L'un des deux historiens du Vénérable, le cher Frère Lucard, assistait à la fête de Rouen ; l'autre, que ses amis auraient voulu y voir, était absent, ou plutôt il y assistait du
haut du ciel, où Dieu venait de le rappeler. Le jour même
de la fête, à une heure du matin, M. Ravelet, à peine âgé
de quarante ans, mais prématurément épuisé par des fatigues que la délicatesse de sa santé aurait dû lui interdire,
que l'ardeur de son zèle et l'activité de son esprit ne lui
permettaient pas de sentir, M. Ravelet avait terminé ses
luttes d'ici-bas pour participer aux joies et aux triomphes
de là-haut. Nous nous plaisons à le penser : le Vénérable,
dont il a écrit la vie avec tant de cœur et de talent, avait
obtenu de Dieu que les jours de purification fussent abrégés
pour ce zélé et si sympathique défenseur de l'Eglise et de
toutes les bonnes causes parmi lesquelles il mettait au premier rang l'éducation et la moralisation du peuple, et il
nous semble que du haut du ciel il contemplait, avec le
Vénérable de la Salle, les hommages rendus sur la terre à
cette sainteté, à ce dévoûment, à cette charité qu'il a su si
bien faire ressortir dans son beau livre.

La pensée de M. Ravelet était présente au cœur de ceux
de ses amis qui le suivaient à Rouen le 2 juin ; ceux qui
ignoraient sa maladie s'étonnaient de ne pas le voir, les
autres, qui étaient partis sous la bonne impression d'une

sérieuse amélioration dans son état, étaient heureux de communiquer cette bonne nouvelle. Nous-mêmes, nous disions à ceux de nos Seigneurs les Evêques qui nous interrogeaient à cet égard avec une sollicitude qui témoignait bien de leur estime pour le polémiste et pour l'écrivain, nous disions ce que nous croyions être la vérité, et c'était la triste nouvelle de sa mort que nous apprenions la première à notre retour à Paris !

Nous n'avons pas besoin de dire l'impression douloureuse que cette mort a produite dans le monde religieux ; le concours des confrères de M. Ravelet à ses funérailles, le concours de tout ce que Paris compte de plus distingué parmi les hommes d'œuvres et de dévoûment, le concours des prêtres, des religieux, de ces Frères dont il était si justement aimé, a montré à quel point il avait su conquérir l'estime et les sympathies de tous. C'est une consolation bien amère, hélas ! pour sa veuve ; ce sera un sujet d'émulation pour ses jeunes enfants, qui voudront se rendre dignes d'un tel père. Pour nous, dans ces pages consacrées à la glorification du Vénérable de la Salle, nous nous serions reproché de ne pas donner une place à son historien. M. Ravelet, mieux que personne, eût été capable de décrire ces fêtes de Rouen d'une façon digne du Vénérable et de ses admirables disciples. C'est une tâche que nous n'aurions pas eu à remplir s'il avait vécu ; nous voulons au moins qu'il reçoive ici l'hommage de nos regrets fraternels et d'une amitié dont nous nous honorons d'avoir été jugé digne.

SIGNIFICATION DE LA FÊTE.

Un événement qui remue une grande cité tout entière, toute une province, qui attire l'attention et excite la sympathie de tout un pays et qui a son retentissement jusque dans les contrées les plus éloignées, un tel événement n'est pas un fait ordinaire, sans signification et sans portée. La fête de Rouen présente des caractères si particuliers et si touchants, le mouvement qu'elle a produit est, en apparence, si peu en proportion avec son motif, s'il ne s'agissait que d'inaugurer solennellement une statue et une fontaine, qu'on ne pourrait s'en expliquer l'éclat, si l'on ne portait ses regards plus haut et si l'on n'y voyait une de ces miséricordieuses attentions de la bonté divine qui travaille au relèvement moral du peuple par lequel elle a opéré de si grandes choses, et par lequel elle veut sans doute en opérer de plus grandes encore, en rapport avec la grandeur de la lutte engagée de toute part contre l'Eglise et contre le Christ.

Pour le vulgaire, pour ceux qui ne voient que le côté matériel des choses, de quoi s'agissait-il, à Rouen, le 2 juin 1875? La cité capitale de la Normandie voulait embellir une de ses places et procurer le bienfait d'une fontaine publique à un quartier industriel et populeux. Dans ce quartier était mort, il y a plus d'un siècle et demi, un homme qui avait vécu pauvre avec les pauvres, et qui s'était surtout occupé de l'instruction et de l'éducation des enfants pauvres. C'était un bienfaiteur de l'humanité. Il avait laissé des disciples continuant sa vie et ses œuvres, et les amis reconnaissants de ses disciples songeaient à lui élever un monument qui fît revivre ses traits et qui restât le témoignage public de leur gratitude. Les offrandes volontaires venaient donc en aide aux vues de la municipalité : il y avait là une occasion favorable d'embellir une place à peu de frais.

En apparence, c'était tout, et, selon le cours ordinaire des choses, Rouen devait voir, le 2 juin, une cérémonie attirant un certain nombre de personnages officiels et de curieux désœuvrés, comme il s'en trouve toujours dans les grandes villes. Un prêtre, le curé de la paroisse, aurait pu être appelé à bénir la fontaine nouvelle ; il y aurait eu quelque mouvement inusité dans le quartier Saint-Sever ; les journaux de la localité eussent donné quelques détails sur la cérémonie ; la presse éloignée eût enregistré dans ses faits divers qu'une statue venait d'être inaugurée à Rouen et que tout s'était bien passé. Il n'y aurait pas eu d'autre émotion.

Au lieu de cela, qu'a-t-on vu ? A peine la pensée d'élever un monument au Vénérable de la Salle, au fondateur de l'Institut des Frères des Ecoles chrétiennes, est-elle émise, que l'œuvre reçoit le haut patronage et l'impulsion féconde d'un prince de l'Église. Des hommes généreux, sans distinction de partis, la prennent à cœur. On décide qu'une souscription publique sera ouverte ; un comité se forme, et des sous-comités viennent coopérer avec lui dans les principales villes de France. Bientôt le mouvement se propage en Europe, en Afrique, en Asie, en Amérique, et c'est de toutes les contrées de la terre qu'arrivent les offrandes pour le monument, ce sont toutes les bourses qui s'ouvrent et qui versent, les unes, le riche don de celui qui est favorisé de la fortune, les autres, la simple et non moins précieuse obole de l'enfant reconnaissant de l'instruction qu'il reçoit,

16

de l'ouvrier père de famille, de la mère de famille, du simple soldat, du marin, qui se souviennent des leçons qu'ont reçues leurs enfants, des soins qu'ils ont reçus eux-mêmes, à une époque de douloureux souvenirs, de la part des humbles religieux dont le Vénérable de la Salle est le père et le modèle.

C'est un mouvement universel, qui témoigne de l'universalité de la reconnaissance, et dont les particularités présentent les plus touchants détails.

Alors interviennent les artistes chargés de donner à la pensée publique son immortelle expression. Les plus habiles concourent; deux des plus célèbres, anciens élèves des Frères, et inspirés sans doute par l'affection qu'ils ont conservée pour leurs anciens maîtres, obtiennent le prix : ils sont admirablement secondés, et le monument s'élève, digne de la cité qu'il embellit, digne du merveilleux mouvement qui vient de se produire, digne de l'homme vénérable, du grand homme à qui il est consacré.

Les deux principaux artistes qui ont ainsi contribué à la gloire du Vénérable de la Salle ne sont pas les premiers venus: l'un est un sculpteur célèbre, déjà connu par plus d'un chef-d'œuvre, l'autre est l'architecte chargé par la ville de Paris de reconstruire l'Hôtel-de-Ville incendié par des barbares qui n'étaient pas sortis des Écoles chrétiennes ou qui en avaient oublié les leçons. MM. Falguière et de Perthes ont admirablement compris le caractère de la manifestation, et l'ont admirablement exprimé.

Alors se produit un mouvement dont les fastes historiques ne présentent que de bien rares exemples, tant par sa spontanéité que par son étendue.

Toute la ville de Rouen est sur pied pour fêter l'humble fondateur d'un Institut dont les membres ne s'occupent que des humbles, des petits et des pauvres. La magistrature, l'armée, le clergé, toutes les classes, toutes les conditions, le noble, le bourgeois, l'ouvrier, tous se trouvent unis dans un même sentiment. Les travaux s'arrêtent, les ateliers chôment, c'est la fête de tous.

Mais ce n'est point seulement la fête de Rouen. Voici que par toutes les routes, que par toutes les lignes de chemins de fer arrivent des évêques, des prêtres, des religieux, des Frères, des enfants; tous les villages des alentours sont là, toutes les villes voisines viennent à la fête; Paris, dont on a dit que Rouen n'est qu'un faubourg, Paris se porte vers ce riche et industrieux faubourg, et le mouvement s'étend bien au delà de Paris : il y a, à Rouen, des représentants de Bordeaux, de Marseille, de Toulouse; il y en a qui sont venus de ces deux sœurs, filles chéries de la France, qu'on appelle l'Alsace et la Lorraine; il y en a qui sont venus des pays étrangers, de l'Angleterre, de la Belgique, de l'Italie et de la lointaine Amérique. Plus de dix mille enfants des Ecoles chrétiennes et des autres Ecoles primaires, près de cinq mille jeunes gens élevés par les Frères, des milliers de leurs anciens élèves, cinq ou six cents prêtres accompagnent un cardinal, un archevêque et sept évêques, cinq ou six cents Frères se groupent avec les magistrats de l'ordre le plus élevé, avec les généraux, les officiers, autour du monument du Vénérable de la Salle. Le cortége qui s'est formé comptait plus de quinze mille personnes; la foule massée sur le passage de la procession en pouvait compter plus de cent mille!

Voilà le fait. N'est-il pas évident qu'il y a là plus qu'un événement ordinaire?

Comment se l'expliquer, si ce n'est par ce souffle nouveau qui se fait sentir partout, et qui fait enfin comprendre à tous quels sont les bienfaits, quelle est la nécessité de l'enseignement religieux à tous les degrés. On l'a dit avec raison : c'est au Vénérable de la Salle qu'il faut faire remonter la conquête de la liberté de l'enseignement primaire; cette première conquête, consolidée en 1833, a mené à celle de la liberté de l'enseignement secondaire, obtenue en 1850, et ne peut-on pas regarder la fête du 2 juin à Rouen comme l'un des éléments qui ont contribué à la victoire si laborieusement obtenue du 12 juillet, qui consacre, après tant de luttes, la liberté de l'enseignement supérieur? Les heureux résultats de l'enseignement des Frères avaient démontré la puissance de la religion dans l'éducation populaire ; les heureux résultats de l'enseignement religieux ont complété cette démonstration, qui va s'achever dans les hautes régions de la science par l'établissement des Universités libres et catholiques.

C'est l'émancipation de l'intelligence, l'émancipation de la routine, l'émancipation de cet esprit de scepticisme et d'incrédulité qui a fait tant de mal à la France, et l'heureuse et féconde subordination de la raison à la foi, qui en est le flambeau et le gardien, de la science à la religion, qui en est le guide et le plus puissant appui.

Les Frères des Écoles chrétiennes auront contribué pour leur grande part à vaincre l'injustice qui tenait la religion éloignée de l'enseignement ou qui ne lui laissait qu'une place dérisoire, et à détruire cet absurde préjugé, inculqué par la haine, que la religion ne peut s'allier au patriotisme, quand il est prouvé, au contraire, qu'elle en est la source la plus féconde et le plus inébranlable soutien.

Oui, grâce à vous, chers Frères, on a vu, on a admiré, dans nos récents malheurs, cette magnifique alliance de l'amour de Dieu et de l'amour du pays. On vous a vus dans les hôpitaux, gardes-malades aussi attentifs, aussi compatissants, qu'on vous avait vus, dans vos écoles, maîtres dévoués et aimants; on vous a vus dans les ambulances, on vous a vus sur les champs de bataille, héroïques *brancardiers*, et après avoir constaté dans les concours que ces *ignorantins* qu'on cherchait à tourner en ridicule étaient ceux dont les élèves remportaient les plus brillants succès, on a constaté dans la guerre que sous cette robe de bure battaient des cœurs de citoyens non moins dévoués à la patrie terrestre que désireux d'acquérir la patrie céleste. Et l'on a compris que c'était dans la religion que vous puisiez les inspirations de votre zèle d'instituteurs et de votre courage de citoyens; on a compris que c'est celui qui aime le plus Dieu, qui aime le plus ses frères; on a compris que, sans prendre pour devise ces beaux mots de liberté, d'égalité, de fraternité, vous les pratiquiez d'une façon sublime.

Chers Frères, comme nos prêtres, comme nos autres religieux, qui ont rivalisé de dévoûment avec vous et que souvent vous n'avez eu qu'à imiter, comme vos élèves, comme ces élèves du clergé catholique qui ont immortalisé les noms de Patay et de Loigny, chers Frères, vous avez vengé la religion des calomnies dont elle était l'objet, vous l'avez fait aimer : vous ne pouviez pas rendre à la patrie un plus grand et plus fructueux service.

Vous venez encore de montrer, dans les inondations du Midi, que tous les genres de fléaux vous trouvent prêts au dévoûment et au sacrifice ; le sacrifice et le dévoûment ne sont-ils pas l'essence même de votre Institut ? C'était trois semaines exactement après qu'on venait d'acclamer, à Rouen, votre Vénérable fondateur, et qu'on venait de rendre un juste hommage à votre mérite et à vos vertus ; vous avez tenu à prouver que vous n'aviez pas dégénéré de vos prédécesseurs, et à justifier les acclamations de Rouen : ne doit-on pas espérer qu'enfin tant d'héroïsme fera taire la haine ? Au moins la calomnie cesse-t-elle de trouver un aussi facile accès; le peuple, qu'on a si longtemps égaré, reconnaît maintenant où sont ses vrais amis, il commence à se défier de ceux qui aboient à la soutane du prêtre et à la robe du religieux.

Les acclamations de Rouen allaient plus loin que le Vénérable de la Salle et que les Frères des Ecoles chrétiennes; elles avaient un caractère plus général. Ne craignons pas de le dire : elles s'adressaient à l'enseignement religieux tout entier, c'était le suffrage universel, le suffrage populaire votant pour l'enseignement religieux. Hélas! on n'a que trop connu le fruit de l'autre enseignement : la corruption des mœurs, l'effémination des caractères, la bassesse des sentiments unie à un insupportable orgueil, la haine entre les classes, la division des esprits, et, quand sont venues les épreuves, un épouvantable désarroi, un aveuglement, on pourrait dire un hébétement qui ne permettait plus de comprendre les leçons les plus claires ni de voir la cause des maux dont on souffrait.

A Rouen, le 2 juin 1875, par leur attitude, par leur empressement, par leurs acclamations sympathiques, par la vénération qu'elles témoignaient pour l'abbé Jean-Baptiste de la Salle, par les marques de respect et d'affection dont elles entouraient les Frères des Ecoles chétiennes, les populations ont montré que toutes les leçons n'ont pas été perdues, et qu'elles commencent à comprendre où se trouve la cause de nos malheurs, et où l'on en trouvera le remède.

Il ne faut pas se le dissimuler : il s'agit aujourd'hui pour l'Eglise catholique de reconquérir le monde, qui est retombé dans le paganisme, et qui est d'autant plus difficile à ramener qu'il a abusé de plus de grâces, qu'il est tombé de plus haut.

Au XVIe siècle, le protestantisme et ce qu'on a appelé la Renaissance ont ramené le monde de plusieurs siècles en arrière. Non contents d'admirer la forme, pour laquelle, dans les arts et dans les lettres, les temps de Périclès et d'Auguste sont restés les maîtres des générations futures et ont laissé des modèles qui n'ont pas été surpassés, les savants et les artistes de ce siècle se sont pris d'un extraordinaire engouement pour les doctrines mêmes et pour la triste morale du monde païen, et n'ont plus eu que du dégoût pour la doctrine et la morale de l'Evangile, pour la littérature et pour les actes inspirés par le christianisme. Au lieu de travailler à donner aux créations chrétiennes la forme exquise des créations antiques, et de transporter ainsi dans l'empire de Jésus-Christ les dépouilles des Egyptiens, ils se mirent à regretter ces oignons d'Egypte, à ne plus admirer que ce qui était païen et à n'avoir plus que des sentiments païens.

Dans le même temps, Luther, et ceux qui allaient promouvoir avec lui la grande révolte du protestantisme et diviser en deux le monde chrétien, secouaient l'autorité de l'Eglise et apprenaient aux peuples à ne plus croire qu'à eux-mêmes.

Les siècles suivants continuèrent cette œuvre infernale, malgré des retours magnifiques et des dévouements admirables. Le paganisme, d'abord confiné dans les hautes classes et dans le monde de la science, de la littérature et des arts, descendit peu à peu dans les classes inférieures. La bourgeoisie fut atteinte, et la bourgeoisie développa le mal parmi les masses populaires. L'incrédulité du XVIIIe siècle, les bouleversements révolutionnaires, l'enseignement anti-religieux, et l'incessante prédication des livres et des journaux hostiles à l'Eglise catholique, à toute religion et à toute morale, achevèrent le mal. Aujourd'hui, en haut, ce sont des hommes d'Etat, des savants, des littérateurs, des artistes, pour qui il semble que le christianisme n'ait jamais existé ou qui ne le connaissent que pour le combattre : la politique ne reconnaît que l'Etat, qu'il place au-dessus de tout, ressuscitant ainsi sous une forme nouvelle l'ancien césarisme, qui avait supprimé toute liberté, surtout celle de la conscience. Le savant prétend tout expliquer par la matière éternelle et par d'aveugles forces, et soutient qu'il n'a pas besoin de Dieu pour expliquer le monde. Le littérateur, cherchant le lucre avant tout, ne songe qu'à flatter les passions et les plus bas penchants du cœur humain. L'artiste ne va chercher ses inspirations que dans les souvenirs de l'antique mythologie ou prostitue son talent à la glorification de toutes les voluptés qui énervent et qui tuent les individus et les sociétés. Il y a comme une immense conspiration dont le but est de détacher entièrement le monde de l'Eglise catholique, de Jésus-Christ, de Dieu lui-même.

Cette conspiration, qui a ses chefs dans les sociétés secrètes, n'a que trop réussi. Elle a obtenu la profanation du dimanche, l'habitude du blasphème, l'avilissement du mariage et de la famille; elle a obtenu que les masses ouvrières vécussent sans religion, et que ceux qui conservent encore quelques habitudes religieuses ne sachent plus ce que demande le christianisme; elle a obtenu la haine ou le mépris des prêtres, et poussé des nations entières, la France particulièrement, à vivre comme si le christianisme n'avait pas été leur éducateur, leur émancipateur et leur bienfaiteur. Le monde païen ignorait, le monde chrétien paganisé hait et méprise, et les plus ignorants, endoctrinés par les journaux et par les demi-savants de l'école de Voltaire, lèvent dédaigneusement les épaules devant les croyants qu'ils rencontrent, comme devant de malheureux idiots qui ne peuvent comprendre les progrès de leur temps.

Phénomène horrible! les prédicateurs de l'athéisme et de la haine sont parvenus à faire croire aux masses populaires que leurs meilleurs amis, comme le prêtre et le religieux, sont leurs ennemis les plus redoutables; que l'Eglise catholique, qui a fait connaître la liberté au monde et qui n'a cessé un moment de s'occuper à relever le sort matériel, moral et intellectuel du pauvre et de l'ouvrier, ne songe qu'à tenir les peuples dans l'esclavage, dans la misère et dans l'abrutissement. Les idées sont perverties, les cœurs sont corrompus, et c'est ce qui pourrait le plus contribuer à son relèvement, à son bonheur, qu'on est parvenu à faire considérer au peuple comme une source de dégradation et de souffrance.

Voilà où en sont ces masses populaires qu'il s'agit de ramener à la vérité et au bien; voilà où en est tout un grand peuple qui fut chrétien, qui ne l'est plus, et qui croit être dans la voie du progrès, parce qu'il recule de dix-huit cents ans en arrière.

Et c'est ce peuple qu'il s'agit de ramener à Jésus-Christ.

Pour opérer une si difficile conversion, il faut user des moyens qui ont autrefois converti le monde. La situation actuelle, avec des difficultés de plus, est celle que présentait le monde au premier siècle de la prédication évangélique, celle qu'il présenta un peu plus tard lorsque le monde romain disparut sous l'inondation barbare.

Alors il a fallu une charité qui ne se rebutât d'aucun obstacle, un dévouement qui allât jusqu'au martyre; il a fallu prendre l'homme dès ses premières années et, par l'enseignement, le rendre capable de s'élever aux sublimes hauteurs de l'Évangile.

Le mal est le même, plus grand peut-être, mais de la même nature, et la nature de l'homme n'est pas changée; ce sont les mêmes moyens, employés avec une égale énergie, qui produiront les mêmes résultats. Il a fallu la charité, le dévouement, l'enseignement de l'enfance et de la jeunesse, il faut encore la charité, le dévouement et l'enseignement. Il a fallu des martyrs, il faut encore des martyrs. Il a fallu des siècles, il faudra peut-être encore des siècles, et l'on s'exposerait à de décourageantes illusions si l'on s'imaginait que tout pourra être fait en un jour et que la patience ne sera pas nécessaire : ce n'est pas en jour qu'on ramène au bien une nation qui s'en est éloignée depuis des années et des années.

Grâce à la liberté d'enseignement enfin conquise à tous les degrés, au moins dans une certaine mesure, les coopérateurs du Christ pourront préparer la terre et y jeter la bonne semence; mais ceux qui auront semé ne sont pas ceux qui verront mûrir la moisson, ni ceux qui auront la joie de la recueillir. Qu'importe! Ce qui suffit à l'ouvrier, c'est d'accomplir sa tâche; le résultat ne le regarde pas, ou plutôt, le résultat pour lui est atteint, lorsqu'il sait que le maître est content de son travail.

Que de fatigues, que de souffrances, que d'œuvres de charité et de dévouement, que de vies ont été jetées dans les fondations de ce magnifique édifice qu'on appelait la chrétienté, édifice si solide, qu'il a fallu des siècles pour en renverser les murailles et qu'on n'a pu encore en arracher les fondements ! Il faut reconstruire aujourd'hui ; il n'y faudra pas moins de fatigues, de souffrances, d'actes de dévouement et de vies. Mais tout cela se trouvera : la France redevenue païenne a versé sur le monde d'innombrables fléaux' la France chrétienne n'est pas morte, et l'on voit sortir de son sein généreux des armées d'apôtres, de prêtres, de religieux, de laïques dévoués, qui la reconquerront tout entière à Jésus-Christ.

Les Frères des Ecoles chrétiennes sont à l'avant-garde de cette armée, puisque ce sont eux qui défrichent le champ du père de famille, dans lequel d'autres sont appelés à jeter des semences fécondes et à préparer de splendides moissons.

Depuis bientôt deux cents ans, ils travaillent à arracher le peuple à l'ignorance pour l'arracher au vice, et à le relever ainsi dans sa dignité morale comme dans sa condition matérielle. A mesure qu'on démolissait, ils s'occupaient de reconstruire. Infatigables ouvriers, ils ne se sont rebutés ni devant les obstacles de la mauvaise volonté, de la calomnie, de la haine et de la persécution, ni devant les difficultés que leur opposait la nature ingrate du terrain dont ils ont entrepris la culture. Souvent, lorsque leur œuvre commençait à se développer et à prospérer, la tempête de la persécution sévissait tout à coup, tout était dispersé ; mais ils saisissaient le premier moment de calme pour revenir et pour reprendre leur tâche laborieuse. On les méprise, ils se réjouissent des humiliations qu'ils endurent pour le Christ et pour les enfants qu'ils veulent lui amener ; on les calom-

nie, ils se taisent et attendent du temps leur justification,
qui vient toujours; on les traite d'ignorants, ils répondent
en présentant des élèves plus forts que ceux des autres instituteurs de l'enfance; on les traite de mauvais citoyens, ils se
justifient en se dévouant dans toutes les calamités publiques; on les accuse de manquer de patriotisme, ils se défen-
dent en se prodiguant dans les hôpitaux, dans les ambulances, sur les champs de bataille, en donnant leur vie pour
la patrie et en montrant leurs élèves, qui brillent aux premiers rangs des plus intrépides soldats.

Cette charité, ce dévouement, ce zèle pour l'instruction de
l'enfance et de la jeunesse, que montrent partout, pendant
toute leur vie, tous les Frères des Ecoles chrétiennes, et
qu'on ne rencontre à ce degré, avec cette constance, que
dans les âmes généreuses nourries de la doctrine de l'Eglise
catholique et remplies de son esprit, ce sont les éléments
de la conquête du monde paganisé; ils sont les gages de
prochaines victoires, ils montrent que Dieu n'a point encore
abandonné cette société, si ingrate et si coupable, et surtout
cette France, qui a été le plus puissant instrument de la
perversion depuis un siècle, mais qui va redevenir le plus
actif instrument de la régénération chrétienne des nations
apostates.

Si l'on ne voyait que les apôtres, sans apercevoir autour
d'eux les foules qu'ils veulent évangéliser; si l'on ne voyait
que ces maîtres dévoués de l'enfance, sans apercevoir autour d'eux les enfants qu'ils veulent élever; si la voix de
ces hommes qui veulent se donner tout entiers aux autres
hommes, et surtout aux plus pauvres, aux plus malheureux,
se perdait dans le désert ou n'excitait que les railleries
et les insultes, on pourrait désespérer de l'avenir. Mais des
symptômes plus consolants apparaissent de toutes parts :
les Ecoles chrétiennes se multiplient, leur enceinte est
trop étroite pour les enfants qu'y envoie la confiance des
familles, et les ouvriers sont trop peu nombreux pour le

travail qui leur est offert; les peuples, si longtemps abusés, se retournent vers le Christ, ils appellent eux-mêmes les maîtres, les pères, qui peuvent les conduire à des sources plus salutaires.

Les temps de la haine s'éloignent, les calomnies ne trouvent plus les esprits si dociles à les recevoir, l'indifférence et l'ingratitude ont fait place à la sympathie et à la reconnaissance : on sent qu'une nouvelle ère commence.

La fête du 2 juin aura été l'un des signes les plus éclatants de ce consolant retour. Là, on a vu tout un peuple : prêtres, magistrats, soldats, bourgeois, ouvriers, paysans, uni pour rendre hommage au fondateur des Ecoles chrétiennes et proclamant ainsi qu'à ses yeux l'enseignement religieux est un des premiers besoins de ce temps et de tous les temps; on l'a entendu acclamer les disciples de ce fondateur vénérable et attester ainsi qu'ils n'ont pas dégénéré et qu'ils sont les modèles des instituteurs de l'enfance. Un pays qui sait si bien reconnaître le mérite et la vertu; qui, malgré tant de prédications impies, tant de calomnies, tant de théories insensées, n'a qu'un même sentiment, qu'une seule voix pour célébrer les bienfaits d'un modeste prêtre, d'humbles religieux, n'est pas un pays perdu. Il aime encore la vérité, il voit où est le bien, il n'est pas ingrat; ce sont certainement là autant de gages d'un meilleur avenir et d'une sérieuse et féconde régénération.

« Non, messieurs, a dit M. Lizot, préfet de la Seine-Inférieure, au moment de l'inauguration de la statue, non, les nations qui, comme la France, savent garder la mémoire et le culte de leurs gloires, ne sont pas de celles qui sont condamnées à l'abaissement et à la déchéance; et cet hommage imposant rendu au fondateur des Frères des Ecoles chrétiennes portera avec lui cet enseignement suprême, qu'un peuple s'honore toujours en honorant le souvenir de ceux qui ont bien mérité de leur pays et de l'humanité. »

Ces paroles seront la conclusion des pages consacrées au récit de la fête du 2 juin; elles en donnent la signification, elles en font comprendre la portée, elles laissent au cœur les espérances qui consolent le Français et qui réjouissent le chrétien.

TABLE DES MATIÈRES

PARIS. — IMP. VICTOR GOUPY, RUE GARANCIÈRE,

www.ingramcontent.com/pod-product-compliance
Lightning Source LLC
Chambersburg PA
CBHW070449030726
47503CB00004B/958